グローバルキャリア教育

● グローバル人材の育成

友松篤信 編 Atsunobu Tomomatsu

ナカニシヤ出版

序　文

　最近，キャリア教育に関する活動事例集や学生向けのキャリア・ガイドブックを，よく目にするようになった。本書は「グローバルキャリア教育」という新しいキャリア教育分野を提唱し，グローバルキャリアのガイドブックともなる大学・大学院用テキストを意図している。本書は，日本の大学に学ぶ日本人学生と留学生を対象としているが，グローバル企業の人事・研修担当者やキャリア教育の専門家にも関心を持っていただければ，望外の喜びである。

　本書の特徴は，①グローバルマインドの概念を用いてグローバルキャリア教育の原理を提示した，②様々なグローバルキャリアを分野概要・キャリアパス・シミュレーション・議論・アクションプランに分けて具体的に解説した，③実務やビジネスの分野で用いられる実践的なノウハウや考え方を大胆に取り込んだ，の三点である。

　本書が生まれるきっかけは，宇都宮大学が白鴎大学，作新学院大学，JICA（国際協力機構），栃木県，市民団体と連携して，2004年度より毎年夏休みに全国の学生を集めて開催してきた「国際キャリア合宿セミナー」である。編者はこの企画の発起人の1人として，また国際開発分野の研究者として，グローバルキャリア教育を理論化する必要性を当初から感じていた。また，これまで招聘した国際キャリア合宿セミナー講師陣の興味深い生き方と多彩なキャリアパスを，セミナーという一過性の場ではなく，刊行物の形で世に伝えられないかと考えてきた。

　実務家は仕事に追われて，自分の仕事を振り返る時間的余裕がない。講師の方々が執筆を快諾し，編集上の対話に根気よくつき合ってくれなければ，この本は生まれなかったであろう。

　本書は，関係者の批判にも耐えられるように，執筆，編集には細心の注意を払ったが，永年，キャリア教育に携わってこられた方々から見れば，疑問を感じる個所もあろう。編集上の責任はあくまで編者にある。関係者のご叱正を賜り，今後の参考にしたいと願っている。

　本書は，文部科学省「大学教育充実のための戦略的大学連携支援プログラム」に採用された「地域の大学連携による学生の国際キャリア開発プログラム」（2009-2011年度）の予算を用いて刊行した。文部科学省の助成に厚く御礼申し上げる。

　最後に，本書の刊行に際して賜った株式会社ナカニシヤ出版編集部，宍倉由高氏の暖かいご理解とご支援に，心より感謝申し上げる。

2011年3月
友松篤信

目 次

序　文　i

第1部　グローバルキャリアの理論 ─────────── 1

第1章　グローバル時代のキャリア　3
第2章　グローバルキャリアの業態　9
第3章　グローバルキャリア教育の開発　15

第2部　グローバルキャリアの形成 ─────────── 21

第1章　グローバルキャリアに必要な能力　23
1. 世界を相手に活躍する人材像とは　24
2. ロジカル思考でビジョンをつくる　31
3. クリティカル・シンキング　39
4. Two Approaches to Problem Solving: One Western the Other Japanese　45
5. 安全管理とリスクマネジメント　51

第2章　グローバルキャリアの事例　63
〈国際協力分野〉
1. 人道支援，援助と人権配慮　64
2. 平和的手段による紛争転換　69
3. 国際報道の仕事：戦争取材の現場と平和への思い　76
4. 青年海外協力隊　89
5. 村落開発普及員：途上国コミュニティで働く　95
6. Community Development Worker: Attitude and Requirements　102
7. 森林保全　109

〈国際ビジネス分野〉
8. 異文化コミュニケーター　117
9. 開発コンサルタント　125
10. 開発輸入ビジネス　131
11. 観光まちづくり　140
12. 企業の社会貢献：起業を通じて国際協力に関わるには　150
13. 企業で取り組む社会キャンペーン：エイズ対策を中心として　157
14. 映画とその「表現」：企画から国際発表まで　165

第3章　グローバルキャリアのためのインターンシップ　175

資料編 ———————————————————————————— 181

資料1　国際キャリア合宿セミナーの講師と分科会（年度別）　182
資料2　国際キャリア合宿セミナーの参加者数（年度別）　185
資料3　国内インターンシップ受入協力先（2011年度）　186
資料4　国外インターンシップ受入協力先（2011年度）　188

索　引　191

第1部　グローバルキャリアの理論

第1章　グローバル時代のキャリア

友松篤信

　キャリアとはどのような意味か。キャリア（career）[1]という言葉はもともとラテン語の *carrāria*（道）に由来し，16世紀以降の英国において車道という意味で，現代的には「人生行路（ライフキャリア）」あるいは「職歴（職業キャリア）」という意味で使われている[2]。キャリア（career）の日本語訳に適当なものがないので，本稿ではキャリアという言葉をそのまま用いることとする。

　キャリア教育では，将来の生き方を考えるなかで将来の職業選択を考える[3]。そのため，教育内容に，仕事・職業だけでなく「人生」や「生き方」を含める考え方が一般的である[4]。キャリア教育に流れる仕事・職業観は，「人はキャリアを積むことによって，職業能力が蓄積されていく」という考えである。

1）グローバル人材とは

グローバル社会　　グローバル化の時代といわれる今日，資本の国際的流動性を引き起こす金融のグローバル化が進行している。先進国の大手金融機関が途上国や移行経済国に対して証券投資や融資活動を自由に展開できるようになり，外国為替市場での取引の大半は貿易などの実需とは関係のないヘッジや投機を目的とするようになった。また，グローバルな問題を解決するため，WTO などの国際的取り決めや EU などの国際的組織の役割が増大している。一方，多国籍企業の活動や国際的な分業体制の変化によって，旅行・観光，出稼ぎ等による国際的な人の移動・移住が増加している。さらに，これまでは国家や地域レベルのローカルな問題，例えば環境劣化や紛争，感染症，犯罪などが，国境を越えて地球規模に拡大している。こうしてローカルな変化はグローバルな変化に転化し，グローバルな変化はローカルな変化を惹起する現在の複雑なグローバル社会を作り出している。

---

1) Career とは，人が特定の仕事の分野で勤める一連の職で，通常は時間とともに責任が増す（the series of jobs that a person has in a particular area of work, usually involving more responsibility as time passes），人が人生で仕事あるいは特別なことをして過ごす期間（the period of time that you spend in your life working or doing a particular thing）とされている（『オックスフォード現代英英辞典』）。
2) 国立大学協会，教育　学生委員会（2005）．大学におけるキャリア教育の在り方—キャリア教育科目を中心に—　p.3. (http://www.janu.jp/active/txt6-2/ki0512.pdf#search='キャリア教育%20大学')　ただし，語源のラテン語は『ランダムハウス英和大辞典』による。
3) 学業や仕事において，「今やっていることが，はたして将来のキャリアに役立つのか」と疑問や不安を覚えることがある。アップル社を創業したスティーブ・ジョブズは，つぎのように言う。「未来に先回りして点と点をつなげることはできない。君たちにできるのは過去を振り返ってつなげることだけなんだ。だから点と点がいつか何らかのかたちでつながると信じなければならない」「スティーブ・ジョブズ感動スピーチ（翻訳）字幕動画」(http://sago.livedoor.biz/archives/50251034.html)。国際キャリア合宿セミナーに協力した 80 名の講師の少なからぬ者は，「学生時代は遊んでいた」「学生時代に現在のキャリアを予想していなかった」と言う。文字どおり「遊んで」いたわけではなく，何かをして「遊んで」いたのだ。このことはスティーブ・ジョブズの言に照らして，深く考える必要がある。
4) 寿山泰二他（2009）．大学生のためのキャリアガイドブック　北大路書房　pp.42-43.

グローバル人材とは 　グローバル社会には，グローバルな課題にローカルに取り組む人々，およびローカルな課題にグローバルに取り組む人々が存在する。このような人材を「グローバル人材」と呼び，グローバル人材のもつ価値観と行動様式を「グローバルマインド」（後述）と呼ぶことにする。グローバル人材は日本人であるかどうかを問わない概念である。

　グローバル人材に関して，経団連[5]はつぎのように述べる。

　　産業界が，グローバル人材に求める素質，能力としては，社会人としての基礎的な能力に加え，日々，変化するグローバル・ビジネスの現場で，様々な障害を乗り越え，臨機応変に対応する必要性から「既成概念に捉われず，チャレンジ精神を持ち続ける」姿勢，さらに，多様な文化・社会的背景を持つ従業員や同僚，顧客，取引先等と意思の疎通が図れる「外国語によるコミュニケーション能力」や，「海外との文化，価値観の差に興味・関心を持ち柔軟に対応する」ことが指摘されている。

　一方，経済産業省と文部科学省の合同委員会は，グローバル人材を，つぎのように定義する[6]。

　　グローバル化が進展している世界の中で，主体的に物事を考え，多様なバックグラウンドをもつ同僚，取引先，顧客等に自分の考えを分かりやすく伝え，文化的・歴史的なバックグラウンドに由来する価値観や特性の差異を乗り越えて，相手の立場に立って互いを理解し，更にはそうした差異からそれぞれの強みを引き出して活用し，相乗効果を生み出して，新しい価値を生み出すことができる人材。

　経団連が求める要件は，チャレンジ精神，外国語によるコミュニケーション能力，柔軟な異文化対応である。それに対して，経済産業省と文部科学省は異文化との相乗効果による価値創出をも指摘している点は注目される。

　グローバル人材と聞くと，海外に派遣される企業の技術者や事務職員などを想像しやすい。しかし，産業界や中央官庁が想定する人材だけが，グローバル人材ではない。グローバル人材を企業職員などの狭い範疇に押し込めると，日本人が本来もつ対外的な活力や創造性を見落してしまう。範疇に入れるべきは，グローバルマインドを地でいく，世界各地に根を下ろした無数の日本人の存在である。最近では「世界でがんばる日本人」としてテレビ報道されることもある。外交官でも日本企業職員でもない。現地コミュニティへの強い帰属意識を持ち，日本人のアイデンティティをバネに異文化のもとで何らかの価値を生みだそうとする「無名の」職業人である。もちろん経団連や中央官庁の視野に入ることもない。著者の知る例は，インドネシアで日本野菜を普及させ地元の信頼の厚い農園主，ブータン農業開発の父といわれ現地の爵位を得た農業技術者，森林再生に挑む「アマゾンの百姓」を自認するブラジルの農業移住者である。農業以外にも文化・芸術・スポーツ・教育・医療・福祉の分野で，世界各地でこのような日本人が活躍している。

　こうした日本人を考慮に入れてグローバル人材の定義を吟味すると，経団連が求める要件（チャレンジ精神，外国語によるコミュニケーション能力，柔軟な異文化対応）は自明であり，むしろ経済産業省と文部科学省の指摘（異文化との相乗効果による価値創出）がより重要で本質的な要件となる。

---

[5]（社）日本経済団体連合会（2011）．グローバル人材の育成に向けた提言　p.3.
　（http://www.keidanren.or.jp/japanese/policy/2011/062/honbun.pdf）
[6]　産学人材育成パートナーシップ　グローバル人材育成委員会（2010）．報告書～産学官でグローバル人材の育成を～　p.31.
　（http://www.meti.go.jp/press/20100423007/20100423007-3.pdf）

2) グローバル人材に求められる能力

求められる能力と自己認識 グローバル人材に求められる能力を，表1に掲げる。これらの能力は，新聞や雑誌などでよく耳にする能力である。

表1 グローバル人材に必要な能力

A	英語等，外国語の実践的な運用能力
B	異文化理解力
C	グローバルな環境でのコミュニケーションスキル
D	グローバルな環境でのチームワーク力，リーダーシップ力
E	グローバルな環境での柔軟性，不確実性の許容力
F	論理的思考力
G	プレゼンテーション能力
H	責任感
I	マネジメント力，ファシリテーション力注
J	日本を取り巻く世界的情勢に関する知識
K	海外で生活できる力（衣食住，心身両面の健康の確保）
L	安全管理（疾病予防，犯罪・騒乱への対処）
M	危機管理（法人に係わる不祥事，訴訟，労務管理）

出典：学校法人河合塾　教育研究部（2011）．「大学におけるグローバル人材の育成に関するアンケート」に加筆。
注：ファシリテーションとは，会議やミーティングの場で，発言や参加を促し，話の流れを整理し，参加者の認識を確認して，合意形成や相互理解を支援する手法・技術・行為の総称。

つぎに，企業・行政体等[7]の職員が海外勤務で必要としている能力を，図1に示す。

企業職員が自分に最も不足する能力として，複数回答でほとんどの者が「語学力」，半数が「異文化コミュニケーションの能力」を挙げている（図1）。

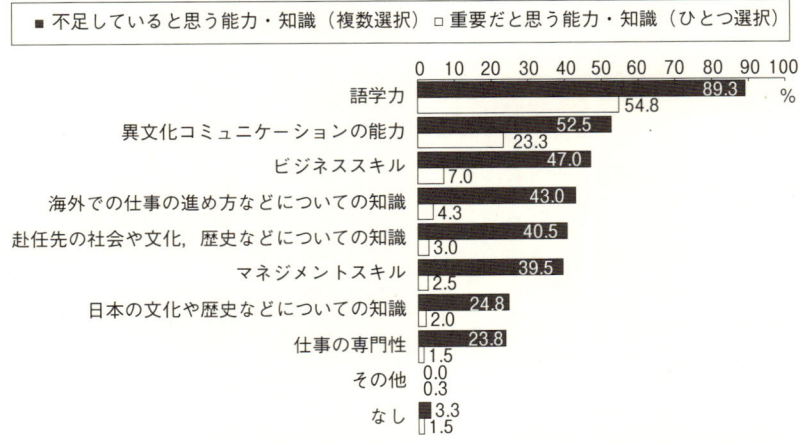

図1　ビジネスパーソンが考える海外勤務で必要な能力と自分に不足する能力

出典：産業能率大学（2010）．「ビジネスパーソンのグローバル意識調査」p.1.（http://www.sanno.ac.jp/research/pdf/global_bp.pdf）
注：対象者：企業・行政体等に勤務する正規従業員（20代から50代の各100名）合計400名。調査対象組織の職員数と割合（%）は，100人未満：36.5%，100人以上500人未満：23.0%，500人以上1,000人未満：8.3%，1,000人以上3,000人未満：10.0%，3,000人以上10,000人未満：10.8%，10,000人以上：11.5%。

---

[7] 100人未満：146人（36.5%），100人以上500人未満：92人（23.0%），500人以上1,000人未満：33人（8.3%），1,000人以上3,000人未満：40人（10.0%），3,000人以上10,000人未満：43人（10.8%），10,000人以上：46人（11.5%）

第1位の語学力に関して言えば，近年，英語を会議語にする企業や，若手職員の海外派遣を義務づける企業が増えている[8]。第2位の異文化コミュニケーション力に関して言えば，それは語学力と同一ではない。語学力はコミュニケーション力の重要な構成要素であるが，コミュニケーション力に包含される1つの能力である。不思議に思うのは，語学力よりも異文化コミュニケーションが上位に来ないことである。多文化・多国籍のビジネス環境で最も重要なものはコミュニケーションであり，商談やプロジェクトを進める交渉である。グローバル時代とは，本人の語学力に関わらず，もしくはある程度の語学力は当然として，語学力よりも異文化コミュニケーションの能力が必要とされる時代ではなかろうか。

　いずれにせよ，人がコミュニケーションするのは，「このことを相手に伝えたい」という気持ちと，「相手を内在的に理解したい」という思いやりがもとになる。内在的な理解とは，相手の意見やその背景に存在する考えやパターンを理解することである。相手の意見の背後にある文化的文脈（コンテクスト）が理解できると，自分の意見を相手に通じるように表現できるのである。

　人間の基本的感情である喜怒哀楽は，日本人も外国人も同じである。喜怒哀楽の依って来るものを十分理解し，共感することは，コミュニケーションの基本原理である。こうした対応は語学力の問題ではなく，それまでの対人経験の問題である。日本でコミュニケーションがうまい人は，潜在的能力において，外国でも通用するはずである。

　異文化と語学の壁さえ乗り越えれば，日本で活躍できる人材は外国でも活躍できるはずである。しかし，この壁の前でたじろぐ人は多い。

3）グローバルマインド

　そもそもグローバル人材と国内人材との本質的な違いは何か。それは異文化のもとで何事かを成し遂げようとする，ある種の性向である。これをグローバルマインドと呼び，その定義として「多様な文化や価値観との相乗作用によって，新たな価値を生み出そうとする発想と行動様式」を提案したい。

　つぎに，グローバルマインドについて，三つの側面から考察する。

非同質的コミュニケーション　　グローバルマインドは，家族や友だち，同僚との同質的コミュニケーションよりも，自分とは異なる考え方や価値観をもつ人たちとの非同質的コミュニケーションから芽生える。非同質的コミュニケーションで求められるものは，相手の気持ちを理解し，そのうえで自分自身のことを伝えたいという「気持ち」と伝えようとする「態度」である。さらに，こうしたコミュニケーションによって，何らかの経済的，文化的，学術的な価値の創造（ビジネス，プロジェクト，イベント，研究など）をグローバルな環境下で行おうとする「意欲」と「喜び」である。それに加えて，柔軟に異文化を吸収して，謙虚に自己をイノベーションし続ける「意志」である。

異文化との照合　　グローバルマインドは，相手に自分の考えを押し付けることでもなく，また卑屈にもなることでもない。相手との誤解や対立があれば，その原因を現地の経済的，社会的，文化的背景から考える。そして，異文化のなかで，冷静に問題解決の「処方箋」を書いて

---

[8] 三菱商事では，2011年度から，20代の全社員に海外経験を義務づける新しい制度を導入した。語学や実務研修の名目で半年から1年程度，新興国を中心に順番に派遣する。若手のうちに異文化や商慣習の違いを体験させ，グローバル人材につなげたいという（『日本経済新聞』2011年10月10日）。

実行する。グローバルマインドは，自己の依って立つ日本の文化や価値観を常に異文化と照合して，内在的に異文化を理解しようとする柔軟な「研究心」である。異文化に対して柔軟性を獲得する過程は，それまでの教育で，ある意味で「純粋培養」された様々な「思い込み[9]」から脱却して行く過程でもある。グローバルマインドは，ローカルマインド（日本人の持つ発想や行動様式）を保ちつつ，それを包摂する柔軟な発想と行動様式である。

能力に先行するグローバルマインド　　産業界で言われる「グローバル人材に必要な能力」（表1，図1）には，何かが決定的に欠けているように思われる。それは，このような能力の習得に先行する，あるいはこのような能力の習得へ向かわせる何らかの性向である。このような性向は生得的なものではなく，発達の過程で学習や経験によって獲得される。本稿では，このような性向をグローバルマインドと呼び，グローバルマインドを育成して自発的・自律的なキャリア形成を促す教育をグローバルキャリア教育（定義は後述）と呼ぶ。グローバルキャリア教育の主たる目的はグローバルマインドの育成であり，「グローバル人材に必要な能力」はグローバルマインドによって獲得される能力である。

---

[9] 受験勉強からの呪縛で言えば，筆者自身，「英会話で文法を気にするクセ」は意志疎通を優先する仕事上の必要から次第に薄らいだ。「過度の几帳面」は，インドネシア語の「ティダ，アパアパ」，タイ語の「マイペンライ」など，「気にしない」「なんでもない」「深刻に考えるな」という文化の中で解消されていき，時間感覚やマネージメントのルースさを許容するようになった。また，「過去の日本の戦争への過剰な罪悪感」は，東南および南アジア諸国で勤務するなかで，その親日的雰囲気に触れ，次第に消失した。

第2章　グローバルキャリアの業態

友松篤信

1）グローバル人材の業種と職種

　グローバル人材の業種と職種は実に多様である。代表的な業種を挙げれば，製造業・建設業，金融・サービス業，国際開発・国際協力分野である。グローバル人材の職種は様々な業種に分散しており，その特徴を挙げれば，①業種に固有なものと，②多くの職種に共通するものとがある（表1）。

2）ビジネスパーソンの海外志向度

3人に2人は国内志向　産業能率大学の「ビジネスパーソンのグローバル意識調査[10]」（2010年）によれば，「海外で働きたいとは思わない」が20代から50代全体の3人に2人を占める。「海外で働きたいとは思わない」は20代の6割を占めるが，30代40代でもこの割合は変わらない。「海外で働きたいとは思わない」は留学経験がない人[11]の7割，留学経験がある人の4割である（図1）。

　「海外で働きたいとは思わない」理由は，20代で，上位から「自分の能力に自信がないから」「海外勤務はリスクが高いから」「海外に魅力を感じないから」「家族に負担がかかるから」の順であった。

　ビジネスパーソンに国内志向派が多い理由を，この調査に従ってさらに詳しく見ていこう。

途上国はイヤ　海外勤務先別では，20代で，先進国では「働きたいと思う」は2割，「どちらかといえば働きたいと思う」は3割を占め，5割を超える者が先進国で働きたいと回答した。これに対して，中国などの新興国では，20代で，「働きたいとは思わない」は5割半ば，「どちらかと言えば働きたいとは思わない」は2割半ばであり，働きたくない人が8割を占める。東南アジア・アフリカなどの途上国では，20代で，「働きたいとは思わない」は6割半ば，「どちらかと言えば働きたいとは思わない」は2割弱を占め，働きたくない人が8割を超える。

　途上国を忌避する意識はどこから来るのか，最後にまとめて考えることにして，海外志向派について見ていきたい。

海外志向は新入社員の3割　産業能率大学の「第4回新入社員のグローバル意識調査[12]」

---

10) 産業能率大学（2010）．ビジネスパーソンのグローバル意識調査（http://www.sanno.ac.jp/research/pdf/global_bp.pdf）
11) 海外留学の経験なし：357人（89.3%），半年未満：22人（5.5%），半年～1年未満：9人（2.3%），1年～3年未満：8人（2.0%），3年以上：4人（1.0%）
12) 産業能率大学（2010）．第4回新入社員のグローバル意識調査（http://www.sanno.ac.jp/research/pdf/global2010.pdf#search='産業能率大%20海外勤務）

表1　グローバル人材の代表的な業種，職種および職務内容

業種		職種	職務内容
多くの業種に共通な職種	1	海外戦略・海外事業企画	全社戦略を踏まえ，海外での研究開発・生産・販売などといった事業展開や経営戦略を企画・立案する。
	2	（国内企業の）海外マーケティング戦略策定	海外の市場ニーズを分析し，市場環境の変化等も踏まえて商品の販売方針を策定し，営業部門に指示・浸透させる。
	3	（外資系企業の）国内マーケティング戦略策定	海外本社の意向と国内の市場・ニーズを双方反映させた商品・販促企画を行い，海外本社との情報共有・伝達，マーケット情報の伝達を行う
	4	海外営業	海外市場でマーケティング戦略を実行し，新規顧客の開拓，顧客との信頼関係構築による取引拡大等の販売活動を行う。
	5	資材・調達・購買	海外調達先を選定・交渉し，生産に必要な資材の数量を検討し，適切なタイミング，品質，価格，納期で海外から購入，・調達する。
	6	国際ロジスティックス（物流）	原材料の調達から生産・在庫・販売にいたる海外流通のプランを策定し，通関・各種手続き等の業務プロセスを管理する
	7	国際会計／税務	国際的会計基準に基づき，海外企業との取引，外資系企業との提携，資金調達等に関する会計・財務業務，その他業務を担う。
	8	国際法務／契約交渉	売買契約，金融取引など海外ビジネスに必要な法律知識を持ち，交渉，契約書作成，訴訟業務などについて，法的処理や書面発行・管理などを行う
	9	知財・ライセンス	海外での特許取得，特許侵害訴訟，ライセンス導入，クロスライセンスなど知財に関わる戦略策定・実務を弁護士の協力を得て行う。
	10	国際人事	海外での現地採用や国内での外国人採用などにおける，採用方法，雇用条件，給与・報酬・人事考課などの基準策定や労務管理などを行う。
	11	戦略的M&A	法令，定款，社会規範，業界団体のガイドライン等の関係規則に従い，M&Aの提案・交渉を実施する。
製造業・建設業	12	海外企業への委託研究開発，共同開発	製品開発を海外企業に委託する際，国内本社との情報共有，開発環境の共通化，セキュリティ対策などを行う。
	13	海外工場・インフラ施設の施工	海外に工場・電力・インフラ等のプラントを建設し，安定稼動させる。各プロジェクトの人員・収支・工程管理のマネジメントを行う。
	14	海外事業所・工場のマネジメント，スタッフ管理	海外事業所における，工場生産，営業，財務などを掌握し，現地の意向も汲んだスタッフ体制を確立し，マネジメントを行う。
	15	現地工場の生産技術責任者（エンジニアリングマネージャー）	国内の専門技術，生産ラインのオペレーション，企業経営方針等を海外の現地スタッフに指導し，生産体制を確立する。
	16	海外工場での生産管理・品質管理	海外の現地工場で生産する商品の生産計画を策定・管理する。また生産コスト，商品の歩留まり実績管理，品質不良の改善策等を検討・実施する。
	17	海外工場・事業所などでの財務・経理管理	現地の税法，商習慣等を理解し，経理業務，財務会計，生産コスト・人件費等の管理会計業務全般を行う。
金融・サービス業	18	海外拠点，店舗・事務所等における責任者	海外拠点等の責任者として，業務オペレーション伝達，現地スタッフの教育，経営戦略の立案と実施，国内本社や地域統括部門への報告等を行う。
	19	運輸・倉庫事業の現地事務所の責任者	海外事務所の責任者として，現地と現地，現地と日本の物流にかかわる諸業務の管理，現地スタッフの管理等を行う。
	20	海外事業展開の支援（銀行）	企業の海外事業展開に対して，財務戦略，為替リスク，事業戦略などのコンサルティングや業務サポート，資金的ソリューションの提案を行う。
国際開発・国際協力	21	プロジェクトの企画・管理運営，評価	海外プロジェクトを企画し，適切にプロジェクト評価を行いフィードバックして，プロジェクトを管理運営する。
	22	個別分野の専門家	いずれかの分野（ローテクからハイテクまで，行政から研究分野まで）の専門知識と国際経験を持ち，国際機関や海外プロジェクトの業務を遂行する。

出典：学校法人河合塾・教育研究部（2011）．「大学におけるグローバル人材の育成に関するアンケート」に加筆。

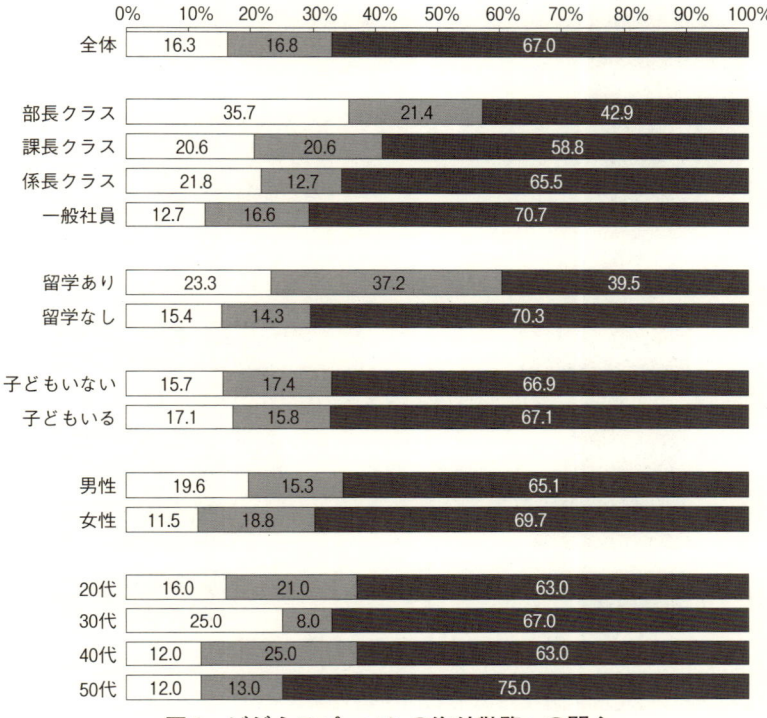

図1 ビジネスパーソンの海外勤務への関心

出典：産業能率大学（2010）．「ビジネスパーソンのグローバル意識調査」p.1．(http://www.sanno.ac.jp/research/pdf/global_bp.pdf)
注：対象者：企業・行政体等に勤務する正規従業員（20代から50代の各100名）合計400名。調査対象組織の職員数と割合（％）は，100人未満36.5%，100人以上500人未満23.0%，500人以上1,000人未満8.3%，1,000人以上3,000人未満10.0%，3,000人以上10,000人未満10.8%，10,000人以上11.5%。

（2010年）によれば，海外で働きたい新入社員は51.0%で，最も大きい理由は「自分自身の視野を広げたいから」であり，次いで，「日本ではできない経験を積みたいから」であった。一方，「どんな国・地域でも働きたい」新入社員は，2001年度調査の17.3%から過去最高の27.0%になるなど，高い海外志向を持つ層が3割前後みられた。「海外で働きたいとは思わない」は，2001年調査の29.2%から49.0%に20ポイント増加した。

これらの結果から，海外を強く志向する新入社員はグローバル化の流れの中で着実に増加したが，海外勤務を拒絶する者はそれ以上に顕著に増加したことがわかる。こうした現象を産業能率大学は人材の二極化と呼んでいる（図2）。

人材の二極化　新入社員の5割は海外勤務に関心があるが，海外志向は年齢とともに減少する。海外志向派には，年代を問わず，「自分自身の視野を拡大したい」という強い動機の存在が認められる[13]。新入社員が海外で働きたくない理由は，「海外勤務はリスクが高いから」が第1位，「自分の能力に自信がないから」が第2位となり（図2），リスク意識と自信のなさがコインの両面となっていることが伺われる。最も高いリスクと意識されているのが治安，つぎに言葉である[14]。新入社員が海外で働きたくない理由の第3位に「海外に魅力を感じないか

---

13) 海外志向の理由として「自分自身の視野を広げたいから」を挙げたのは，20代で81.1%，30代で84.8%，40代で62.2%，50代で84.0%であった（産業能率大学「ビジネスパーソンのグローバル意識調査」）。

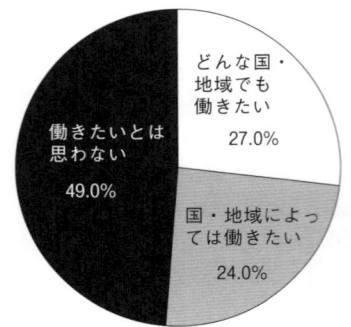

働きたい理由（複数選択） n=204	
自分自身の視野を広げたいから	82.8%
日本ではできない経験を積みたい	77.9%
語学力を高めたいから	55.4%
外国人と一緒に仕事をしたいから	31.9%
その他	6.1%

働きたくない理由（複数選択） n=196	
海外勤務はリスクが高いから	56.1%
自分の能力に自信がないから	54.6%
海外に魅力を感じないから	44.4%
家族に負担がかかるから	28.6%
その他	6.1%

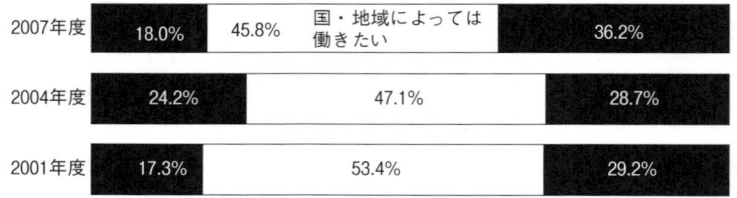

図2 新入社員の海外勤務への関心

出典：産業能率大学（2010）．「第4回新入社員のグローバル意識調査」p.2.
(http://www.sanno.ac.jp/research/pdf/global2010.pdf#search='産業能率大%20 海外勤務')
注：対象者は，2010年度に新卒入社した職員（高卒・大卒，18～26歳），男性185人（46.3%），女性215人（53.8%），調査対象組織の職員数と割合（%）は，100人未満20.5%，100人以上500人未満22.3%，500人以上1,000人未満12.8%，1,000人以上3,000人未満15.0%，3,000人以上10,000人未満12.5%，10,000人以上17.0%．英語のレベルは，ほとんど会話ができない42.8%，多少会話ができる40.5%，日常会話は問題ない13.0%，ビジネスで議論できる2.0%，ネイティブと遜色ない1.8%．

ら」を挙げているのは興味深い（図2）。テレビやインターネットの映像が与える「既視感」が海外への関心を奪っているのか，若者がチャレンジ精神を失い内向きになっているのか，様々な議論があろう。

これらの調査結果から，就職する以前に，すでに海外志向派と国内志向派の二極化が起こっており，全体の3割を占める海外志向派はますます激しい争奪戦に巻き込まれることが予想される。事実，産業能率大学の調査[15]によれば，「国内の従業員のグローバル化対応能力が不足している」と答えた企業数は全体の80.7%，「日本の職場のグローバル化対応（外国人社員のマネージメントなど）が進んでいない」は全体の75.9%であった。

企業が職員にグローバル化対応を求める一方で，海外勤務を忌避する若者が増加している背景には，入社以前の海外経験の有無がある。留学経験者で海外勤務に拒否反応が少ないのは，学生時代の異文化体験が大きいと考えられる。

海外で働きたくない人の割合は，20代で，先進国については5割弱であるが，中国などの新興国については8割に達し，東南アジア・アフリカなどの途上国については8割を超える（前述）。こうした原因には，①先進国のビジネス環境や生活・文化は日本と類似しており，日

---

14) 治安84.8%，言葉78.5%，食事64.3%，現地での人間関係の構築52.8%，住環境49.0%，異文化への適応44.3%などであった（産業能率大学「第4回新入社員のグローバル意識調査」）。
15) 産業能率大学（2011）．グローバル人材の育成と活用に関する実態調査（速報版）サマリー
(http://www.hj.sanno.ac.jp/files/cp/page/7822/research_summary%20for%20global.pdf)

本人にとって親しみや安心感がある，②国際報道が欧米の先進国に偏っている，③途上国は紛争など，危険でマイナスのイメージで報道されることが多い，などが挙げられる。近年は中国・韓国・タイなどアジア諸国への旅行者や駐在員が増えているが，最初の渡航滞在先が先進国か途上国かで，その後の選好が影響されることも指摘しておきたい[16]。

人材の二極化を引き起こすものが，入社以前に形成された発想や行動様式，語学力，治安への不安であるとすれば，大学におけるグローバルマインドの啓発と育成，実践的な語学教育，海外安全管理教育，海外インターンシップや留学は，極めて重要な意味をもつことになる。

---

[16] 筆者にとって初めての海外経験はインドネシアであった。その後，アジア，アフリカ，ヨーロッパに行き，米国には2年間勤務したが，先進国よりも途上国に親しみを覚える。筆者が指導する学生の多くは，初めての渡航先をアジア，アフリカ，中近東，中南米に定めて数ヵ月滞在する者が多く，途上国赴任を嫌悪する者はいない。

第3章　グローバルキャリア教育の開発

友松篤信

1）キャリア教育の考え方

キャリア発達と労働市場でのマッチング　　新規採用で重視する能力として，経済同友会は大学・大学院卒に対して，第1位に熱意・意欲，第2位に行動力・実行力，第3位に協調性を挙げ，経団連はコミュニケーション能力を筆頭に，主体性，協調性，チャレンジ精神，誠実性，責任感を挙げている（図1）。こうした企業側の意向は，近年あまり変化していない。しかし，早期離職やフリーターの問題が示すように，産業構造や就業構造の変化のなかで，企業側の採

（社）経済同友会の調査

○新卒の採用選考の際,特に重視する能力　　資料:(社)経済同友会「企業の採用と数値に関するアンケート調査」(平成20年5月)

	大学卒		大学院卒		短期学院卒		専門学校卒	
第1位	熱意・意欲	77.2%	熱意・意欲	70.5%	熱意・意欲	78.6%	熱意・意欲	77.0%
第2位	行動力・実行力	49.5%	行動力・実行力	45.3%	協調性	59.3%	協調性	59.3%
第3位	協調性	43.4%	協調性	38.2%	行動力・実行力	38.6%	行動力・実行力	37.8%
第4位	論理的思考力	21.7%	専門知識・研究内容	28.0%	表現力・プレゼンテーション能力	17.2%	専門知識・研究内容	23.0%
第5位	問題解決力	18.1%	論理的思考力	23.6%	常に新しい知識・能力を学ぼうとする力	16.6%	表現力・プレゼンテーション能力	17.0%

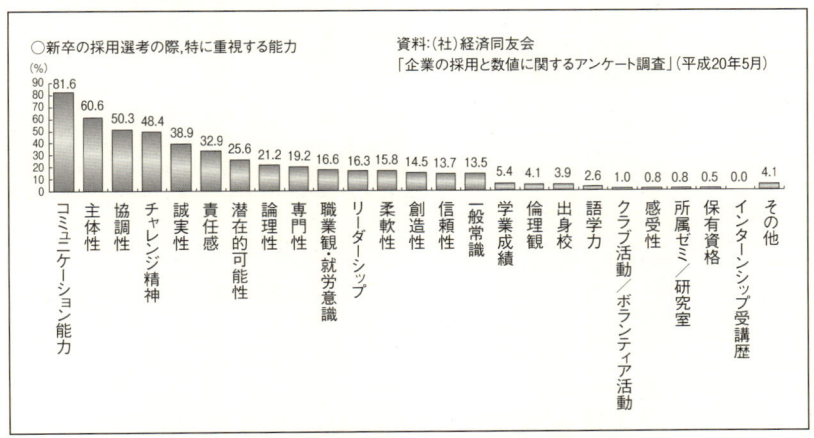

図1　企業が新規採用にあたって重視する点

出典：文部科学省（2011）．「今後の学校におけるキャリア教育・職業教育の在り方について（答申）」p.151.
　　（http://www.mext.go.jp/b_menu/shingi/chukyo/chukyo0/toushin/1301877.htm）

用意図と新卒者の意識や能力との間にはズレが生じている。こうした状況に対して，労働行政は，教育修了者と労働市場とのマッチングを重視する一方[17]，文部行政は，職業選択における学生のキャリア発達の問題を重視している。

文部科学省は，平成21年の15歳から24歳までの完全失業率（9.1％，平成21年）と非正規雇用者の占める割合（31.5％，平成22年）が高い傾向を示すことから，若者の「社会的・職業的自立」や「学校から社会・職業への円滑な移行」に課題があるとしている[18]。文部科学省はそうした認識のもとキャリア教育を「一人一人の社会的・職業的自立に向け，必要な基盤となる能力や態度を育てることを通して，キャリア発達を促す教育[19]」と位置づけている。

キャリア教育の導入　日本では，進路指導や職業指導の取り組みの歴史は長いが，キャリア教育の導入からまだ日は浅い。日本の学校教育におけるキャリア教育は，進路指導の改善という流れの中で登場したものであり，本格的な導入は文部科学省の「キャリア教育の推進に関する総合的調査研究協力者会議報告書」が出された2004年以降である[20]。

キャリア教育と類似するものに，職業教育がある。職業教育は，「一定または特定の職業に従事するために必要な知識，技能，能力や態度を育てる教育[21]」とされる。職業教育は一定または特定の職業に従事することを目的とする短期的で実践的な教育であるが，キャリア教育は一人一人の発達や社会人・職業人としての自立を促すより長期的な教育である。

キャリアは個人の生き方と関わる広範な概念であり，キャリア教育は生き方教育ともいえる。キャリア教育では「学ぶ」「働く」「生きる」を結びつけて，生き方の視点から働くことを捉える。しかし，生き方の視点ばかりが強調されすぎると，キャリア教育が職業離れを起こすことにもなりかねない[22]。社会的・職業的自立へ向けた支援を充実させていくためには，①アセスメントツール[23]等を活用した自己理解の促進[24]，②職業情報や地域資源を活用する仕事調べや職業人の講話・職場体験活動，③相談技法やキャリア・コンサルティングの提供による意思決定支援，④具体的な就職活動のノウハウ提供が有効とされている[25]。このように職業訓練機関や就職支援機関では，実践的で技術的なアプローチが行われている。

いずれにせよ，グローバル時代には，働くことを生き方の問題として捉えるキャリア教育と実務志向の実践的な職業教育の二つを統合した，グローバル人材を養成する新たなキャリア教育が求められる。

2）グローバルキャリア教育の構想

グローバルキャリア教育の理念と方法[26]　　グローバルキャリア教育の定義として，「グロー

---

[17] 教育修了者と労働市場とのマッチングの問題には，能力開発や職場での定着等の様々な問題が含まれる。労働行政では，こうした分野ごとの対策とともに，キャリアコンサルタントの養成と活用などの体制整備や，基礎的な雇用・職業に関する調査研究を実施している。
[18] 中央教育審議会「今後の学校におけるキャリア教育・職業教育の在り方について（答申）」平成23年1月31日 pp.2-5.
(http://www.mext.go.jp/component/b_menu/shingi/toushin/_icsFiles/afieldfile/2011/02/01/1301878_1_1.pdf)
[19]「今後の学校におけるキャリア教育・職業教育の在り方について（答申）」p.16.
[20] 西村公子他（2010）．「学校時代のキャリア教育と若者の職業生活」労働政策研究報告書No.125, 労働政策研究・研修機構 p.139.
(http://www.jil.go.jp/institute/reports/2010/0125.htm)
[21]「今後の学校におけるキャリア教育・職業教育の在り方について（答申）」p.16.
[22] 西村公子他，前掲論文，p.144.
[23] 学校や職業訓練機関，就職支援機関で利用される，個人の特性を科学的・客観的に測定するツール。「自己理解」から「やりたいこと」「自分に向いていること」を探索して，効率的な進路指導・キャリア教育に役立てる。（社）雇用問題研究会
(http://www.koyoerc.or.jp/school/assessment_tool.html)
[24] その際には，学生のアセスメントツールによる結果の万能視や強すぎる適職・適性志向といった弊害を招かないような，体系的で丁寧な教育・支援が必要である（宇都宮大学末廣啓子教授による）。
[25] 西村公子他，前掲論文，pp.143-144.

バルマインドの啓発・育成・実践を通じて，自覚と自律に基づく持続的なキャリア形成を支援する教育」を提案したい。すでに述べたように，ここで言うグローバルマインドとは，「多様な文化や価値観との相乗作用によって，新たな価値を生み出そうとする発想と行動様式」を意味する[27]。

　グローバルキャリア教育の目的は，グローバルマインドの啓発・育成・実践を通じて，多文化のもとで問題解決や価値創造に取り組もうとする人材を養成することである。グローバルマインドの啓発・育成は，どのようになされるのか。それをなすのは，第一線の実務家・研究者，参加者との対話や接触から受けとる「インスピレーション」，これによる行動や規範の模倣，価値観の伝播である。講師は学生から見れば「雲の上の人」であるが，身近に接することでこの敷居を乗り越えていく。こうした目的に最もよくかなうのは合宿形式[28]である。

　グローバルキャリア教育に採用している方法は，実務の模擬体験（シミュレーション），参加者自身や社会に向けた提言・アクションプランの作成を通じて，講師や参加者と意見交換や討論をするワークショップ型分科会と国内外での実践的なインターンシップである。ワークショップ型分科会の講師陣には実務家と大学教員をあて，実務家はグローバル人材のキャリアモデル，大学教員はグローバルな専門分野のスペシャリストと位置づけている。インターンシップでは，国内外で開拓した実習先と連携して学生を受け入れてもらい，最低80時間の現場体験を求めている。

グローバルキャリア教育の具体化　　グローバルキャリア教育を具体化する場合，2つの方法がある。1つは分析的方法であり，典型的な職種を対象として重要な能力要素を明らかにする職務分析[29]を行い，教育内容を定める。もう1つは属人的方法であり，教育形式のみを定めて，キャリアモデルとなる講師を選び，教育内容は講師に委ねる。宇都宮大学の企画では属人的方法を採用し，学生と講師との相互作用を重視するワークショップ型分科会を基本とした。また，英語の実践的な運用能力を養成する英語科目を開設して，教育目的を「英語を学ぶ」ことではなく専門分野を「英語で学ぶ」こととした。もちろん前者と後者は截然と区別できないが，この英語科目では英語で学んだ専門知識をもとに，実務の世界がそうであるように，専門知識の運用や専門分野における討論に主眼を置いた。学習を助けるため，参加者には事前に参考文献を指定し，専門用語集や参考資料を送付している。

3）グローバルキャリア教育の課題

エリート養成が目的か　　グローバル人材を目指す学生は一種の「エリート[30]」で，グローバルキャリア教育の目指すものはエリート養成なのであろうか。これは，グローバルマインドを

---

26) 宇都宮大学のグローバルキャリア教育は，国際キャリア合宿セミナー（夏季休業期間，2泊3日）として2004年に始まり，その後，国際学部の専門科目「国際キャリア開発」として単位化（2単位）された。2009年には，文部科学省「大学教育充実のための戦略的大学連携支援プログラム」に採用され，「地域の大学連携による学生の国際キャリア開発プログラム」（2009-2011年度）として，「国際キャリア開発基礎」「国際キャリア開発特論」「国際実務英語Ⅰ」「国際実務英語Ⅱ」「国際キャリア実習Ⅰ」「国際キャリア実習Ⅱ」の6科目（いずれも2単位）を開設した。この間，理念を決めてから，グローバルキャリア教育を企画したわけではない。国際キャリア合宿セミナーの試行錯誤の結果，現在の形態が生まれたのである。現時点で，我々の理念を集約すれば，本稿のようになる。
27) グローバルマインドの定義は，国際キャリア合宿セミナーに参加した多くの講師の意見やキャリアパスから，著者が抽出したものである。この意味で，本稿が述べるグローバルキャリア教育の理念は，グローバルキャリア教育の実践の中で帰納的に得られたものである。
28) グローバルキャリア教育では，他大学の学生との交流と相互啓発を重視する。学期内にキャリア教育を開講すれば，全国から学生が参加できないが，休業期間に合宿形式で開講すれば，全国から学生が参加できる。
29) 職務内容の特徴や特性を把握する調査方法。ここでは，日常業務の観察とそれへの質問によって業態を明らかにして，職務の質的な遂行要件を分析すること。
30) 本書第2部第1章，羽根拓也「世界を相手に活躍する人材像とは」には，グローバル人材を目指す有名大学学生の活動が紹介されている。

持つ者をエリートとみなすかという問題に帰着する。すなわち、「多様な文化や価値観との相乗作用によって、新たな価値を生み出そうとする発想と行動様式」をエリートのものと捉えるかどうかによる。そもそもエリートとは、社会の知的指導者となりうる優秀な素質、力があると認められた者を意味する。結論から言えば、エリートにリーダーシップや指導力を強調する現代のパラダイムでは、グローバルマインドを持つ者をそのままエリートとみなすことはないであろう[31]。この点で、グローバルキャリア教育は、現代的な意味におけるエリートの養成を目的とするものではない。

地方大学でグローバルマインドの育成は可能か　地方大学では、大学や学部によっては国際やグローバルと名がつくだけで敬遠する学生もおり、グローバルキャリアへの関心に「温度差」がある[32]。グローバルキャリア教育への実際の参加者は、①国際問題に高い関心と問題意識があり将来何らかの活動をしたい学生、②特定のグローバルキャリアに強い意欲を示す学生、③学生同士のふれあいや相互啓発に魅力を感じる学生、④自分のキャリアを国際分野に限らず広い視野から考えてみたい学生、⑤地域貢献活動（「とちぎ学生未来創造会議」など）を行っている学生などである。このように参加者は多様であるが、学生同士のふれあいや相互啓発にはおしなべて積極的である。そこでは、他者と新しい価値を生みだそうとする「原初的なグローバルマインド」が認められる。筆者は、こうした意識を育てていけば、地方大学でもグローバルマインドの啓発・育成・実践は十分可能と考えている。

労働市場でのマッチング問題　グローバルキャリア教育には、一般的なキャリア教育で課題とされるような労働市場におけるマッチングの問題はないのであろうか。

　国立大学協会は、学生側の問題をつぎのように指摘する。

　　学生の能力・資質に対する社会の要請にどう応えるかという問題がある。企業経営のスリム化の進行とともに、企業社会全体が大卒者に即戦力、あるいはemployability（雇用されうる能力）を求めるようになっている。大卒者の専門的職業能力はいうまでもなく、近年、社会の側から、大卒者のコミュニケーション能力、問題解決能力、社会的常識、そして職業観（の未形成）に対する疑いが非常に強くなってきている。

　　学生のキャリア発達や職業意識形成におけるつまずきの問題を指摘したい。大卒者自身の進路選択や就職をめぐる迷いや悩みも深く、各大学に設置されている就職相談室やキャリア（支援）センターなどに訪れる学生の増大も目立ってきている。特に、学生が自ら進路・キャリアを設計し、実践する力の低下が目立つ。

　一般的なキャリア教育で課題とされるこれらの問題は、グローバルキャリア教育の参加者にもある。違いがあるとすれば、グローバルキャリア教育参加者一般に認められる高い問題意識とコミュニケーションへの積極性である。

　グローバルキャリアを目指す者には、卒業前の職業選択に加えて、大学卒業後の労働市場とのマッチングの問題もある。例えば、国際開発・国際協力の分野では、大学卒業後、インターンシップやボランティア、転職を繰り返し、30代に国際機関やNGO、コンサルタントなどに職を得る者が多い。この過程は一般的にはキャリア形成と言われるが、大学卒業後に経験する

---

31) 多様な文化や価値観との相乗作用によって、新たな価値を生み出そうとする発想と行動様式は、トップダウンとほとんど同意義のリーダーシップや指導力に欠けると判断されるからである。
32) 本プログラム（国際キャリア合宿セミナーとインターンシップ）は、宇都宮大学（国際学部、教育学部、農学部、工学部）、作新学院大学（経営学部、総合政策学部、人間文化学部）、白鴎大学（経営学部、法学部、教育学部）との連携で行われている。

青年海外協力隊員，NGOのパート職員やインターンにはフリーター的側面もある。

実務派講師か大学教員か　グローバルキャリア教育を開始した当初，ほとんどの講師はキャリアモデルとなりうる専門職業人であった。しかし，講師に適した実務家を毎年探すのが次第に困難になるにつれ，大学教員の登用が増えていった。一般に大学教員は教育能力があり，分科会を安心して任せられる。しかし，教員自身は，当該分野の教育研究の専門家ではあるが，当該分野の実務家ではない。実務家の経験談は面白いが，多くは教育には慣れていない。教員は教育には慣れているが，多くは実務経験に乏しい。講師の人選にはこうした二律背反があるが，筆者はグローバルキャリア教育ではキャリアモデルとしての実務家を優先すべきと考えている。

参加型授業　ワークショップ形式の参加型授業は，講師の生き方や個性，教える力量に大きく依存する。講師は，例外はあるものの参加型授業に慣れているわけではない。集団の大きさにもよるが，ファシリテータを置く方が，学生と講師との相互作用を促進しやすくなる。また，学生側への配慮として，企画側にはつぎのような課題がある。

・聴いたことを学生自身が自分の中で定着させられるか
・外部モデルの生き方を学生が自分自身に関連づけられるか
・レポート作成やプレゼン準備が求められるなかで「気づき」を深められるか
・講師のキャリアモデルや主張がすべてであると錯覚させていないか

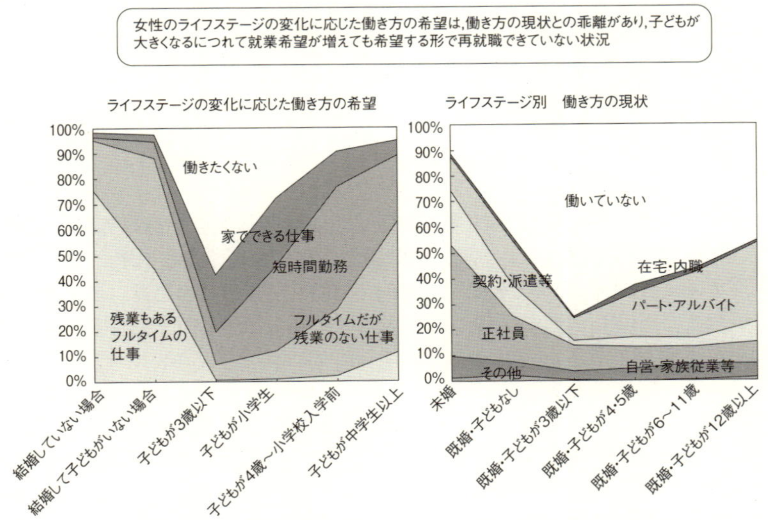

図2　女性のライフステージに現れるM字カーブ（右図）
出典：文部科学省（2011）.「今後の学校におけるキャリア教育・職業教育の在り方について（答申）」p.134.
（http://www.mext.go.jp/b_menu/shingi/chukyo/chukyo0/toushin/1301877.htm）

女性のキャリアと育児　ライフステージに応じた働き方の追求なしに，キャリアを形成することは難しい。特に女性の場合は困難である。女子学生の多くは「子どもが生まれても働き続けたい」と願っている。女性は出産を機に会社を退職し，子育てに時間のかからなくなった時期に復職するので，年齢階層別にみた女性の労働力率は一般にM字カーブとなる[33]（図2）。グローバルマインドを持った女性は少なくないが，育児後の復職はなかなか難しい。女性のラ

イフステージを考慮しなければ，女性のキャリア形成に答えうる「真の」グローバルキャリア教育とは呼べないであろう。こうした問題に関連する専門家との協力や研究が求められる。

キャリア教育の評価　キャリア教育には，評価すなわち教育効果の検証が求められている。キャリア教育が始められた当初は，取り組みの実施自体を指標とした「アウトプット評価」が中心であった。しかし近年では，感想やアンケートから生徒の変化を読みとったり，研究者が加わって自己効力感や不決断傾向，進路成熟度などの心理学的指標を用いて効果測定を行う「アウトカム評価」も実施されている[34]。しかしながら，グローバルキャリア教育の歴史は短いため，教育効果の持続性，職業選択やその後の職業生活への影響について本格的検証はまだ行われていない。

キャリア教育の課題は「馬を水辺に連れていっても，水を飲むかどうかは分からない」ことである。キャリア教育は，必ずしも就職行動に直結するものではないが，何らかの態度や価値観の変容はあるはずである。大学卒業後の初職だけを評価対象にすると，中長期の生き方，働き方への効果を見落してしまう。キャリア教育の評価の難しさはここにある。グローバルキャリアは大学卒業後ただちに得られるものではない。そのためグローバルキャリア教育では，特に中長期的視野での評価が必要となる。

以上，グローバルキャリア教育の重要な課題について，理念から実際的な側面まで考察してきた。これ以外にも，多様なグローバルキャリアの中でどのような分野の講師を選ぶのか，グローバルキャリア教育（合宿での講義）と専門教育（毎週の定時的講義）の連関をどのように図るのか，キャリア教育後のステップアップをどのように保証していくのか，様々な課題がある。

産業界や教育界からのさらなる問題提起によって，グローバルキャリア教育の実践と研究が深化していくことを願うものである。

【略歴】
名古屋大学大学院農学研究科を1978年に修了，日本学術振興会奨励研究員を経て，名古屋大学農学部助手。国際協力事業団（JICA：現，国際協力機構）技術協力専門家として1980年インドネシアに派遣される。JICA特別嘱託を経て，1984年JICA国際協力専門員（農業開発）。その後，国際食糧政策研究所（IFPRI，ワシントンDC）客員研究員（1986-88），ケニア，エジプト，ブータン，フィリピン，インドネシア，マレイシア，ザンビア，ジンバブエ，ラオス，スリランカで技術協力事業に携わる。宇都宮大学農学部助教授を経て，1994年宇都宮大学国際学部教授，現在に至る。専門は国際開発協力論。文部科学省「大学教育充実のための戦略的大学連携支援プログラム」に採用された「地域の大学連携による学生の国際キャリア開発プログラム」（2009-2011年度）取組責任者として，白鷗大学，作新学院大学と連携してグローバルキャリア教育を推進。主著：『日本のODAの国際評価』福村出版，『国際開発ハンドブック』明石書店，『国際農業協力論』古今書院，英訳：*The Traditional Dietary Culture of South East Asia*, Kegan Paul Ltd., England。農学博士

---

33) 寿山泰二他（2009），大学生のためのキャリアガイドブック　北大路書房　p.132.
34) 西村公子他，前掲論文，p.139.

第2部　グローバルキャリアの形成

第1章　グローバルキャリアに必要な能力

2-1-1

世界を相手に活躍する人材像とは

羽根拓也

　インターネットが世界を大きく変え始めた。激動する世界は求められる人材像をも変え始めている。求められる資質を，わかりやすく解説する。

　1990年代にアメリカの複数の大学で教鞭をとった。田舎の小さな大学から世界トップレベルの大学まで，異なった大学で指導することで，アメリカ教育界の洗礼を受けた。ハーバード大学やペンシルバニア大学での指導経験は，「世界のトップ大学が与える教育とはこういうものなのか」を知る貴重な体験であった。

　言葉を変えると，「世界が求める人材がどういうものか」を知ることができる体験であった。時代が動き始め，教育界もまた動き始めた時期であった。

　時代を動かしていたのは，インターネットであった。

　ちょうどインターネットがアメリカの大学生に普及し始めた時期であった。指導していたクラスで趣味は何かと聞くと，「ウェブサーフィン」という回答が出はじめていた。学生たちはノートブックという移動可能な魔法のほうきを手に入れ，世界と直接つながる体験をし始めていた。

　インターネットは，グローバル化の概念を変えてしまった。コロンブスの時代からグローバル化という考えはあったに違いない。しかし，インターネットは，グローバル化の速度を桁違いにあげていった。

　インターネットによって情報の流れがよくなったといった次元の話ではない。世界がウエブで瞬時につながるようになり，ビジネスモデル，世界各国の政治のあり方，科学者の研究やアーティストのパフォーマンスまでもが，音を立てて変わっていったのだ。

　ある分野で通説となっている知識や技術がある。こうしたものが，インターネットの出現によって，わずか数年でまったく新しいものに置き換わってしまうことが起こるようになってきた。これでは，学校でせっせと知識を暗記しても，卒業する頃には「そんな知識はもう役にたちませんよ！」ということになりかねない。

　インターネットが引き起こした革命は，世界のあらゆるものの「成長」を加速させ，結果として，求められる人材像，つまり教育のスタイルを変えようとしているのである。

　このことの重要性に，1990年代の多くの人はまだ気がついていなかった。特に日本人はそうであった。

　1997年，東京で新しい会社を立ち上げた。

　知識や技術を受動的に学ぶだけではなく，新しい知識や技術を自らアウトプットできる「能動的人材」を育成する教育プログラム「アクティブラーニング」の提供を開始したのだ。

　そうした人材が，今後，日本はもちろん，世界中で求められるようになるだろうという読みはあたった。プログラムは，今や，IBMやピムコといった世界的に有名な外資系企業，ソニー，パナソニックといった日本のトップグローバル企業に次々と採用されるようになった。途上国支援を行っている国際協力機構（JICA）では，海外に派遣される専門家の必須科目と

なり，全国の複数の大学でも，正式科目として採用されている。

　本稿では，こうしたプログラムで提供している基本的な考え方を，今後，求められる人材の資質という観点から，考察していきたい。

グローバル企業の襲来

　H＆M，ZARA，Forever21 と言われて，何のことかわかるだろうか？　ぴんと来ない人は自分のことをおじさん，おばさんと思った方がいい。いずれも，今や世界の若者をとりこにしてやまないグローバルファッションブランドの名称である。H＆M はスウェーデン，ZARA はスペイン，Forever21 はアメリカのブランドである。世界中で大ヒットを飛ばしている共通項は，高品質低価格。実際に店舗に行ってみると，その価格と品質の良さに驚かされる。あれもこれもと，安さと品質の良さにつられて，商品を次々に買い物カゴに放り込んでいく若者が後を絶たない。

　こうしたグローバル企業は，世界中から優秀な人材を集め，世界規模の資材調達力をもち，まったく新しいビジネスモデルを提示して，業界に価格破壊，構造破壊を引き起こす。ファッション業界に限らず，ここ数年，こうしたグローバル企業が次々と日本に進出している。家具のイケア，航空業界のエアアジア X など。

　こうした企業の登場は，国内企業にとってはまさに黒船の襲来である。グローバル企業に比べると，国内企業の商品開発力は，価格，品質において見劣りがする。よほどの独自性をもたない限り，顧客をつなぎとめておくことは容易ではない。

　2010 年，日本に進出したエアアジア X の羽田・クアラルンプール間の往復料金はたったの 8 千円！　キャンペーン料金ではあるが，正規料金であっても往復 1 万円代だというから驚きである。往復 8 千円の料金を提示されれば，だれだって選んでしまう。こうしたグローバル企業の進出に伴い，廃業へと追い込まれる国内企業が続出している。

日本の電話産業を一変させたスマートフォン

　海外企業の日本進出は，何も今に始まったことではない。しかし，グローバル企業の参入から国内企業が影響を受けるスピードは，驚くほど速くなっている。それどころか，たった数年で一つの産業が消滅してしまうことすら起きているのである。

　例えば携帯電話。i-mode などの独自仕様で圧倒的シェアを誇り，海外企業の参入を許さなかった日本の携帯電話ビジネス（＝ガラパゴス携帯）。しかし，2010 年前後から，iPhone など，世界展開するスマートフォンが世界を席巻し始めた。日本は独自の携帯文化があるため，スマートフォンは売れないだろうとタカをくくっていた国内企業。実際はスマートフォンに切り替えるユーザーが激増した。

　その先鞭をきったのが大学 3 年生。人気企業の説明会に申し込むために，分秒を争って申込をしなければならない就活生。そんな彼らにとって PC と遜色ない速度でウエブ接続，説明会申込ができるスマフォ（スマートフォン）の利便性は，「ガラパゴス携帯」を捨てるに十分な魅力であった。スマフォ携帯の利便性は，フェイスブックなどを通じて次々に広まっていった。ドミノ倒しのように，次々と大学生がスマフォに切り替えていった。

　社会人にも同様のことが起きている。スマフォを使えば，マイクロソフト・オフィスの閲覧が可能。社内スケジュールとの同期も可能。最新のデジカメと遜色ない高機能。いや，それどころか，撮った写真をすぐにアップし，仲間と共有できるソーシャルプラットフォームへのアクセスを簡易にしたスマートフォン。社会人もまた，せきをきったようにスマートフォンへの

移行が進んでいった。

　なぜスマートフォンはこれほどの高機能化を短期間でできたのか？　爆発的人気をほこるアップル社のiPhoneは，ディスプレーを韓国のLG，メモリは日本のエルピーダ，スクリーンタッチはアメリカのテキサスインスツルメント，通信機能はドイツのインフィニオン・テクノロジーズの技術が採用されている[1]。つまり，世界最高レベルの技術の結晶がiPhoneなのだ。世界中で売れているiPhoneのような商品には，世界中から技術提携の話が舞い込んでくる。アップル社が「あなたの会社の技術をiPhoneに入れませんか」と言えば，多くの企業が魅力と感じるはずだ。

　世界中の技術力が結集されて，スマートフォンができあがっている。世界を相手に戦えば，技術革新もまた世界中の技術者の力を合わせて行っていくことができるのだ。

　日本の携帯電話市場は，1，2年足らずで勢力図が大きく変わってしまった。わずか数年で，日本独自の携帯電話産業が消滅しようとしている。

日本企業の反撃[2]

　グローバル化の波はあらゆる業界を飲み込もうとしている。こうしたグローバル化の波に対抗する唯一の手段は，自らもグローバルに打って出ることである。

　ファッション業界で国内トップのユニクロは，海外戦略を加速化。2011年10月には世界最大規模の大型店をニューヨークの五番街にオープンさせた。売場面積約1,300坪。「世界中のグローバル旗艦店の魅力を体感できる店」をコンセプトに，店内グラスケースやフライングマネキン，モニターウォール，レインボー階段など，これまでのノウハウを結集し，早くもNYの人気店になりつつある。

　コンビニ業界も負けてはいない。ミニストップは2011年度中に，海外店舗数が国内店舗数を上回る。海外店舗は現時点では韓国が多数を占めるが，フィリピン，中国に続き，ベトナムにも出店。国内では業界5位だが，今後，海外事業の強化を目指し，東南アジアへの積極投資を行っている。2015年には，営業利益の2割を海外で稼ぎ出す計画という。

　海外出店で最も進んでいるのがファミリーマート。既に，韓国，台湾，タイ，中国に出店し，2011年7月時点で，国内8,468店舗に対して，海外はなんと10,106店舗。さらに2015年度までに15,500店，2020年度までに約3万店まで拡大する予定というから驚きだ。

　グローバル化はあらゆる業界を飲み込み，確実に世界に広がっていく。「海外進出は売上が上がってきた企業の拡大戦略の一つ」というのは過去の話。むしろ，企業が生き残るために残された数少ない手段の一つなのである。食うか食われるか，生き残りをかけた壮絶な戦いが，世界中で繰り広げられている。我々はそういう時代に生きているのだ。

変わる採用スタイル

　こうした流れは，早くも学生の採用にまで影響を及ぼしている。2010年から，国内大手企業の採用スタイルに大きな変化が表れてきた。

　国内大手メーカー，パナソニックでは，グローバル人材の採用が急拡大している。2010年度，新卒採用1,250人のうち，海外で外国人を採用する「グローバル採用枠」は750人であった。2011年度は，新卒採用1,390人のうち，「グローバル採用枠」を1,100人にするという。

---

1) 実際にはアップル，各社ともに内部技術は公開していない。調査分析を専門とする会社が機器を分解し，その技術がどこの企業のものかを公表している。
2) 日本企業に関するデータは，『週刊ダイヤモンド』2011年9月2日号（http://diamond.jp/articles/-/13835）より。

なんと，新卒採用の大半を外国人（あるいは海外経験のある日本人）にする戦略である。パナソニックの大坪文雄社長はこうした方針を裏づけするように，雑誌のインタビューで「国内の新卒採用は290人に厳選，かつ国籍を問わず海外からの留学生を積極的に採用する」と明言している[3]。

こうした動きは，2011年，いろいろな業界に飛び火，拡大している。三菱商事は2011年度から，20代の全社員に海外経験を義務づける新制度の導入を決定した。語学や実務研修の名目で，半年から1年，新興国を中心に派遣するという。それはそうだ。海外と丁々発止やり取りしなければならない商社マンが，「海外に行ったことがない」では話にならない。若いうちに異文化や商習慣の違いを体験させ，グローバル人材の育成につなげようというわけである。こうした方針を実施するためには，当然，莫大なコストがかかる。それでも踏み切るのは，こうした取り組みをしなければ，既存の日本人学生の採用だけでは，世界で戦えないと考えているからだ。

さらに優秀なグローバル人材を採用するために，新卒採用にもかかわらず，高額給与を約束する企業さえ出てきた。野村ホールディングスでは，2011年より，投資業務やIT分野などに従事するグローバル採用枠を募集開始。語学と専門性の高さを条件に，通常採用の3倍近い「月給54万円（年収650万・賞与別）」を新卒者に支払うという。この採用枠には，申込みが殺到。16倍の倍率で優秀な学生40名が採用された。グローバルで戦える人材であると認められれば，得られる収入も大幅に変わる時代になったのである。

日本の学生は使えない？

こうした動きを，日本の大学関係者はもっと衝撃的に受け取るべきであろう。パナソニックのようなグローバル企業は，国内採用枠であっても，海外経験豊富な学生を優先的に採用するし，国籍も日本でなくてOKとまで言っている。日本人の学生はもう必要ないと言っているに等しい。

こうした企業に対して，政治家や大学学長が「もっと日本の学生を採用してほしい」と依頼にいったところ，企業側の回答は「我々ももっと日本の学生を採用したい。だったらもっと優秀な学生を育成してください」であったという。

企業は生き残りをかけて戦っている。日本人を採用したい気持ちはあっても，使えない戦力を採用する意味はない。

以前，シンガポール大学の学生にインタビューしたことがある。卒業後どんな仕事をしたいか聞いたところ，「クラスメートが香港出身なので，いっしょに香港・シンガポール・マレーシアを対象にビジネスをしたい」という答えがかえってきた。日本の学生に同様の質問をしても，そうしたグローバルな展開を意識した回答はまず聞けない。

毎年，日本の大学で多くの就職活動生を相手に講義をするが，卒業後の進路を聞くと「有名企業に入りたい」「安定感のある公務員がいい」といった答えが多い。最近では，「本音では，何もしたくない」といった，将来の日本が心配になるような回答も増えている。

かたや「アジア展開のビジネスを狙っている」という学生，かたや「安定感のある公務員がいい，できれば何もしたくない」という学生。あなたが面接官で，こうした学生の面接の場にいたら，どちらを選ぶだろう？　言わずもがなである。日本企業が海外の学生にシフトし始めているのは，自明の理であると言える。

---

[3] 『j-cast news』2010年6月10日（http://www.j-cast.com/2010/06/20069022.html?p=all）

なぜ日米の教室で違いが生まれるのか？

　　アメリカの大学には全世界からの留学生が多い。田舎の小さな大学であっても，留学生が一人もいない大学を見つける方が難しい。ヨーロッパ，南米，アジア，アフリカ，オセアニアから留学生がやってきて，同じ教室で授業を受ける。全員異なったバックグラウンドを持っているから，教室で行われるディスカッションも日本のそれとは大きく異なる。

　　その意義を理解している教授陣は，うまく多様な意見を引き出しながら，議論を進めていく。「君は中国から来たといったよね。中国ではどうだろう？　何かアメリカとは違いがあるだろうか？」「自分の国ではそうした習慣はない。それはアメリカ人特有の考え方だ」。この意見に触発されたアメリカ人学生が，さらなる議論をこの中国人学生にふっかける。教授はうまくこれらの意見を誘導し，生産的な議論の場に仕立て上げていく。

　　「ハーバード白熱教室」という番組がNHKで放映され，話題になった。ハーバード大学の人気教授マイケル・サンデルが学生に議論を投げかけ，学生とのやりとりから意見をまとめ上げていく手法に，日本の教育者，学生は衝撃を受けた。

　　インタラクティブな「会話型」授業は，アメリカの大学では一般的な授業スタイルである。そうでない授業を見つける方が難しい。その後，日本の大学教授の白熱教室もNHKで放映されたが，サンデル教授と比較して，その質の違いは明らかであった。

　　なぜか？　学生はもちろん，日本の教授陣もそうした授業の進め方がよくわかっていないのだ。異なった意見，価値観をもつ者が，どうやって一つの意見をまとめあげていくのか？ここに一つの技術がある。

ローカル・コミュニケーションとグローバル・コミュニケーション

　　「ローカル・コミュニケーション」とは，互いによく知ったもの同士でのコミュニケーションと定義しよう。例えば，田舎に帰ると，回りは子供の頃からずっと知っているもの同士。そうした環境で大切になるのは，長きにわたって構築してきた関係性や常識を大切にすること。日本のコミュニケーションの大半がこれである。

　　「グローバル・コミュニケーション」とは，その反対で，互いをよく知らないもの同士のコミュニケーションである。NYの社交場で話をすれば，アフリカ系移民とアジア系移民の前で，南米系移民がジョークを言うといったことは日常的である。

　　日本の大学はこれから力を入れるべきは，異なった価値観を持つもの同士のコミュニケーションであろう。しかし，実際には，日本の大学には留学生は少ないし，大学の枠を飛び越えた授業も数えられるほどしかない。

　　そこで私は，大学でできないのであれば，大学を出てそうした組織を創ろうと動き始めた。

Global Students という学生団体

　　2010年より，グローバル・スチューデンツ[4]という学生団体の設立と運営に協力している。東京，一橋，早稲田，慶應，上智といった有名大学学生が集まるこの団体は，世界で通用する人材になるためのプラットフォームを目指している。

　　これまでに以下のようなプログラムを提供してきた。

---

4) global students 公式ページ（http://www.facebook.com/globalstudents）

ハーバード大学現役教授による双方向授業　ハーバード大学の現役教授ウェズリー・ヤコブセン博士を招いたインタラクティブなアメリカ式授業。一つのテーブルに東大生，早大生，慶大生らが4人1組でチームを作り，全員参加型の授業内コミュニケーションを学ぶ。

元インテル会長による講演　世界的に有名なグローバル企業，インテルの元会長を招き，世界を相手に仕事をするうえでの秘訣を講演していただく。これらの内容をもとに，自分の考えをアウトプットする重要性，能動性を学ぶワークショップを展開。

Global Students 道場　トヨタ，双日，Sony Computer Entertainment，横浜ゴムなどのグローバル企業の協力を得て各社に赴き，社員を師範代とする「GS道場」を展開。異なった分野で活躍する精鋭社員から，世界の現場で働くために必要な資質を学ぶ。

学生はできるだけ早い段階でグローバル環境に触れるべき

　こうした取り組みを通じてわかったことは，日本の大学生に「グローバル・コミュニケーション力」がないわけではないことだ。筋の良い学生が日本にも数多くいる。

　GS道場では，世界で渡り合っている社員の生の体験談を，学生にワークショップ形式で聞かせる。「こういう場面で，君ならどうする？」という問いかけに対して，グループでまず自分の意見を述べる。その後，実際の現場では，社員がどう動いたのかを聞かせてもらい，さらにディスカッションを深めていく。

　ある時，精鋭社員が「世界を相手に戦うということは，異なった価値観をもつ人々に，どう伝えていくかということだ」「ただし地域によって違う価値観もあれば，世界的に同じ価値観もある。家族愛や五感に対する刺激は世界共通である。ユニバーサルとローカルの違いを浮き彫りにして，世界戦略を作り出していく」という話をした。

　こうした高度な話題に，大学の早い段階から触れさせることは重要だ。

　大学生が企業の社員と触れる一般的な機会は，就職活動での説明会やインターンシップであろう。しかし，そうしたイベントは採用目的であるため，自社PRが多く，教育効果はあまりない。

　Global Studentsは就職活動が目的ではなく，オールジャパンの人材育成のためのプラットフォーム作りが目的であると説明し，協力企業の理解を得ている。今や日本企業も，世界に向けて，かつてない動きをしなければならない時代である。Global Studentsのような活動に共鳴し，身軽に協力してくれる企業は多い。

　学生には，1社のみの参加ではなく，2社以上の参加を条件としている。早いうちにこうした刺激を得て，グローバル・コミュニケーションの本質を体感させることで，彼らの資質向上に貢献したい。

プロジェクト・ベースト・ラーニングの重要性

　Global Studentsの幹部である東大生に，「異なった大学の学生をまとめて運営することは難しくないか？」聞いたところ，「大変難しい。みんなやりたいことがバラバラで，意見がなかなかまとまらない。そこで重要なのは，皆がなんのためにこの活動をやるのかというミッションを定義することだと考えている。ミッションを構築して，価値基準をそろえないと，異なった意見をまとめることはできないと思う」。

　これは素晴らしい解答である。実際に，多国籍企業では，こうしたミッションを作り，価値

観を共有することが重要と考えられている。Global Students の学生には，多国籍とはいかないまでも，まずは違う大学の学生同士でコミュニケーションさせていく。

　最新の IT 技術を使えば，ウェブ上でのディスカッションも可能である。日本の学生であっても，大なり小なり「グローバル・コミュニケーション」に必要な資質や方法を学ぶことができるのである。

　概念の説明だけでは，資質向上には至らない。「異なる価値観を求めるためには，共通のミッションを持たせることが重要」と百回聞いても，グローバル・コミュニケーション力がつくわけではない。実際にそうした体験を，生のプロジェクトを通して体験しなければならない。

　残念ながら，大学の授業では，こうしたプロジェクトを与えることは難しい。週に1回，15回連続の授業という文部科学省の定める形態をとる限り，プロジェクト・ベースト・ラーニング（PBL: Project Based Learning）の実施は著しく困難である。

　経済産業省「社会人基礎力育成プロジェクト」の企業とのコラボレーションプロジェクトを通じて，PBL を実施しようとする大学が増えている。

　ただし，そうした場合，科目を担当する教員の負担は大きい。したがって，「手弁当でもいいので，学生のためにがんばろう」という教員が支援する PBL でなければならない。そうしないと，PBL とは名ばかりの授業に終わってしまう。

最後に

　グローバルな領域で戦う場合，日本にはそのような専門的教育家は少ない。概念的な解説はできても，そうした資質を身につける教育の提供者は，数えるほどしかいない。

　そもそも，海外で戦ったことのない教育者が，どうやってグローバル領域で必要となる資質を教えられるのか？今後，日本で求められるのは，学生のグローバルな資質を向上させる教育の仕組みを考えていくことである。

　学生諸君は，遅々として進まぬ，自分の大学での「グローバル教育」を待つのではなく，自分の足でそうした機会に触れることはできないかと考え，足を踏み入れていくべきである。なぜなら，そうした力こそが，グローバルで活躍するために不可欠な力なのだから。

　世界は既につながっている。そのネットワークの先にあるものを動かせるのは，あなたの行動力だけである。

【略歴】

日本の塾や予備校で指導後，ハーバード大学等で語学専任教師として活躍。独自の指導法に対して 1994 年，同大学優秀指導証書授与。1997 年人間力育成を目的とするアクティブラーニング社設立，ソニーグループ，博報堂，リクルート，JR，経済産業省，JICA 等にプログラムを導入。2009 年，世界の起業家を評価する「アントレプレナー・オブ・ザ・イヤー」の日本セミファイナリストに選ばれる。開発支援した JR 東日本の e-learning プログラムが 2010 年，経済産業大臣賞受賞。文部科学省就業力支援プロジェクト審査委員，経済産業省社会人基礎力育成プロジェクト委員，デジタルハリウッド大学（院）客員教授，山口大学客員教授，関西国際大学客員教授。

2-1-2

ロジカル思考でビジョンをつくる

立山桂司

ビジョンとは何か？

1）ビジョンの定義

　国際協力を志す一人ひとりの「ビジョン」の実現を「プロジェクト」として考えてみたい。
　まず「ビジョン」という言葉が持つ本当の意味を考えてみたい。テレビジョンに近いような，映像として「見る」という意味に近いと想像する人もいるだろう。しかし，この「ビジョン」という言葉は，容易に日本語化できない英語のひとつである。
　ビジョンは，日本の辞書には，「将来の構想。展望。また，将来を見通す力。洞察力。」とある（『大辞泉』小学館）。英英辞典には，「事実に横たわる真実を理解すること」や「心の目で見る」などの意味もあり，「将来の構想」や「洞察力」ではカバーできない意味合いがあることがわかる（『オックスフォード英英辞典』）。
　ビジョンを「自分は何者で，何を目指し，何を基準にして進んでいくのかを理解すること」と定義する者もいる。優れたビジョンには「有意義な目的」「明確な価値観」「未来のイメージ」の3つが要求されると唱える者もいる。「過去に学び，未来に備え，今を生きよ」という言葉もあるように，ビジョンは単なる未来志向ではないことがわかる。ドイツの文豪ゲーテは，「自分にはできる，あるいはできるようになりたいと思ったら，ともかくはじめること。大胆さが才能を生み，力を生み，魔法を生む」とビジョン実現の方法のようなことを書いている。
　昨今，自分の過去・現在・未来を考えるセミナーやワークショップに参加できる機会が増えてきた。しかし，その場で自分のビジョンや想いを言語化し，整理しても，それは絵に描いた餅に過ぎないことが多い。筆者が専門とする国際開発・国際協力の業界では，専門性，現場経験，マネジメント力のある即戦力が強く求められている。そのような人材になるためのキャリア形成には多くの壁が待ち受けている。中途半端なビジョンでは，組織，業界，社会，世界に潜む壁を到底越えられないのが現実である。
　筆者は長年にわたり，国際協力分野を志す若手人材の育成に関わっており，若手が抱える様々な壁を理解し共に試行錯誤してきた。その結果，自分の「ありうる姿＝can」「ありたい姿＝will（将来の強い意思）」そして「あるべき姿＝must」を常に考えて，考えて，考え抜くこと。これこそが，ビジョンを実現するための唯一の方法であることが見えてきた。

　　　　ビジョン＝「ありうる姿＝can」＋「ありたい姿＝will」＋「あるべき姿＝must」

　「ありうる姿＝can」だけをイメージしても，夢の実現にはつながらない。「ありたい姿＝will」ばかりを追い求めても，現実感が伴わず障壁も多い。大切なことは，まずは「あるべき姿＝must」を考えることである。それは，「家族，友人，地域，上司・部下・同期，会社，業界，取引先，クライアントそして社会は，自分にどうあってほしいと望んでいるか」を考えることである。
　途上国で貧困に苦しむ人を救いたいと思っても，家族は危ない場所に行かないことを望む。

自分自身では海外業務を望んでいたとしても，上司は国内での雑多な社内業務の取りまとめを望んでいることもある。国際機関のクライアントは，現場活動の過程よりも目に見える明らかな成果のみを重視しているかもしれない。途上国の人は「あなたが来る必要はない。お金だけ送ってくれ！」と考えるかもしれない。実際にこの言葉を耳にしたこともある。

　どうすれば家族は納得し，上司は海外業務の大切さをわかり，クライアントは現場やプロセスを重視し，現地の人はノウハウやアイデアの価値をわかってくれるのか。つまり，自分がどのような自分になれば周りは納得するのか，そこに「あるべき姿＝must」の答えがある。

　今の「自分がやるべきこと＝must」「自分にできること＝can」そして「自分がやりたいこと＝will」を懸命に考えてほしいと思う。英語の勉強，国際政治・経済を知る，地域でのボランティア活動，そして健康であること等。これらは「自分がやるべきこと＝must」である。本来は「自分がやるべきこと＝must」を考えるのが一番簡単なはずだ。しかも「自分がやるべきこと＝must」には「自分がやりたいこと＝will」を実現するための前提条件が含まれる。ところが，自分のキャリアを考える段階や機会になると，「自分がやりたいこと＝will」ばかりが先行してしまう。そうなるとビジョンが設定できない。ビジョンをなんとか表面的に設定できても，単なる希望に終わり，最後には諦めることになる。

　　　　ビジョン＝「あるべき姿＝must」＋「ありうる姿＝can」＋「ありたい姿＝will」

をしっかりと意識して，単なる希望に終わらず諦めないビジョン設定を考えよう。

2）ビジョンの形成

　国際開発や国際協力分野のビジョン設定では，「ありうる姿＝can」「ありたい姿＝will」「あるべき姿＝must」を，短期（5年後）と中長期（10年以上）に分けて考えるとわかりやすい。短期と中長期の両方を考えると，当面のビジョンと将来的なビジョンが明確に整理でき，その間の目標や課題などのロードマップが見えてくる。また，「ありうる姿＝can」を"自分にできることとして"という言葉を前提にして考えてみる。同じようにして，「ありたい姿＝will」を"自分のために"，「あるべき姿＝must」を"現地の人々のために"として考えてみるようにする（表1）。また，ビジョン実現の先にある「夢」についてもイメージしてみることで，ビジョンを考える意味がより明確になる。

　このようなビジョンを考えられるようになるのは，少なくとも専門科目を履修する大学2年生以降になるであろう。大学生のレベルで自身の5年後，10年後について自分ひとりで考えるのは容易なことではない。国際協力に関連する書籍や雑誌の講読はもちろん，国際協力に詳しい友人・グループ・先生・先輩・セミナー講師などと積極的なコミュニケーションを図ることでビジョンを描く準備を進めてほしいと思う。そして，各種セミナー・ワークショップはもちろん，スタディツアーやインターンシップにも参加することで，国際開発や国際協力の仕事のイメージをどんどん膨らませることができるようになる。初めてビジョンを設定する場合は空欄や曖昧な表現が多くなるかもしれない。しかし，ビジョンは「常に考えて，考え抜くこと」が大切なので，日々進化していればまったく問題はない。むしろ半年ごとや毎年，ビジョンを見直し更新していく必要がある。

　表1のビジョンは，青年海外協力隊から帰国後に，表2のように進化した。

　青年海外協力隊員を経験したことで，漠然とした環境教育のプログラムではなく，より具体的に環境保護プロジェクトを構想できるようになった。そして，現場経験から潜在的なコミュニケーション力を知り，可能性が広がりを見せている。また，開発アクターは国際NGOだけではないことも気づき始めている。

表1　大学生が考えた国際協力のビジョン（在学中）

	短期的	中長期的
ありうる姿（can）	（自分にできることとして）どんなことでも自分のためになると考えて前向きに行動する	（自分にできることとして）すべての行動の改善点を次に生かし成長する
ありたい姿（will）	（自分のために）海外の大学院に留学して語学と環境を勉強したい	（自分のために）国際NGOに就職したい
あるべき姿（must）	（現地の人のために）青年海外協力隊に参加して環境の保護・保全に貢献すべき	（現地の人のために）現地に役立つ環境教育プログラムを実施すべき
ビジョン	環境分野の青年海外協力隊員として常に前向きな姿勢で活動し、帰国後海外の大学院に進んで環境分野の専門性と国際的に通用する語学力を習得し、将来は国際NGOスタッフとして環境教育プログラムの計画、実践、改善に取り組み、現地の環境保護に貢献する	
ビジョンの先にある夢	全世界で環境教育が定着し、環境保護の進展にかかわること	

注：国際開発や国際協力分野のアクターとその役割に関するある程度の知識があるという前提で考えたビジョン。開発アクターの役割や現状、キャリアパスについては『国際協力ガイド』国際開発ジャーナル社が参考になる。

表2　大学生が卒業後に考えた国際協力のビジョン（青年海外協力隊経験後）

	短期的	中長期的
ありうる姿（can）	（自分にできることとして）コミュニケーション力を生かして関係者との対話を大切にする	（自分にできることとして）関係者との強い信頼関係を築くことでプロジェクトを成功させる
ありたい姿（will）	（自分のために）環境保護の専門性を磨き、途上国での現場経験を身につけたい	（自分のために）途上国の環境保護プロジェクトを形成しマネジメントに携わりたい
あるべき姿（must）	（現地の人のために）地域の環境破壊が進む顕在的な実態や潜在的な危機を知るべき	（現地の人のために）地域の自然資源と向き合いながら豊かな生活を営める空間を創り出すべき
ビジョン	現地の人たちがより豊かな生活を営めるように、コミュニケーション力を生かして信頼関係を築き、環境と開発を両立させるプロジェクトを共に考え、創り出し、地域に根ざす継続的開発を実現していく	
ビジョンの先にある夢	地域の特性を重視した実現可能な開発と環境保全の両立を世界に提案していく	

　このようにビジョンは経験によって大きく変化する。また、それが自然なカタチとも言える。ビジョンを固定化せず柔軟に考えることが大切であり、決してそれを恐れてはならない。ビジョンは常に「仮置き」であることを自覚する。
　筆者がビジョン形成に関連して用いているキーワードについて、類語と対比させることで定義しておきたい。

チャンスとチャレンジ　チャンスは自分の周辺に転がっていて必然に至る偶然にもなる。その時はチャンスに気づかないこともあり、そういう意味ではつかみにくいものでもある。チャレンジは、目標のレベルを超えた新たな領域や世界への踏み出しである。チャレンジの成功は自分の力だけでは難しいことが多く、何らかの偶然や外部作用を必要とする。

リスクとブレイクスルー　リスクは危険なものではなく、ある種のチャンスである。ブレイクスルーは障壁突破のことである。リスクをチャンスと捉え、障壁を突破することを考えなければビジョンの実現にはつながらない。ブレイクスルー（障壁突破）によって人間は成長し、夢やビジョンの実現に近づくということだ。

夢とビジョン　夢は抱くもの、ビジョンは描くもの。夢は偶然を待つことが多いが、ビジョンは必然を創りだす。

ビジョンは掲げるだけでは意味がない。その実現に向けたプロセス，取り組み，工夫が大切になる。ビジョン実現に必要な考え方とチカラについて述べる。

ビジョンを描く　ビジョンへの取組は「描く」と「実現する」の2段階から成る。ビジョンを描くとは，時間とともに流れる空間の中に存在する自分を頭の中でイメージすることだ。短期と中長期の時間軸と「ありうる姿」「ありたい姿」「あるべき姿」の自分軸を対応させて空間のように見立てるのである。ビジョンを描ければ，あとはそれを実現するだけである。途中の見直し・軌道修正・改善は必要となるが，チャンスを最大限に生かしチャレンジを繰り返すことでビジョン実現に近づいていく。

チカラ　ビジョン実現に必要なチカラとは何だろう。『ゾウの知恵』（アーティストハウスパブリッシャーズ出版，絶版）の一節にそのヒントがある。「ゾウは目標に向かって一歩一歩ゆっくりと進んでいく。天候に逆らわず，大地を踏みしめ，環境に順応しながら，全員の幸せが約束されている目的地に向かう。辛抱強く，途中で諦めない」。ビジョン実現のヒントはすべてこの言葉の中にある。一言も漏らさずにビジョンを実現する力を考えてほしい。

ロジカルな考え方

1）問題分析

「学校によく遅刻する」という問題（結果）について，その原因を論理的に解き明かしてみよう。「学校によく遅刻する」原因は，「夜更かしした」からではない。「夜更かしした」ので「朝早く起きられず」「遅刻した」のである。また「朝早く起きた」としても，「家を時間どおりに出なければ」「学校に遅刻する」。それでは「朝早く起きて」「時間どおりに家を出れば」「遅刻しない」のか。そんなことはない。学校近くまで来て，カフェやコンビニに立ち寄り，時間が過ぎることもある。それでは「朝早く起きて」「時間どおりに家を出て」「途中の寄り道がなければ」「遅刻は減る」だろうか。多分，大丈夫だろう。

このように直接の原因を過不足なく追及することを問題分析という。問題分析は一般的な常識の中で考えればよい。大切なことは「漏れなく」「ダブリなく」原因を考えることである。「家を時間どおりに出ない」のはなぜかを考えてみる。まず「夜のうちに次の日の準備をしていない」ので，「朝の準備に時間がかかる」のだ。それでは「夜の内にしっかり準備しておけば」「家を時間どおりに出発できる」のだろうか。正確な時間を時計でコントロールできなければ，「時間どおりに出発できない」。また，新しいワイシャツがない，服が朝食で汚れた，眼鏡が見当たらないなど，突発的な出来事に対応できる時間的余裕がなければ，「家を時間どおりに出られない」のである。

2）目的分析

今度は，問題分析（結果←原因）を目的分析（目的←手段）に転換してみよう。

問題分析で設定したカードの趣旨をすべて裏返しにする。このように論理的に考えると，遅刻は論理的に排除できるようになる。こうした日常的な問題，学生生活充実のための課題，グループでの活動目標などについても同じように考えてみよう。必ずしも問題分析からではなく，いきなり目的分析に取り掛かってもよい。このように考える癖がつけば，国際協力のビジョンを実現するための樹型構造も組めるようになる。

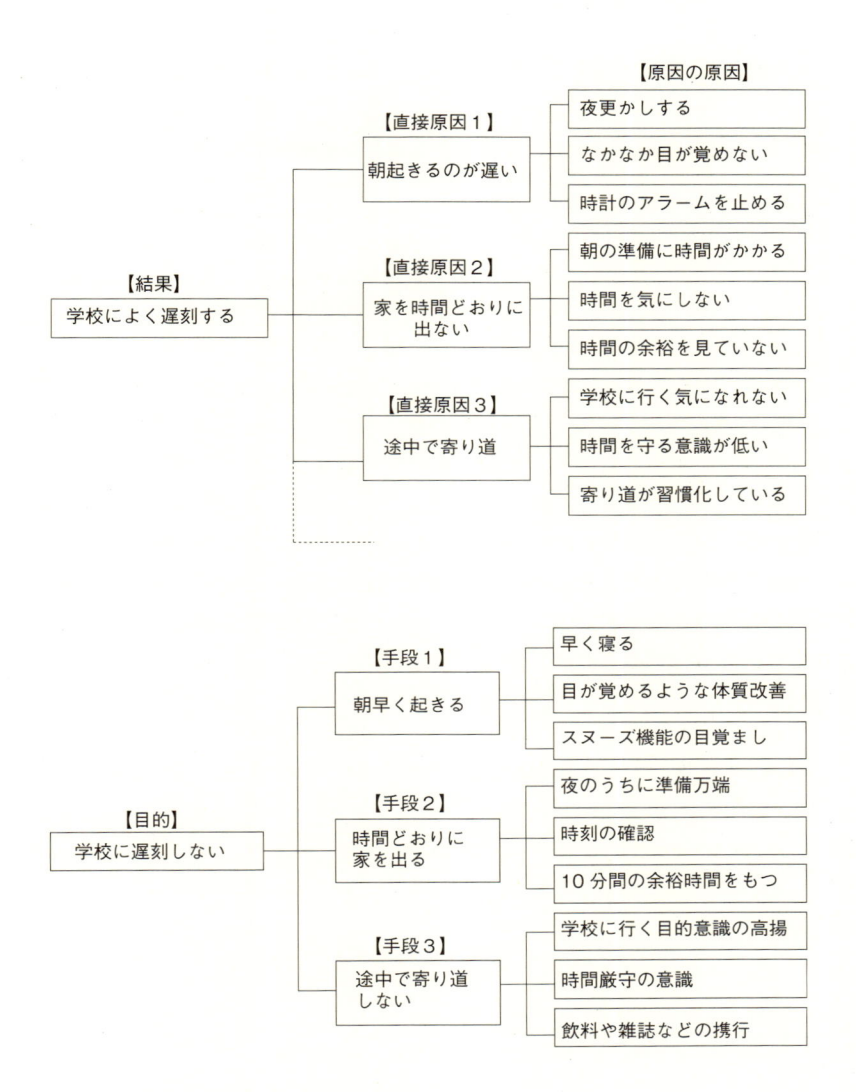

```
                              【原因の原因】
            【直接原因1】    ┌─ 夜更かしする
            朝起きるのが遅い ─┼─ なかなか目が覚めない
                            └─ 時計のアラームを止める

【結果】     【直接原因2】    ┌─ 朝の準備に時間がかかる
学校によく ─┼ 家を時間どおりに ┼─ 時間を気にしない
遅刻する     出ない          └─ 時間の余裕を見ていない

            【直接原因3】    ┌─ 学校に行く気になれない
            途中で寄り道    ┼─ 時間を守る意識が低い
                            └─ 寄り道が習慣化している
```

```
            【手段1】        ┌─ 早く寝る
            朝早く起きる    ┼─ 目が覚めるような体質改善
                            └─ スヌーズ機能の目覚まし

【目的】    【手段2】        ┌─ 夜のうちに準備万端
学校に遅刻 ─┼ 時間どおりに   ┼─ 時刻の確認
しない      家を出る        └─ 10分間の余裕時間をもつ

            【手段3】        ┌─ 学校に行く目的意識の高揚
            途中で寄り道    ┼─ 時間厳守の意識
            しない          └─ 飲料や雑誌などの携行
```

3）ビジョン実現の道筋

ビジョンの位置づけ　夢，ビジョン，チャレンジ，チャンスの関係は，つぎの図のようにモデル化できる。実際はこのように単純ではないが，一つのモデルとして理解してほしい。目の前にあるチャンスをつかみ，自分の限界にチャレンジすることで，自分の「ありうる」「ありたい」「あるべき」姿に近づく。ビジョンの実現は夢の実現につながっていく。ビジョン実現には，知識の集積，能力の強化，経験の蓄積が大切な要素となる。そして，そこには，皆さんを支えてくれる支援者，協力者，組織・グループの存在を忘れてはならない。

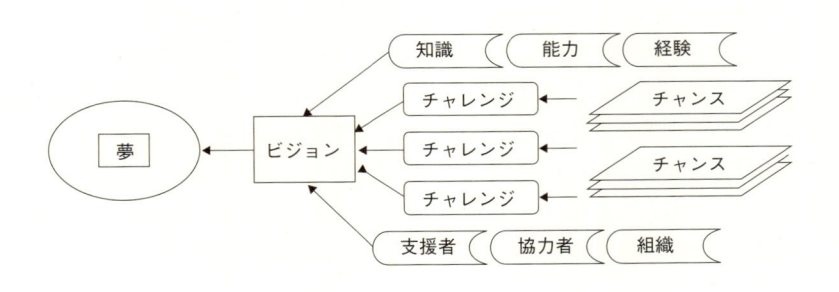

```
                 知識   能力   経験
                   ↘   ↓   ↙
                  ┌─────────┐    チャレンジ ← チャンス
         夢 ← ──│ ビジョン │← ── チャレンジ
                  └─────────┘    チャレンジ ← チャンス
                   ↗   ↑   ↖
                 支援者 協力者 組織
```

表3 大学生が考えた国際協力のビジョンとチャレンジ（在学中）

ビジョン	チャレンジ
環境分野の青年海外協力隊員として常に前向きな姿勢で活動し，帰国後海外の大学院に進んで環境分野の専門性と国際的に通用する語学力を習得し，将来は国際NGOスタッフとして環境教育プログラムの計画，実践，改善に取り組み，現地の環境保護に貢献する	国際的に通用する高度な語学力を駆使したコミュニケーションができるようになる
	専門性（環境一般）と超専門性（環境教育プログラム）を習得して現場で使えるようになる
	国際NGOのスタッフとして通用する現場力・マネージメント力・協調性を身につける

ビジョン実現のためのチャレンジの設定 　表1を使って，ビジョンを実現するためのチャレンジについて考えてみよう。チャレンジの設定方法は，目的分析の考え方を参考にして，チャレンジをビジョン実現のための「手段」と考え，漏れなくダブリなく配置することである（表3）。

　専門性のある国際NGOスタッフには，コミュニケーション力，超専門性（自己の専門性がさらに具体化されること，あるいは自己の専門性に加えてその専門分野を強化・補完する別の専門領域を持つこと），現場力，マネージメント力，協調性は必要不可欠であり，漏れなくダブリなく考えられていることがわかる（表3）。

表4 大学生が考えた国際協力分野でのチャレンジとチャンス（在学中）

チャレンジ	チャンス	優先度
国際的に通用する高度な語学力を駆使したコミュニケーションができるようになる	海外留学	○
	コミュニケーション能力とプレゼンテーション技術の習得	△
	語学力を必要とする授業・アルバイト・ビジネス・セミナーなどへの積極的参加	◎
	語学資格の取得	◎
専門性（環境一般）と超専門性（環境教育プログラム）を習得して現場で使えるようになる	大学院進学（修士号取得）	○
	自己研鑽（書籍，雑誌，研究会，学会など）	◎
	環境教育に関するNGO活動	△
国際NGOのスタッフとして通用する現場力・マネージメント力・協調性を身に付ける	青年海外協力隊への参加	◎
	社会人としてのマネージメントの実践	◎
	国際分野のセミナー・勉強会を通じたネットワーク拡大	△

注：◎最優先，○優先，△推奨

チャンスの意識化 　チャンスとはチャレンジするための「手段」である。目的分析の考え方を参考にして，チャンスを漏れなく，ダブリなく列挙する。ただし，「これらのチャンスをつかめば，必ずチャレンジが成功する」という論理は成り立たない。「少なくともそれらのチャンスをつかまなければ，チャレンジの成功は望めない」という条件であり，ヒントであると考えてほしい。海外留学を通してコミュニケーション力を培い，ある程度の実践を経験して，資格を取得すれば，国際的に通用するコミュニケーションが可能になるだろうか。決してそんなことはないだろう。コミュニケーションでの成功と失敗の繰り返しこそが，血となり肉となるのである。逆に言うと，海外留学，コミュニケーションの鍛錬，そして客観的な評価である資格がなければ，国際的に通用するコミュニケーションは生まれないのも確かである。資格を軽視

表5　国際開発分野でのビジョン実現プロジェクト

ビジョン	チャレンジ	チャンス	優先度
環境分野の青年海外協力隊員として常に前向きな姿勢で活動し，帰国後海外の大学院に進んで環境分野の専門性と国際的に通用する語学力を習得し，将来は国際NGOスタッフとして環境教育プログラムの計画，実践，改善に取り組み，現地の環境保護に貢献する ↓ 〈夢〉全世界で環境教育が定着し，環境保護の進展にかかわること	国際的に通用する高度な語学力を駆使したコミュニケーションができるようになる	海外留学	○
		コミュニケーション能力とプレゼンテーション技術の習得	△
		語学力を必要とする授業・アルバイト・ビジネス・セミナーなどへの積極的参加	◎
		語学資格の取得	◎
	専門性（環境一般）と超専門性（環境教育プログラム）を習得して現場で使えるようになる	大学院進学（修士号取得）	○
		自己研鑽（書籍，雑誌，研究会，学会など）	◎
		環境教育に関するNGO活動	△
	国際NGOのスタッフとして通用する現場力・マネージメント力・協調性を身に付ける	青年海外協力隊への参加	◎
		社会人としてのマネージメントの実践	◎
		国際分野のセミナー・勉強会を通じたネットワーク拡大	△

する人もいるが，客観的な証明手段がなければ，国際的な業務の受注や契約には至らない可能性が高いことを理解してほしい。また，つかむべきチャンスの優先順位を考えておくことも大切になる。表4の例のように，優先順位をつけて考えると，取り組むべきロードマップが見えてくる。

4）まとめ

　各自がロジカルな考え方を参考にして，表1～5を作ってみよう。これ全体を「プロジェクト」と捉えて実行していく（表5）。このようにプロジェクトの骨格（フレームワーク）ができあがれば，あとはプロジェクトを実施できるような工夫を考えてみる。例えば，チャレンジの右側とチャンスの右側に新しい列を挿入し，チャレンジの右側の列にはチャレンジの到達点を示す「指標」を，チャンスの右側の列には「スケジュール」（いつまでにどのようにしてそのチャンスをつかむのか）と「（いくつかの）方法」を書いてみる。さらに進化させれば，「懸案事項」や「外部条件」（自分ではコントロールできない状況や事情）をまとめて欄外に書く。「懸案事項」や「外部条件」によってプロジェクトを実施できなくなった場合は，プロジェクト全体を見直す必要がある。

　筆者からのメッセージ　「あなたは明日死ぬと言われても，昨日と同じことをやり続けますか？」という問いにどのように答えますか。その答えこそが，「あなたの直観」であり，「あなたが大切にすべきもの」である。私たちには例外なく「その時」が訪れる。それだけではない。もっと残酷なことに，誰からも自分の存在が忘れられる時がいつか来る。

　「それでもあなたは昨日と同じことをやり続けますか？」

　良きアドバイスと雑音をしっかりと聞き分けて，自分の直観を信じて，「明日死ぬと言われても，昨日と同じことを今日もやり続けたい」と思える人生や仕事を見つけてほしいと切に願う。

【略歴】

1986年立命館大学卒業後,エンジニアリング系開発コンサルティング企業(日本技研株式会社,現,NTCインターナショナル)を経て,2002年,人間・社会開発系コンサルティング企業(アイ・シー・ネット株式会社)でジェネラルマネージャーとして,プロジェクトの形成・推進・運営とともに若手コンサルタントの採用と人材育成,若手人材ネットワークの拡大に貢献。2006年から3年間,立命館大学キャリアセンター専門職員として就職対策アドバンスプログラムの企画・立案・実施・評価に携わる。就活応援ブログ「就活テクニックABC!～就活にテクニックはいらない」を公開。2007年,国際開発と人材育成の理想実現のためにコンサルティング会社,適材適所LLCを設立し,代表を務める。

2-1-3

クリティカル・シンキング

道田泰司

グローバルキャリア形成に必要な能力としての思考力

　本稿では，グローバルキャリア形成に必要な能力の一つとしてのクリティカル・シンキングについて論じる。クリティカル・シンキングについては次項で述べるとして，まずは思考力そのものについて，キャリア形成全般に関わる側面を論じる。

　キャリア形成の基礎として思考力が重要であることは，経済産業省が提唱する「社会人基礎力」で3つの能力の1つとして「疑問を持ち，考え抜く力（シンキング）」が挙げられていることからも多言を要しないであろう。ただしここで注意をしてほしいのは，思考力はここで「シンキング」と呼ばれている能力[1]だけに関わるものではないことである[2]。

　例えば「前に踏み出す力」（アクション）に含まれる下位要素である「主体性」は，「指示を待つのではなく，自らやるべきことを見つけて積極的に取り組む」と例示されている。「自らやるべきことを見つける」ためには状況を把握・判断し，今後のことを予想するなどの思考が必要になる。その他の下位要素である「働きかけ力」や「実行力」に関しても同様で，「目的に向かう」「目標を設定する」際には，適切に思考する必要がある。

　「チームで働く力」（チームワーク）に含まれる下位要素である「発信力」は，「自分の意見をわかりやすく整理したうえで，相手に理解してもらうように的確に伝える」と例示されている。「自分の意見を整理」するうえでも「相手の理解」を予想するうえでも「的確に伝える」うえでも，思考力は必要になる。他の下位要素である「傾聴力」「柔軟性」「状況把握力」「規律性」「ストレスコントロール力」も同様で，「適切なタイミングで質問する」「相手の意見や立場を尊重し理解する」「自分がどのような役割を果たすべきかを理解する」「状況に応じて自らを適切に律する」「ストレスを感じることを成長の機会だと捉える」と記述されているが，その際にはやはり思考力が必要となる。以上より，キャリア形成に必要な様々な能力のベースには，共通して思考力が存在していることが指摘できる。

　このような思考力は，「グローバルキャリア」においては特に重要になる。そこでは，従来の枠組みを捉え直し，今まで疑いを持たなかったことに疑問をはさみ，新たな気持ちで問題を捉え直すために，異質性へのアンテナを持ち，異質な価値観を許容するなど複眼的な思考をすることが重要となる。また異質で多様な人々とコミュニケーションするために，質問するなどしてわかるまで相手の主張をじっくり聞き，意見の対立や衝突を歓迎することが必要である。あるいはマネージャーとして異質で多様な人々を活用するために，日本流の仕事スタイルが一つのスタイルでしかないことを自覚し，プロセスの透明性や客観性を維持することも求められる[3]。以上のように，異質で多様な他者や環境，文化と折り合いをつけていくことの必要なグ

---

[1] 下位の能力要素としての課題発見力，計画力，創造力
[2] 社会人基礎力の内訳に関しては経済産業省（2007）よりも，社会人基礎力に関する研究会（2006）のほうが詳しいので，こちらを元に検討していく。

ローバルキャリアにおいて，思考力は重要な基礎力といえる。

クリティカル・シンキングとは

キャリア教育において扱われる employability skills（就職基礎能力）の一つとして，クリティカル・シンキングが挙げられることがある[4]。それは先の社会人基礎力の「考え抜く力」と同じものと考えて差し支えないが，「クリティカル」シンキングと形容されている分，そこにちょっとしたニュアンスが込められている。ここでは，クリティカル・シンキングがどのような特徴を持つのか，確認しておこう。

クリティカル・シンキングをどう捉えるかについては様々な考えがあるが[5]，最も一般的な定義は「何を信じ何を行うかの決定に焦点を当てた，合理的で反省的な思考」[6]である。わかりにくく見えるかもしれないが，前半で述べられていることはクリティカル・シンキングが「目的的」な思考であるということであり，後半で述べられていることは「合理的」で「反省的」な思考ということである。

合理的な思考とは，命題などの評価に際して形式的・非形式的論理学などの推論規則（規準）に基づいて行うことであり，問題解決や意思決定を行う際に合理的とされる手順に沿うことである。反省的な思考とはじっくり考えることであるが，単に時間をかけて考えればよいわけではない。視点が偏ることなく多面的に考えることであり，暗黙の前提や常識までをも検討対象として根本から考えることであり，開かれた心で誠実に考え，自分とは異なる視点をも真剣に検討することである。これらはクリティカル・シンキングの態度的な側面といわれている。

ではキャリア教育で，クリティカル・シンキングはどのように扱われているであろうか。一般的なのは，問題解決や意思決定のステップを転移可能な汎用的技能（手続き的知識）として学ぶことである。しかし現実場面での問題解決や意思決定においてどのように考えるべきかは，文脈によって異なる。そのため，合理的に考えるためにはその領域の専門知識が必要となってくる。したがって汎用的な思考技能を学んだからといって，それが簡単に他領域で利用できるとは限らない[7]。これは「汎用的技能」を扱う場合について回る問題である。

別のやり方として，「疑問を持つこと」（questioning）がある。疑問を持つことはクリティカル・シンキングの根本的要素であり[8]，クリティカルに考えるための第一歩であり強力な武器である[9]。情報を鵜呑みにしたりすぐに納得するのではなく疑問を持ち質問していくことで，より納得のいく理解を求めるのである。こうすることは，反省的にじっくり考えることの手助けとなり，また相手との対話を促す「対話的思考」としてのクリティカル・シンキング[10]の実践を行うことになる。知識があれば適切な突っ込んだ質問が可能であるが，しかし知識がないならないなりにわからないところを質問することで，対話が促され，お互いの理解を深めることができる。したがって質問することは，特定領域の専門知識に依存しない汎用技能ということができる。

質問をすることで理解を深めるのは，前項で述べたようにグローバルな環境で異質で多様な人々とコミュニケーションを行ううえでは欠かせないことである。さらにいうならば，自分の

---

3) 竹内・石倉（1994），国際ビジネスマン育成プログラムに参加した431人の日本人マネージャーへのアンケート結果に基づく提言。
4) Hyslop-Margison & Armstrong（2004）
5) 道田（2003）
6) Ennis（1987）
7) Hyslop-Margison & Armstrong（2004）
8) King（1995）など
9) 野矢（2001）

考えに対して「なぜそう考えるのか？」などと質問（自問）を繰り返すことは自己理解にもつながるため，キャリア形成を考える手助けとなる。以上のことから，グローバルキャリア形成の基礎としてクリティカル・シンキングを学ぶ際には，質問することから始め，これを中心に据えるのが適当だと考えられる。

質問力を高めるために

では質問力を中心としたクリティカル・シンキングを高めるにはどのようにしたらよいであろうか。第一には，質問する経験をたくさんすることである。筆者の大学での実践でも，質問経験を豊富にさせることで，思考力育成を主目的としない大人数の講義科目であっても半期で質問に対する態度や質問の量，さらには質問の質が向上することが見出されている[11]。

日本の大学生は授業であまり質問をしないことが長年にわたり指摘され続けてきた[12]。大学生が質問しない理由には，「理解できないから」というものと「理解できたから」という正反対のものが挙げられる[13]。理解できないから質問がないという考えは，高尚なことしか質問してはいけないという質問観，学習観の問題である。この問題に対しては，「小さなことでも質問していい」「質問することで，自分も相手も考えが深まり，どちらも成長できる」「わからないままにするほうが恥ずかしい」と考え方を切り替える必要がある。そのためには，質問が奨励される雰囲気の中で質問をする経験を繰り返すほかない[14]。

もっとも，学生にとってはそのような環境はなかなか得られるものではないかもしれない。そのときは，自分なりに，1時間の講義で1つは質問を考えることを課してみてはどうであろうか。1時間に1つ考えるのが難しければ1日に1つでもよい。できるならその疑問をノートに書き溜めておくとよいであろう。教師や他の受講生から答えが得られればそれも書けばよいし，ふとした拍子に自分で答えが見つかるかもしれない。そういったものを書き溜めることで，いわば「疑問日誌」をつくるのである。そうやって蓄積していくことは，質問力の向上につながるであろう。

理解できたから質問がないという考えに対しては，どんなものでも質問は可能という経験をすることが必要である。小学校の国語教科書にある説明文教材を用い，それに対してたくさん質問を出させるという実践がある[15]。このような経験をすることで，「簡単に理解できたように思えた文章でも質問のしようがあるのだ（そしてもっと理解を深めることができるのだ）」と気づくことができるであろう。同様の発想として，やはり小学校国語の教科書の説明文を用い，一見理解できたように思える文章を我々がいかに「わかったつもり」になっているかを指摘する実践もある[16]。

以上のように，質問を意識的に出そうとすることは重要であるが，それだけでは質問の「質」が高まらない可能性がある。そこでもう一工夫する必要がある。筆者の実践[17]からは，質問の質を高める契機として他人と話し合ったり他人の質問に触れる経験が挙げられる。自分と同じ質問が出されたら自分の考えに自信を持つことができるし，自分が考えもしなかったような質問が出されたら，それに刺激を受けて質問を考える幅が広がることが期待できる。小グ

---

10) Paul（1995）
11) 道田（2011）
12) 藤井・山口（2003）など
13) 道田（2005）
14) カギカッコ内の考えは，筆者の授業の受講生が授業後に実際に語ったものである。
15) 武田（1998）
16) 西林（2005）。武田（1998）と並び，載せられた教材文は質問力トレーニングの教材として用いることができる。

ループで質問作成をする，たくさんの人の質問を聞く，あるいは紙に書いて印刷したり貼り出したりして多数の質問を一覧できるようにすることで，自分の考えを相対化できたり自他の考えを客観視することができるようになるであろう。

これについても，そのような環境がない学生は自らで工夫するしかない。例えば，同じ授業の受講生の中で「疑問仲間」を見つけてはどうだろう。授業後に，お互いに疑問を出し合うのである。そうすることで，他人の質問に触れ，自信を持ったり考えの幅を広げることが可能になる。

質問するだけでなく，質問される経験も重要であろう。他者から質問されることでこちらも考えが深まるという経験をしたり，事前には予想しなかったような質問を受けることは，質問や理解の奥深さを知るきっかけとなるであろう。それをシステマティックに行うやり方として，例えば「質問ゲーム」がある[18]。それは，一人がプレゼンターとなって好きな本や趣味などについて短いプレゼンを行い，その後，数名から質問を受け，一番いい質問をプレゼンターが選ぶというゲームである。この方法なら，お互いに質問する側もされる側も体験できる。さらに質問をせず質問もされず聞くだけの立場の人もおき，交互に立場を入れ替えるようにするなら，質問する／質問される／それらを第三者的に見る，と様々な角度から質問を見ることができ，またプレゼンターの評価を，異なる立場で聞くことになる。このように多面的に質問に触れることは，質問に対するセンス向上に役立つであろう。

それでも質問が思いつかない学生もいるかもしれない。そのときには，質問の型を教えてしまうという方法もある。例えば「…の強い点と弱い点は何か？」「…と…の違いは何か？」「もし…なら何が起こるのか？」というような質問の幹部分を何十個もリストにして与えておき，これを用いて質問を作る練習をするのである。これを質問語幹リスト法という。これも実践研究が行われており，効果が見出されている[19]。

これについても，そのようなリストを得られない学生にはそれなりの工夫のしようがある。例えば，日常の中で自分が触れた「はっとした」質問を，ノートに書き溜めて置くのである[20]。雑誌の記事や本にそのようなものがあれば，コピーしてファイルしておくだけでもよい。それを折に触れて眺め返すことで，その質問の根底にある「型」や発想を自分のものにすることができるであろう。

さらに質問の質を上げるために

上述のように質問に関する経験を豊富に行い，質問を客観視できる機会をつくり，あるいは質問語幹リストを補助とすることで質問力を高めることができ，それはクリティカル・シンキングのための武器になるが，ここでいくつか注意をすべき事柄がある。

まず，揚げ足取り的な質問にならないことである。揚げ足取り的な質問とは，相手のことを理解しようとするのではなく，自分の視点や枠組みだけから出される質問である。自分と異なる立場や環境，文化の人に対して，相手のことを十分に理解することなしに「本当にそうなのか？」とか「それは正しいのか？」などと聞くことは，揚げ足取りにしかならず，お互いの理解の深まりには至らないことが多い。

そうならないよう，適切なクリティカル・シンキングのための態度として，知的謙遜（知ら

---

[17] 道田（2011）
[18] 齋藤（2003）。以下では，斎藤が紹介しているゲームそのままではなく，筆者なりに理解したそのエッセンスというかポイントを紹介する。
[19] 生田・丸野（2005）；King（1995）
[20] 香西（1995）の「マイ・トポイ・カタログ」という「自分用議論カタログ」の発想の質問版である。

ないということを認識する），知的勇気（あえて意見を見直す），知的共感（相対する視点を受け入れる），知的誠実（ほかの考えに対しても自分と同じ判断基準を用いる）などがある[21]。このような態度は，自分のものとは違う視点を真剣に検討したり，自分が受け入れない前提から推論するという意味で「開かれた心」（open-mindedness）と呼ばれている。なおこのような考えは哲学では，「思いやりの原理」と呼ばれている。相手の意見を，相手の枠組みの中で筋の通ったものとして捉えようとしなさいということである。そうやってきちんと相手を理解したうえで質問を出すなら出す必要がある。これは，第一項でも述べたようにグローバルな環境においては「異質な価値観を許容する」ことに相当するため，重要なことである。もちろん相手の意見を筋の通ったものとして捉えられないのであれば，そこから質問を出していく必要があるであろう。

　ただしこれをやりすぎると，相手の言っていることはすべて正しいのだろうと過剰に謙遜し，思いやりを発揮しすぎることになり，質問をすることができなくなるばかりか，相手を「適切に」理解することに失敗してしまうことになる。まずは相手に共感的に理解するにしても，そのなかに矛盾や不適切な点はないか，もっと広い枠組みや別の視点から見た場合にどうか，などと考えることで，開かれた心を基本的には保ちつつ，質問をすることでより深い理解なりより適切な現状把握なりを目指すべきである。

　最後にもうひとつ注意すべき点として，疑問を持つことと実際に質問を相手に行うことは分けて考える必要がある。第一項で引用したように，グローバルキャリアにおいても，疑問をもち質問するなどしてわかるまで相手の主張をじっくり聞くことは重要であるが，しかし疑問を解消する手段は，直接相手に質問することだけではない。それ以外にも，自分で答えを考えてみたり，調べてみたり，直接の相手ではない第三者に聞くという方法もあり，状況によっては相手に聞くよりそれ以外の方法をとったほうがより考えが深まる場合もあるので，その疑問をどう扱うのがいいか，考える必要がある。またそれに加えて，質問されることを歓迎しない人や状況，文化もあることからも，疑問を持つことと実際に質問を相手に行うことは分けて考える必要がある。

【参考文献】

Ennis, R. H. (1987). A taxonomy of critical thinking dispositions and abilities. In J. B. Baron, & R. J. Sternberg (Ed.), *Teaching thinking skills: Theory and practice* (pp.9-26). New York: W. H. Freeman.

藤井利江・山口裕幸 (2003). 大学生の授業中の質問行動に関する研究―学生はなぜ授業中に質問しないのか？― 九州大学心理学研究, **4**, 135-148.

Hyslop-Margison, E. J., & Armstrong, J. L. (2004). Critical thinking in career education: The democratic importance of foundational rationality. *Journal of Career and Technical Education*, **21**, 39-49.

生田淳一・丸野俊一 (2005). 質問作りを中心にした指導による児童の授業中の質問生成活動の変化 日本教育工学会論文誌, **29**, 577-586.

経済産業省 (2007). 社会人基礎力のススメ
　(http://www.meti.go.jp/press/20070517001/20070517001.html)

King, A. (1995). Inquiring minds really do want to know: Using questioning to teach critical thinking. *Teaching of Psychology*, **22**, 13-17.

香西秀信 (1995). 反論の技術―その意義と訓練法 明治図書

道田泰司 (2003). 批判的思考概念の多様性と根底イメージ 心理学評論, **46**, 617-639.

道田泰司 (2005). 大学の授業における学生の質問行動と準備状態 日本心理学会第69回大会発表論文集,

---

21) ポール＆エルダー (2003)

1274.

道田泰司 (2011). 授業においてさまざまな質問経験をすることが質問態度と質問力に及ぼす効果　教育心理学研究, **59**, 193-205.

西林克彦 (2005). わかったつもり―読解力がつかない本当の原因　光文社新書

野矢茂樹 (2001). 論理トレーニング101題　産業図書

Paul, R. W. (1995). *Critical thinking: How to prepare students for a rapidly changing world*. Santa Rosa, CA: Foundation for Critical Thinking.

ポール, R., & エルダー, L.　村田美子・巽由佳子 (訳) (2003). クリティカル・シンキング―「思考」と「行動」を高める基礎講座　東洋経済新報社

齋藤　孝 (2003). 質問力―話し上手はここがちがう―　筑摩書房

社会人基礎力に関する研究会 (2006). 社会人基礎力に関する研究会中間取りまとめ報告書　経済産業省 (http://www.meti.go.jp/policy/kisoryoku/torimatome.htm)

武田　忠 (1998). 学ぶ力をうばう教育―考えない学生がなぜ生まれるのか　新曜社

竹内弘高・石倉洋子 (1994). 異質のマネジメント　日本的同質経営を超えて―マネジャー431人現場からの提言　ダイヤモンド社

【略歴】

広島大学大学院教育学研究科博士課程前期修了。広島大学助手を経て，琉球大学に勤務。専門は学校教育心理学，思考心理学。大学教育を通して大学生の思考力を育てることを研究テーマとしている。年間100時間近い小学校の授業見学を通して，義務教育における思考力育成についても考え始めている。著書に『クリティカル進化論』『言語力が育つ社会科授業』など。琉球大学共通教育等科目（人文系科目）・プロフェッサー・オブ・ザ・イヤーを2科目で受賞。琉球大学教授。

2-1-4

Two Approaches to Problem Solving: One Western the Other Japanese

Jeffrey C. Miller

Summary

Career Development for young people is much more complex in today's globalized, "flat world" of multinational corporations with supply and marketing chains that stretch around the planet (see the T. Friedman reference below). As a case in point, although Honda Motors appears to everyone to be a quintessential Japanese enterprise, 84 percent of Honda cars are actually produced outside of Japan by non-Japanese workers!

In addition to such private firms, international public organizations and NGOs now expect their new employees to be able to think and approach problems in non-traditional multinational ways. Furthermore, Japanese and foreign firms look for workers who already have a flexible set of international business skills and are able to "think outside the status quo boxes" in Japan or abroad. Today, being occupationally monocultural is as big a handicap as being monolingual. Furthermore, the March 11, 2011 earthquake, tsunami and subsequent Fukushima Nuclear Power Plant radiation problems have brought Japan to an ecological "tipping point" (see the Malcolm Gladwell reference below), where the postwar economic paradigm is being seriously questioned.

To assist young people (mostly Japanese university undergraduates) to maximize their opportunities to successfully find employment with domestic or foreign firms, either in Japan or abroad, two approaches (one Western and the other Japanese) will be briefly discussed. The first is from the voluminous work of European, Dr. Edward de Bono's ideas on the limits of tradition Greek-based (logical, linear and thus reductive) thinking. To balance such an adversarial method he proposes augmenting it with several "lateral thinking" approaches that open the problem solver's mind to more inclusive and creative solutions. Specifically, de Bono's "Six Thinking Hats" concept was selected as the most accessible and appropriate system for today's global career development.

Edward De Bono's "Six Thinking Hats" Approach to Problem Solving

De Bono's Six Thinking Hats approach is a very powerful tool for groups to try and examine a problem from a number of perspectives at the same time. In traditional Western dialectic thinking, the focus is usually on competitive arguing with an opponent about which viewpoint is more valid. In such a hostile situation, "winning" or being "proven correct" (and your opponent being "proven wrong") becomes an end in itself, rather that the objective pursuit of the best possible objective solution to the question. However, instead of imagining the world as a set of "either-or" choices of one that is correct and the other that is incorrect, de Bono wants truth seekers to explore problems creatively from a number of different viewpoints. This nuanced Six Hats perspective is inclusive and supplants the irreconcilability of the "either-or" dichotomy with a more all-encompassing "and-also" creative approach.

Six Thinking Hats allows a single problem to be discussed from six different, but equally valid points of view in a parallel fashion, thereby enabling the process to go considerably deeper in finding a creative solution. Furthermore, it is quite easy to learn, it empowers those using the Six Hats tool, it greatly reduces conflict and encourages cooperation, and it can improve cross-cultural interaction. As de Bono points out, good thinking is a teachable skill and that no matter how high a person's raw IQ is, it only represents his or her mental potential. It is the key processing "software" of thinking that actually determines how effective a problem solver one is. Also, most persons habitually use only one or two of the six hats. As a result, we are — quite literally — blind to the benefits of some ideas because of our built-in approach prejudice.

First, let's examine in some detail, the six distinct ways of thinking de Bono has identified that we humans should use to solve a problem. This will help us to better understand how this powerful tool can be utilized to maximize parallel thinking and creativity to find innovative solutions to seemingly intransigent problems.

The first thinking hat is **White** — like ordinary paper, and symbolizes the need to gather all of the related information (or documentable facts) that impinge on the problem. In today's digital world, much White Hat activity will involve "white paper" (see chart below) such as notes, articles, faxes, email messages, Internet references and so on. White Hat thinkers are objective and keenly concerned with the facts.

The second thinking hat is **Red** — like our human feelings (or emotions) and is representative of the significant role that our "gut response" plays in reacting to problems in our attempts to find a workable solution. Although Red Hat thinking is usually quite strong and pure, it should never be coupled with any justification but remain in the form of rapid, simple declarative statements about how one intuitively feels. Also, please note that Red Hat thinking on a subject often undergoes rapid change as other variables shift.

The third thinking hat is **Black** — like the robes worn by legal judges and represents a critical (or judgmental) thinking processes. When wearing a Black Hat the cautious thinker specifically looks for flaws, obstacles or mismatches in a proposed idea. Black Hat thinkers play the role of the devil's advocate to logically debate or test opposing arguments in an attempt to spot any potential weaknesses early, when they can be corrected. Such thinking is crucial before any potential solution can be executed.

The fourth thinking hat is **Yellow** — like sunshine. So this positive viewpoint logically looks for benefits or the good points in the proposed idea (in direct contrast to the previous black hat approach that looks for bad points). Forward-looking Yellow Hat thinking is expansive, like a piggy bank that increases in wealth, and often attracts other useful additional ideas. Furthermore, Yellow Hat enthusiasm helps to create an environment that encourages more team members to contribute related new ideas.

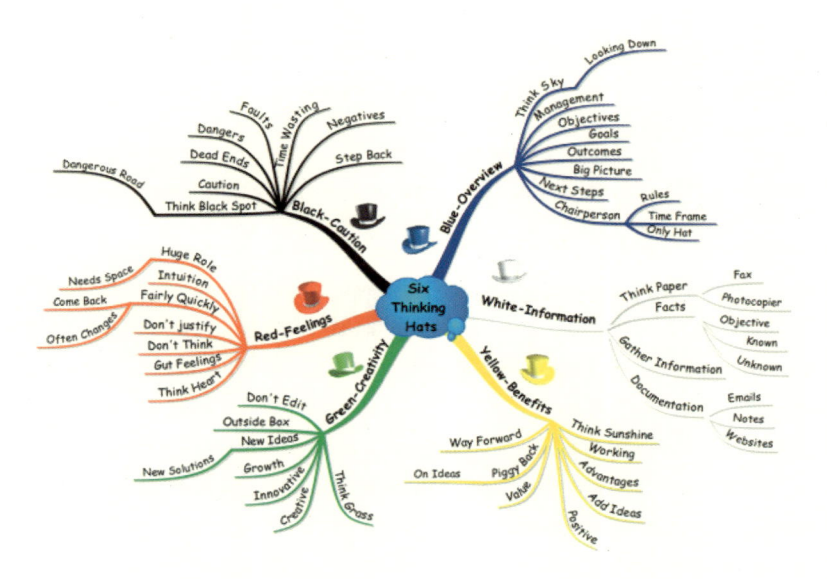

The fifth thinking hat is **Green** — like wild growing grass or plant vegetation and involves out-of-the-box creativity and innovative thinking to look for provocative and long-term "new solutions" to complex problems. When wearing a Green Hat, thinkers brainstorm organically (jumping from inspiration to inspiration like hyperlinks on the Internet), the result is often a solution that is completely new and revolutionary.

The sixth thinking hat is **Blue** — like the expansive sky overhead, which represents the metacognitive management or control process. This is an overview of the thinking process itself, so it is like the sky. The Blue Hat is worn by the person chairing the meeting, whose job it is to funnel the group's various white, red, black, yellow and green ways of thinking toward a final workable solution.

De Bono's Six Thinking Hats discipline can be applied in a number of creative ways depending on the nature of the problem. Traditionally, Blue Hat thinking in the form of a guiding principle lays out the problem, then White Hat thinking is used first to gather all the necessary data, this is followed by intuitive Red Hat thinking to bring in the key emotional factors. Next, either a Green Hat or Yellow Hat approach could be alternated to be used to either reinforce and solidify the gains made under Red Hat thinking, or to explore new ideas and potential solutions. Finally, Black Hat thinking would then be used to critique the tentative solution and find any potential weaknesses.

However, the same method could be modified to first explore the question, then create a set of solutions and finally use Black Hat critical thinking to examine these proposed solutions. Further subsets of Six Hat thinking include: Idea Generation — blue, white and green; Solution Identification — blue, white, black and green; and Performance Review — blue, red, white, yellow, black and green. Furthermore, habitual Yellow Hat thinkers could be asked to switch roles by the Blue Hat and make a Black Hat response (or vice versa), thereby growing the individual team members assessment abilities. By removing egos from the problem solving process and focusing the group's (and individual) energy in parallel approaches to the given problem — deeper, more creative and effective solutions emerge rather naturally and with less personal conflict. Today, de Bono's Six Thinking Hats methodology is taught around the world from elementary schools to Fortune-500 boardrooms with amazing results.

Kensuke Watanabe's "Problem Solving 101" Simple Techniques for Smart People

As a 35-year-old Japanese, Kensuke Watanabe is a fine counterpoint to the seasoned 88-year-old de Bono, and is equally interested in helping people around the world think more effectively. His 2007 number one Japanese business bestseller 世界一やさしい問題解決の授業 was written to help teach domestic students in their teens critical thinking skills. In the 2009 preface to the book's English translation as *Problem Solving 101: A Simple Book for Smart People* Watanabe states, "Although Japanese business leaders, educators, and politicians have long talked about the need for Japan to shift from 'memorization-focused education' to 'problem-solving-focused education,' no one had figured out a concrete and effective way to make this happen."

After, the book became such a hit among business and adult readers he translated it into English for a wider international readership. The result was a resounding success abroad as well. The *Business Week* (November 2, 2007) review quotes the author as saying, "The biggest issue with Japanese education is the lack of logic-based decision making and initiative-taking." Like Edward de Bone, Kensuke Watanabe has an impressive academic background: Yale and Harvard Business School, as well as a stint as a management consultant at McKinsey & Company.

Rather than focus on thinking modalities as de Bono had done, Watanabe cleverly personalizes his concepts by dividing people into five idealized archetypes. After describing how each individual thinking translates into action (or inaction), Watanabe analyzes why certain types regularly succeed in reaching their goals while the others don't. He also cautions us that "real people" are often blends of several archetypes.

The first archetype is named Ms. Sigh: who lacks self-confidence and feels that she will never be able to reach her objective, as a result she easily gives up at the first sight of a challenge. Rather than act and take control of her life, she spends her time feeling sorry for herself. Because she is so afraid of assuming the necessary responsibility she blames others (her mate, friends, coworkers or parents) for her lack of success.

The second archetype is Mr. Critic: who is always ready to criticize (often quite insightfully) other's ideas or proposals. He is also very quick to assign blame, but never finds the time to do something himself. As a result of his inability to take active responsibility for moving things forward, his criticisms are often ignored by others.

The third archetype is Ms. Dreamer: who constantly fanaticizes about new and beautiful ideas, but never attempts to work out the actual applications to turn her ideas into realities. She seems satisfied thinking up solutions, but never executes them in the real world. Both Ms. Dreamer and Mr. Critic never actually get anything done.

The fourth archetype is Mr. Go-Getter: who is always positive (unlike negative Ms. Sigh) and very active (unlike Mr. Critic), but is equally flawed because of his hurry to execute his insufficiently thought-out ideas. He thinks that all problems can be solved by just trying harder, failure is only the result of too little effort. His favorite English and Japanese expressions are (respectfully), "Never give up," and "がんばろう"!

The fifth archetype are the Problem Solving Kids pair: who are good at setting and meeting goals, taking and overcoming challenges in stride, and — like Mr. Go-Getter — are positive and don't agonize over past problems. However, unlike Mr. Go-Getter, they think carefully about the root causes of problems and then form an effective plan. After beginning to execute their plan, they carefully monitor its success. Lastly, Problem Solving Kids learn from their mistakes (and successes) and adjust their present and further behavior to successfully reach their goals.

Obviously, Watanabe wants all of us to become Problem Solving Kids, and to do so he closes his brief but deep book with the story of how a U.S. teen soccer girl, Kiwi, solved a complex problem. Kiwi has just returned from a world soccer tour and wants to transfer to a school in Brazil to improve her soccer skills and learn Portuguese. She has already received her parents okay, but they can only pay $3,000 a year in tuition.

Kiwi searches the Internet and finds two excellent soccer schools in Brazil: Rio and Amazon. Using the problem solving tool box, Kiwi: (1) lists all her options, (2) lists the evaluation criteria, (3) decides on the importance of each criteria, (4) lists and weighs the pros and cons of each option and (5) evaluates all the weighted pros and cons.

Criteria	Criteria Importance	Rio School	Amazon School
Soccer environment		+++++	+++++
(a) teammate quality	high	champion	runner up
(b) opportunity to play	high	++	+++++
		only top players play	everyone plays
(c) coaching quality	medium	++	+++++
		famous coaches, but not much "face time"	great coaches and much "face time"
Bilingual/bicultural Environment	high	++ many U.S. students	+++++ no U.S. students
Cost (within $3,000)	high	+++ ($3,000)	+ ($5,000)

Clearly, Kiwi strongly favored choosing Amazon over Rio for both the soccer and bilingual environment before she came to the important cost criterion; $5,000 is over her budget. So, Kiwi began to challenge her basic assumptions; she can't change the schools' tuitions, but are there any scholarships? Many people don't take enough time to explore their full options. Kiwi contacted Amazon School, but they don't offer scholarships. All the other scholarship deadlines had already past. Not knowing what to do, she called her national team soccer coach. By chance, he was able to connect her with a sports company that would sponsor her education at Amazon School.

By proactively trying to shape her life and challenging her assumed limitations, Kiwi was able to overcome obstacles that seemed impossible to solve. The Roman philosopher Seneca said, "Luck is what happens when preparation meets opportunity." Much more recently Malcolm Gladwell has written in *Outliers* about the 10,000-Hour Rule by which time successful people — such as Bill Gates and The Beatles — master their skill (see M. Gladwell reference below). Kiwi succeeded because she: focused more on overcoming difficulties than worrying, asked for advice, and challenged her own ways of thinking and conclusions. **You can too!**

References

De Bono, E. (1999). *Six Thinking Hats*. Back Bay Books.
This quite accessible, classic text is used around the world to teach parallel think methods to children and adults. It is filled with examples and detailed case studies.

Friedman, T. (2009). *Hot, Flat, and Crowded: Why We Need a Green Revolution — And How It Can Reshape America, Release (2.0)*. Picador.
A powerful well-written critique of postwar human mistakes, followed by a prescription for what we could do to rectify the errors of the past 50 years.

Gladwell, M. (2002). *The Tipping Point: How Little Things Make a Big Difference*. Back Bay Books.
Gladwell's first bestseller is about how, at a certain point, everything (diseases, fashions, product's popularity) changes, often quite dramatically, makes us look at natural and social phenomena differently.

Gladwell, M. (2011). *Outliers*. Back Bay Books.
Gladwell's latest international bestseller (天才 in Japanese) analyzes the most successful people and finds that their cultural, family and effort are major determiners of their triumphs.

Watanabe, K. (2009). *Problem Solving 101: A Simple Book for Smart People*. Portfolio.
This simple but profound book uses several easy examples of how young people can gather information, process it and make effective decisions that will open up unseen future possibilities.

【Bio】

Jeffrey C. Miller, born and raised in New York City, is a graduate of Sophia University, Graduate School of Foreign Studies, where he specialized in Comparative Culture and Sociology. He was a national and Tochigi teacher trainer for MEXT, for whom he still evaluates English textbooks, and is an *1-kyu* examiner of *Eiken*. At Hakuoh University, he teaches in the Faculty of Education and is the director of their International Exchange Center. He has worked since 2002 as a part-time lecturer for Waseda University (and for two years at the University of Tokyo graduate school). In the past, he has worked at Daiwa Securities, Panasonic, IHI and other firms as an international business adviser.

2-1-5

安全管理とリスクマネジメント

飯村 学

　海外は，魅力とパワーあふれる世界だ。そこには日本とは全く異なる文化，習慣，社会・経済・政治的状況がある。見知らぬ土地に身を置いて活動すると，自分の視野や考え方が広がり，人間的成長がある。海外生活のなかで揉まれ，苦労し，挫折し，そして乗り越える経験は，グローバル人材への登竜門ともいえる。

　ニュースを目にすると，海外での事件や事故，暴動，テロ，紛争が日々報道されている。海外に行っても大丈夫か，危険な目に遭わないかと不安を覚えるかもしれない。事実，海外には日本では意識する必要のない様々なリスク要因が存在する。しかし，それらの潜在的な危険性を正しく認識し，自分の対処能力を高めれば，リスクを局限し，緊急事態の発生時に適切に対処できるようになる。危険を必要以上に恐れることはないが，しかしある意味で臆病でなければならない。

　安全管理に絶対はない。また，ここに書かれていることが安全管理のすべてではない。地域やその時の状況，自分が身を置く環境によっては，まったく異なる判断をすべき場面も多い。こういった意味で，安全管理はマニュアルを作って順守すればよいという話ではない。情報を捉え，的確に理解し，この先に起きうる事態を想像力豊かにシミュレートしていくことが大切だ。そこで求められるのは，特別な技能ではなく，常識的な判断とバランス感覚である。対処能力，すなわち判断力と行動力は，場数を重ねることで徐々に形成されていく。

　本項では，安全管理，主に「リスクマネジメント」について筆者の主にアフリカでの滞在経験をもとに紹介する。犯罪や病気の予防，海外渡航時の安全情報などについては，一般書やインターネット情報を参照[1]していただきたい。本項では，海外をフィールドとする場面を想定し，安全管理とリスクマネジメントの考え方，方法論に焦点を当てる。

安全管理の考え方

　海外安全管理において最も大切なことは，「自分の安全は自分で守る」という明確な意識である。海外では，自己責任の考え方，行政サービスの及ぶ範囲，社会の相互扶助の考え方，外国人への感情などは，日本とは大きく異なる。「その地において自分は，言葉の問題を含め，どの程度現地のコミュニティに受け入れてもらえるのか？」渡航先における自分の置かれる環境を想像しておくとよい。

---

[1] 海外渡航の安全に関する基礎知識は，「外務省海外安全ホームページ」が参考になる (http://www.anzen.mofa.go.jp/index.html)。海外渡航に関する一般的な注意事項や犯罪対策，邦人が過去に遭遇したリスク，国別の安全情報などが入手可能。感染症関連情報では，参考となる機関へのリンクも貼られている。また同じ HP に掲載されている「海外安全虎の巻」（外務省編）には，基礎的な注意事項がまとめられている（旅券事務所などでは小冊子でも入手可能）。主要先進国外務省の HP には自国民に向けた海外渡航の安全に関する情報が参照でき参考になる。また海外の旅行ガイド書では，人道・援助関係者向けに書かれたものも刊行されており，フィールドワークなどに役立つ。例えば，John Ehrenreich（1999）．*Humanitarian Compagnon: A Guide for International Aid, Development and Human Rights Worker*．ITDG Publishing．や Hachette Tourisme（2002）．（仏語）*Guide de Routard Humanitaire 2002/2003*．など。

警察や消防が助けてくれる。大使館が何とかしてくれる。こうした淡い期待を頼りにリスクを冒すことは，職業人やエイドワーカーとして適当ではない。

リスクマネジメントは，時系列的に，渡航前の準備，渡航後の日常行動，不測事態発生時の対処に分けられる。そして経験から生まれた教訓をフィードバックさせ，対処能力を徐々に向上させていく。これを著者は「リスクマネジメントサイクル」と呼んでいる（図1）。

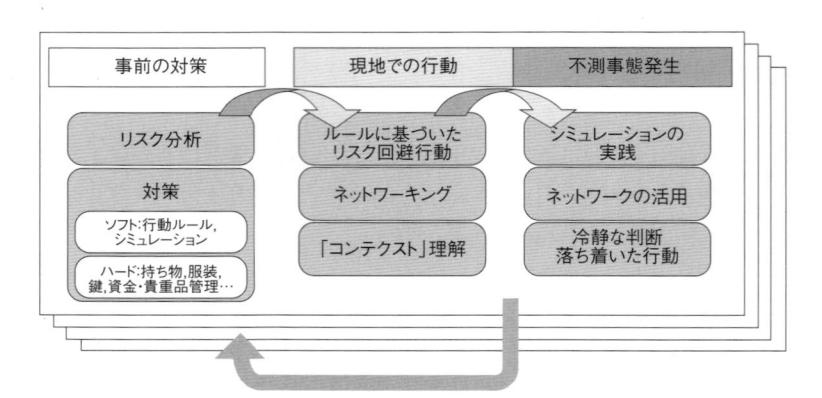

図1　リスクマネジメントサイクル

リスク分析

1）リスクの考え方

海外での活動を想定した場合，どのようなリスクが想定されるのだろうか。図2に，海外活動を行う際に発生しうるリスクを例示した。

こういったリスクは日本にも多かれ少なかれ存在が，見知らぬ海外の地に身を置く場合，リスクの予見と対処には格段に不確定要素が多い。また，リスクは渡航先によっても異なる。例えば，アメリカ，フランス，オーストラリアなどの先進国に滞在する場合とアジアやアフリカの途上国に滞在する場合，首都・大都市に身を置く場合と，地方を移動する場合では，それぞれ想定しておくべきケースも違ってくる。

リスクは旅行スタイルや滞在期間などによっても左右される。旅行会社が企画するツアー旅行，バックパックでの旅行，NGOなどのフィールド活動，留学や勤務での長期滞在，組織に

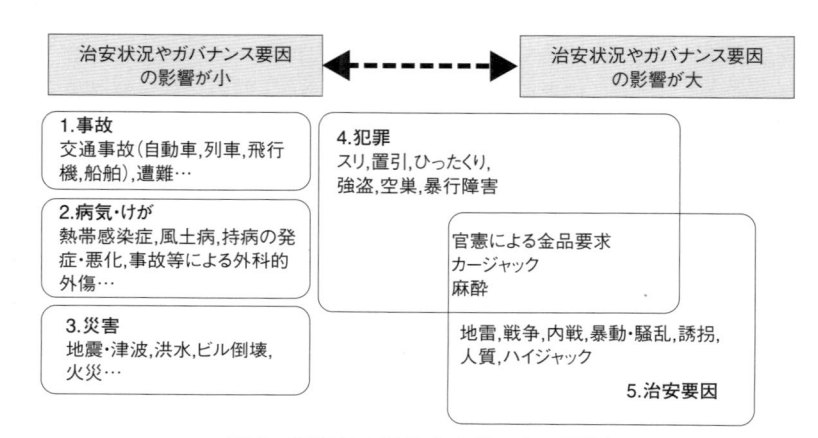

図2　海外における安全リスクの種類

所属する場合とフリーの場合，それぞれ生じうるリスクの種類や確率，危険性が異なる。
　図2に掲げたリスクをもう一度眺めてほしい。代表的なリスク・事象を5つに分類したが，左側に位置する「事故」「病気・けが」「災害」は，治安やガバナンスなどの問題によって発生するものは少ない。他方，表の中～右列にある「犯罪」「治安要因」は，治安やガバナンスなどの問題によるところが多く，前者とは違った対策や回避策が必要となる。

2）リスク分析

　上記のようなリスクを予見するために，まず，リスク分析を行って，渡航先の状況，リスクの種類と遭遇頻度，重大性を把握する。このリスク分析は，その後のマインドセットの基本となり，ハード，ソフト両面での安全対策，現地での行動指針を与えるものとなる。
　例えば，アフリカの仮想国「C国」を題材に考えてみよう[2]。

　C国は西アフリカのギニア湾岸に面する，人口2千万人，面積32万平方キロメートルの国である。海に面した首都A市をはじめ国土の南半分は熱帯雨林，北部は降水量が徐々に逓減するサバンナ地帯である。国連開発計画による「人間開発指数」は169か国中149位。一人あたりGNIは1,000ドルであり，周辺国に比べれば経済状態は多少良いものの，世界の中では開発が遅れている国である。
　コーヒーやカカオのプランテーション栽培が盛んで，1980年代まで順調な経済発展を見せてきた。周辺国からたくさんの労働者がC国に出稼ぎにきた。
　90年代に入るとカリスマ性を持った大統領が逝去。後継者を巡る権力闘争が繰り広げられ，経済も低迷するなか，1999年にクーデターが発生し，政治は混乱を極める。多くの移民労働者を抱えるなか，C国では移民や欧米資本の排斥運動が起こり，2004年には全国暴動へと発展した。一部は内戦の様相を呈するなど急激に治安が悪化。外国人ビジネスマンや援助関係者も国外退避する事態となった。その後，国内の和平合意により2008年に民主的な選挙を実施。国家再建に向けて動き出し，外国人も戻ってきた。国民の再統合も進みつつあるが，行政機能回復の遅れ，軍や警察機構の規律の乱れ，公務員給与の遅配，コーヒー・カカオの生産低迷（以前の6割程度の生産にとどまる）が深刻である。市内の一部では，銃器犯罪も発生している。紛争の激しかった西部（A市より300km東）には，地雷が多数残留するといわれている。またここ最近では，A市から500km離れた北部で，農地を巡る農民衝突があり，連日死傷者が報じられている。

【ステップ1】リスクの列挙

　さて，自分がスタディツアーでC国A市に10日間滞在すると想定し，リスクについて考えてみたい。考えうるリスクを図2の分類に基づいて，整理してみてほしい（表1）。

表1　アフリカの仮想国において想定されるリスク例

分類	リスク
事故	交通事故
病気・けが	熱帯感染症
災害	豪雨，洪水，浸水
犯罪	銃器による強盗，官憲による金品要求
治安	集会・デモ，暴動，クーデター，西部の残留地雷，北部での農民衝突

【ステップ2】リスク・スコーピング

　リスク・スコーピングでは，自分の行動の範囲と期間において想定されるリスクを列挙する（図3）。この場合，自分の行動範囲がA市に限られるのであれば，西部の地雷は想定しておくべきリスクの対象外となる。他方，北部農民の衝突が各地（特に自分の滞在予定地）に波及しないかについては，その国の政情を踏まえて見極める必要がある。

---

[2] 架空のケースであり，実在する国をモデル化したものではない。

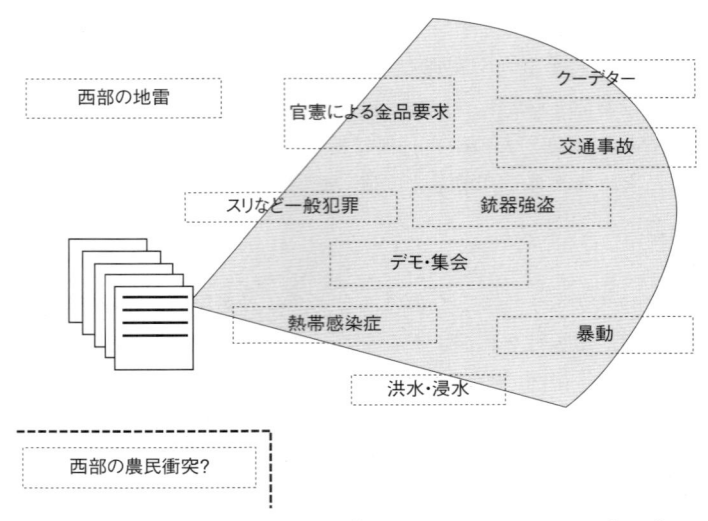

```
        西部の地雷        官憲による金品要求      クーデター
                                              交通事故
              スリなど一般犯罪        銃器強盗
                          デモ・集会
              熱帯感染症              暴動
                       洪水・浸水

        西部の農民衝突?
```

図3　アフリカの仮想国で想定されるリスクのスコーピング

【ステップ3】リスク・マッピングと対策立案

　スコーピングされたリスクの遭遇確率，起こった際の負の影響（ネガティブ・インパクト）の大きさを推定する。例えば，図4のように，縦軸に遭遇する確率，横軸にインパクトを取り，安全対策や行動指針における優先度を評価する。安全対策には，遭遇する確率を低減するための「予知・察知」と，遭遇した際のネガティブ・インパクトを軽減するための「対策・対応」がある。

　予知・察知には，情報のソースやネットワークを現地で確保・構築することが有効である（「ネットワーキング」「情報」の項を参照）。予知手段を持たないときには，その事象への遭遇を回避できる行動計画が求められる。

　遭遇確率が高く，影響が大きいリスク（図4の右上の象限）については，しっかりと対策を取る。事前の予知・察知によるリスク回避が可能かどうかを検討し，対策が取れない場合は，渡航取りやめも検討する。他方，遭遇確率が低くとも，影響が大きいもの（右下の象限）は，影響を最小化する策を検討しておき，現地行動では常に念頭に置く。

　他方，遭遇確率が相応にあって，影響が小さいリスク（左側の象限）についても，海外渡航者の一般的な注意を怠らないようにして回避する。スリや置引などの軽犯罪は連続して発生し，重大犯罪は小犯罪を許した先に発生する，という経験則がある。それは偶然ではなく，「日本人は脇が甘い」「あのグループは容易に狙える」などの情報が犯罪者のネットワークで流布され，狙い撃ちされるケースもあるのだ。安全管理の基本は，小さなリスク・コントロールから始まると肝に銘じておくべきだ。

3）対策の立案

　上記のマッピングで述べた指針に基づき，現地での行動計画，安全ルールを策定する。インターネットや書籍などの一般情報を参照しつつ，現地の行動指針を立ててほしい[3]。またこれに基づいて，事前の心の準備のみならず，持ち物，服装，防犯グッズなど，ハード面での強化策も検討する。第一に自分自身の身の安全確保が重要であり，次にパスポートとお金の管理が

3）本節冒頭の脚注1のとおり。

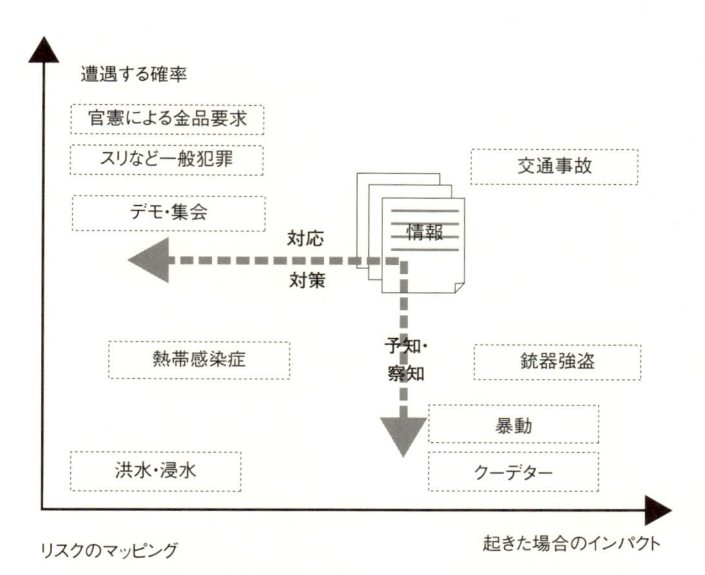

図4 アフリカの仮想国で想定されるリスクのマッピング

　大切である。
　防犯には，「脇を見せない」「すきを見せない」「目立たない」という原則を守り，犯罪者が気づかない，あるいは狙いにくい存在となることが有効である（「ロー・プロファイル」に徹するという言い方がされる）。犯罪者にとって「獲物」はたくさんいるわけであるが，他の獲物よりも目立たず狙いにくくするだけで，ターゲットにされる確率は著しく減少する。
　銃器強盗や暴動騒乱など，不測事態が発生した際には，概して人はパニックに陥り易く，どうしていいかわからなくなってしまうことが多い。ましてや見知らぬ，言葉の通じない，頼れる人のいない土地で，冷静を保つのは容易ではない。そのため，図4の右側に出てくるような，発生した場合のインパクトが大きいリスクについては，万一発生した際の対処法を自分なりにシミュレートしておくとよい。
　図4のマッピングでは，右上の「高リスク事項」として交通事故を挙げた。海外での交通事故のリスクは極めて高いにもかかわらず，あまり対策はとられていない。しかしひとたび大きな交通事故に遭遇すれば，重篤な傷害を受け，死に至るケースもある。交通事故は治安悪化や一般犯罪よりも我々が遭遇しやすいリスクである。
　旅行計画を立案する際には，行程，移動距離，移動手段などを具体的に想定し，考えうる方策を検討しておく。例えば，移動手段が整備に問題があり，運転の荒い乗り合いタクシーしかないとしても，車両や運転手の選択，運転への注文，座席の選択など，取りうる手段は残されている。それでもリスクが非常に高い場合，移動の必要性を見直さざるを得ない場合もある。

4）行動計画のレビュー
　上記のような事前対策を採用した時に，自分が管理できるリスクの範囲が見えてくる。C国の例でいえば，安全管理上，A市以外の地域を行動範囲としてよいか，滞在期間における治安状況はどうか，行動時間は何時までとし，宿泊先をどこにおいたらいいか，日常どんなことに留意すればよいか，などがイメージできるはずだ。想定範囲内の行動を守り，自身の安全を管理可能（manageable/controllable）な状態とすることが重要である。
　とはいっても，安全の絶対的確保はあり得ない。上記で分析したことは代表的リスクであり，

予期しえない事象の発生は旅先での常である。またリスクは，現地で回避行動を実践して初めて，軽減されるものである。海外で不断の注意を払い続けることは容易ではないが，しっかり意識して行動するよう心がけていけば，海外渡航歴を重ねるなかで習慣とすることができる。

現地での行動～ネットワーキング

現地では，事前に想定した行動指針に基づいて，「ロー・プロファイル」な行動をすることがリスク回避上不可欠であることは前述した。これに加え，現地で図るべき安全管理上の有効策の一つがネットワーキングである。

不慣れな土地においては，その地域を知り，その土地で生活する人と密なコミュニケーション関係を形成し，情報や人のつながりを徐々に自分のものとしていくことが有効だ。

途上国，例えばアフリカでは，インターネットやテレビから入手できる情報よりも「人メディア」すなわち口コミで伝わる情報のほうが圧倒的に多く，より早く，有効であることが多い。著者自身も治安に影響を及ぼす重要事象の発生について，現地の人の「口情報」に助けられたことが少なくない。そういう意味でも，口コミ情報をキャッチするアンテナを張り巡らしていきたい（写真1）。

写真1　現地の人の口情報は重要
マリ共和国カイ州ケニエバ県にて，2006年6月著者撮影

他方，海外におけるこうしたネットワーク構築は容易な作業ではない。旅行スタイルや，渡航目的，滞在先などによっても変わってくるが，一番手っ取り早いのは，生活全般でかかわりのある人に，片っ端から挨拶していく方法である。人は挨拶されて嫌な気分になることはない。多くの途上国では，知らない人にあいさつするのは自然なことである。掃除人でも，タクシーの運転手でも，道端に座っている老人でも，通学中の小学生でも，毎日「おはよう」の交換を繰り返す。そのうち，自分が不在中に訪問客があったことやコミュニティでの出来事を教えてくれたり，不審者を追い払ってくれたりすることもある。

活動先，受け入れ先，協力先のカウンターパート，あるいは現地にいる外国人は最も身近なリソースパーソンである。そこを起点に，できるだけ多くの信頼できる人にネットワークを広げていくと理想的である。例えば，コミュニティのキーパーソンや行政関係者，現地の外国人間のネットワークも有効だ。

人道や開発支援を目的に渡航する場合は，分野や地域ごとに関係者会合などが開催されていることが多い。ここには目的が同じ団体も参加しており，その地で起きている問題や課題について，様々な情報を得ることができる。

　地方の比較的小さなコミュニティに滞在する場合は，その地域の行政関係者や有力者などとのネットワークが役に立つ。しかし，信頼がおける人物かどうかも，第三者を通じて，それとなく確認しておきたい。

　上記のことは，現地の人が現地のことに一番詳しいという論拠のもとに成り立っている。一般的には正しいが，必ずしもそうとは言えない場面がある。例えば，政治や宗教の話題については彼らの認識が主観に過ぎることもある。また場合によっては，そういった話題が過熱し，口論となったり，自らの中立性を危うくさせたり，更には人間関係を悪化させたりすることにもなりかねない。その土地に慣れるまでは，政治や宗教など，デリケートな話題は避ける方がよい。

　しかし，現地の治安状況を知るうえで，政治や宗教などのトピックが重要であるのも事実だ。このような状況において，その地に暮らす外国人の情報は極めて有効である。特に現地の人にとって触れられたくない問題，あまりに日常化しており話題にならない問題，政治などのナーバスな問題などについては，外国人のほうが信頼に足る情報を有していることも少なくない。また現地の人から聞く情報をバランスよく取捨選択するうえでも役に立つ。万一，安全を脅かす重大事象が発生した場合には，情報を共有したり，避難退避行動をともにしたりすることも想定される。

　他方，情報量が増えると，雑多な情報も入り込み，情報の取捨選択が難しくなってくる。そういった場面では，情報の精度，鮮度を見極める自分自身の「絶対音感」が求められる

コンテクスト

　著者は西アフリカで5年近く勤務したが，この間，「脆弱国」「ポスト・コンフリクト国」などといわれる国の滞在や訪問も少なくなかった。そこで目にしたのは，ニュースで伝えられる政治的混乱やクーデター，暴力とはかけ離れた，ごく普通の日常であった。無気力に木陰でたたずむ老人や頭にいっぱいのパンを乗せた物売りの婦人などを見ていると，この地で本当にそのような事件が起こったのかと疑いたくなることも多かった。

写真2　フランスのニュースネットワーク「France 24」の広告

慣れない国では，治安の「体感」はあてにならない。目の前でテロや銃撃戦が繰り広げられる紛争地は別として，危険は目に見えないものと考えておくべきである。

写真2はフランスの主要ニュースネットワーク「France 24」の広告である。アフリカ大陸を氷山にたとえたもので，フランス語で'Au-delà de l'information'（「ニュースの先には」）と書き添えてある。我々の観察は氷山の一角で，その水面下でうごめいている事象の奥深さを表現している。

「コンテクスト」とは，その地域で起きていること，起こったことをつなぐ文脈を指す。これは単に「ファクト」（発生した事実）や「クロノロジー」（ファクトを時系列に並べたもの）を指すものではない。コンテクストは，水面下で起きていること，知られていない事実なども含めた概念で，「この地域ではこういうふうに物事が動いてきて，おそらくこの先はこういう方向に動いていく」という物事の流れをとらえたものである。写真2で例えるなら，ファクトやクロノロジーは水面から浮き出ている一部を指し，コンテクストは水面下を含めた氷山全体をとらえたものである。

コンテクストとは「形式知」化された情報ではない。行き交う情報，ニュース，現地の人や在住外国人からの話，その地域の歴史・文化・社会に関する情報などを総合して，自分なりに再構成したものである。当然，限られた情報と経験から，自分でコンテクストを構築するのは難しい。前述した「絶対音感」とは，その土地で起きている事象に対して自分なりのコンテクストを持つことである。自分なりの価値判断が，雑多な情報の取捨選択，今後起きそうな事象の予見につながっていくのである。

コンテクストを理解する方法を，図5に模式化した。

コンテンツとは，様々なレベルの情報を総合化して作られる，その国や地域を理解するための概念である。その国や地域に関するコンテンツは，その国や地域に関する基礎知識（ファンダメンタルズ）・クロノロジーおよびコンテクスで構成される。ただし，ファンダメンタルズにおける歴史理解や価値観はステークホルダーによって異なるので注意が必要だ。

ファクトとクロノロジーの部分は，ファンダメンタルズという所与の歴史的条件のもとで，連続性をもって日々生起する事象と考えられる。したがって，発生した事象（ファクト）や，その時系列（クロノロジー）を，ファンダメンタルズと関連付けて理解することで，過去から

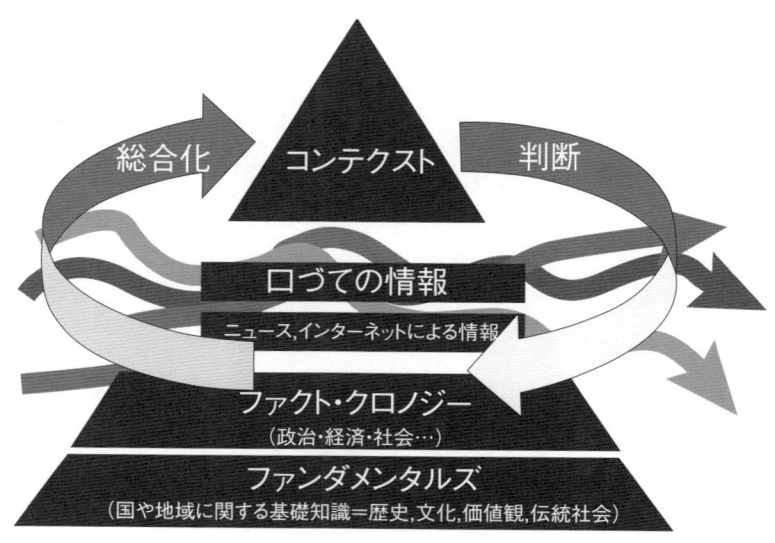

図5　コンテクスト理解

現在までの流れやトレンドを把握できる（もしその場では理解できなくとも，意識しておくと事後に関連づけて理解できるようになることが多い）。

　コンテクストは流動的なものである。日々，経済は流れ，政治は動き，人々は生活し，社会は変わっていく。目の前にはニュースや噂など，真偽取り混ぜた雑多な情報が絶えず流れている。真偽や有用性による情報の取捨選択は，コンテクストに照らして行うこととなる。逆に，そうした作業の中で，コンテクスト自体も日々更新されていく。

　では，コンテクストを理解すると，将来の危険を高い確率で予見できるのだろうか？残念ながら，人間社会の予測性はそれほど高くない。しかし，トレンドを理解することで，世の中の動きや予知すべき危険の種類や範囲，対処の可能性を判断する重要な材料となる。

情報の扱い方

1) 情報の精度

　これまで，安全管理において，情報の重要性について繰り返し述べてきた。情報を扱う際には，情報の特性を認識する必要がある。それは，「誰が言ったことか」「どこまでが事実であり，どこからが推測・伝聞か」などである（図6）。

　例えば，「本日，C国のA市内で大統領の就任式が行われた」という情報があったとしよう。もしこれが自分の目の前で起こったものであれば，紛れのない事実である。このように，自らが現場で直接確認した情報を「1次情報」と呼ぶ。他方，C国国営放送が，「本日，C国のA市内で大統領の就任式が行われました」と報じた場合，どこまでが確かな情報であろうか？大統領の就任式は，国営放送で知ったことであり，直接確認したことではない。したがって，この場合，私が確認できた事実（「1次情報」）は，「大統領就任式が行われたとC国国営放送が伝えた」こととなる。どこまでが事実かを確認することは，情報取り扱い上最も重要である。

　またこの場合，C国の国営放送がどういう特性を持った，どれほど信頼性があるメディアか，考慮する必要がある。言論の自由が保障されていない国や地域で伝えられるニュースは，プロパガンダにすぎないこともある。逆に，「C国国営放送の報道はすべて歪曲されている」と決めつけるのも危険だ。重要なのは，「こういう性格を持ったメディアが，このように伝えた」という事実を認識することだ。

　C国大統領選挙の模様を，日本のメディアがこう報じたとする。

　「C国政府は，現地時間の今日，3週間前に実施した大統領選挙の投票を集計した結果，現代大統領のP候補が過半数の得票を獲得したと発表しました。新大統領は，対立候補に先んじて，当選の事実を既成事実化したい意図があるものとみられています。」

　この報道文で確かなことは何か，どこからが推量・憶測か，上記の視点で考えてみてほしい。

2) 複数ソースでの情報確認

　現場では，しばしば全く異なる情報が流れることがある。例えば，上記の例で，C国にいる私が大統領就任式のニュースを見た翌朝，家の警備員から「昨日，予定されていた就任式は実際には行われなかったらしい」という噂を聞いたとする。この場合，どのように事態を理解すればいいのか。

　そこで重要なのは，情報の確からしさに疑問がある環境下では，常に複数ソースで事実を確認することである。例えば，「海外メディアはどう伝えているか」「仕事先ではどう話されているか」「在留外国人の間ではどのように言われているか」などで情報をダブルチェック，トリプルチェックする，ということである（表2）。

私はアフリカのフランス語圏に身を置いてきたが，紛争などの複雑なコンテクストがある国では，海外メディアでも情報に相違が見られることがあった。例えば，仏語メディアでは報道はなされたが英語メディアでは報道がなかったり，仏語報道と英語報道では論調が異なっていたりするケースに直面した。そのような場合には，複数ソースで情報を確認し，「おそらくこれが事実に近い」という自分自身の判断が求められる。

表2　現地で利用する情報ソースの特徴

	メリット	デメリット	活用の視点
地元メディア	地域の詳報が得られる。	・言論統制・操作が行われているケースがある。 ・現地語報道であると，ダイレクトにアクセスできない。	・メディアの特性，論調をよく理解して活用する。 ・地元では何が話題になっているかという視点で活用すると有効。 ・一般的にはラジオが主流。新聞，テレビの利用は普及率による。 ・現地語が理解できない場合は，信頼できる現地の人を介して情報にアクセスする。
国際メディア	外部からの視点，論調を知ることができる。	・おおむね中立的な情報にアクセスできることが多いが，場面によっては，報道メディアや関係国の利害を反映していることがある。 ・地元の詳細情報は入手しにくい。	・情報の相対化，客観化を図るうえで有効。 ・メディアの特性，論調をよく理解して活用する。
現地の人	地域密着の最新情報が口コミで大量に流れている。	・信頼性に問題がある場合が多い。 ・媒介者の関心や主観が情報の真偽や質を左右する。 ・政治や宗教などのナーバスな問題に立ち入ると，自らの中立性が損なわれる恐れがある。	・信頼性を複数ソースで検証しつつ活用すれば有効な情報源となる。 ・情報はうわさや風評であることも多いので，鵜呑みにしない。 ・その情報自体の信頼性が低くても，そのような情報が流れる背景に着目すると，有用な視点が得られる場合がある。
現地の外国人	外部からの視点，論調を知ることができる。	・信頼性については検証が必要。 ・媒介者の関心や主観が情報の真偽や質を左右する。	・経験上，確からしい情報に出会えることが多い。 ・情報はうわさや風評であることも多いので，鵜呑みにしない。 ・信頼性を複数ソースで検証しつつ活用すれば有効な情報源となる。
政府当局の発表	当該国の公式の見解・方針，ポジションを知ることができる。	・事実と異なる事項が発表される場合があり，鵜呑みにすることは危険。	・複数ソースで信頼性を確認しつつ活用することが必要。 ・そのような情報を流す意図や背景を分析すると，極めて重要な視点が得られる場合がある。 ・国内メディア，国民のリアクションを合わせて理解すると有用な情報となる。

3）情報の価値判断

最終的には，日々の雑多で断片的な情報から，起きていることを判断し，この先に起きるリスクを予想する。

情報の精度や真偽を複数ソースで確認したうえで分析し，その地域のコンテクストに照らして，ファクトとクロノロジーを見極める。さらに，そのファクトとクロノロジーを自分なりの仮説をもって総合化して，コンテクストにフィードバックしていく。情報によっては，それまでのコンテクストが覆されることもある。そういった意味で，ピラミッド（図5）の上下の行き来を繰り返していくことが必要だ。

4）情報ソース

代表的な情報ソースの特徴と活用の視点について，著者の経験からまとめてみたい。要は，

どのような特性を持った媒体が，情報をどのように伝えているかを押さえ，情報を総合化して理解することである。解釈にあたっては，自らの経験を紐解いて，バランス感覚をもって「常識的」な判断を行うことが求められる。

【参考文献】
Foreign and Common Wealth Office, UK. *Travel and Living abroad.*
　(http://www.fco.gov.uk/en/travel-and-living-abroad/)
外務省　海外安全虎の巻　外務省海外安全ホームページ
　(http://www.anzen.mofa.go.jp/)（外務省HP，2011年3月）
Hachette Tourisme (2002). *Guide de Routard 'Humanitaire 2002/2003.'* Ministère Français des affaires Etrangères. *Conseil aux voyageurs, France-Diplomatie.*
　(http://www.diplomatie.gouv.fr/fr/conseils-aux-voyageurs_909/index.html)
United Nations Security Coordination Office（内部資料）. *Security Awareness.* U.S. Department of State, USA. *Travel.State.Gov site.*
　(http://travel.state.gov/travel/travel_1744.html)

【略歴】
防衛大学校（国際関係論専攻）卒業後，自衛隊で勤務（ミサイル部隊）。国際協力機構（JICA）に入構後，セネガル事務所勤務を経て，JICAコンゴ民主共和国駐在員事務所長。現在，JICAアフリカ部アフリカ第四課長として，中西部アフリカの仏語圏諸国を担当。主な専門分野は仏語圏アフリカ，平和構築支援など。

第2章　グローバルキャリアの事例

2-2-1

人道支援，援助と人権配慮

米川正子

分野概要

著者が約12年間所属していた国連難民高等弁務官事務所（UNHCR: United Nations High Commissioner for Refugees）は1951年に国連総会によって創設された，世界各地にいる難民の保護と難民問題を解決する国連機関である。UNHCRの支援対象者は難民だけではなく，国内避難民，庇護希望者や帰還民，無国籍者も含まれる。創設以来，UNHCRは5000万人以上の生活再建を支援し，1954年と1981年の二度にわたり組織としてノーベル平和賞を受賞している。

UNHCRで働く魅力は，難民は国境を超えるために担当国と周辺国といった幅広い視野で現状をみながら，国連機関の中で最も現場に近い場所で人々（難民）のために活動できることである。UNHCRでの著者の仕事は，難民，国内避難民[1]や帰還民（母国に帰ってきた元難民）の人権を守れる危険のない環境作りをすることであった。このために，難民や避難民のキャンプを国境や軍事基地から離れたところに設置するように配慮した。また，軍隊や武装勢力に啓発活動したり，難民にとり最適な解決法を地方政府・国連機関・NGOや難民と模索した。UNHCRの仕事は場所によって大変厳しい。例えば「世界最悪の紛争地」であるコンゴ民主共和国東部での勤務中，紛争の再燃が数回あり，避難民キャンプにいた避難民が外国反政府勢力によって殺害されたり，軍事力の強化といった政治的や軍事的な理由で，ルワンダにいたコンゴ難民がコンゴ武装勢力によって強制的に帰還させられるなど，難民や避難民の生死に深刻な影響を与えたことがある。紛争中，大量の人々が移動し大混乱状態に陥るのだが，緊張感が続くだけでなく，難民や避難民を救援できない無力感から苛立つことがよくあった。その中で仕事のやりがいを感じたこともある。平和になった母国に難民が無事帰還して，人間らしい生活ができるようになった時や，紛争で母国と庇護国間に離ればなれになった家族の所在をNGOと協力しながら探し，家族が再統合できた時などである。

著者はUNHCR職員として紛争犠牲者である難民の支援や保護に従事するうちに，関心事が紛争解決や平和構築に変わった。難民を発生しないために紛争を止める必要があり，そのために資源や権力の支配と独占などの紛争の要因を取り除かなくてはならない。これらの要因は市民への人権侵害を引き起こすが，人権侵害に対する関心度は国際的にみても一般的に低い。人権侵害が減ると社会はより平和になると考えられるが，人権問題を促進する援助と我々はどう向き合えばいいのか，検討する必要がある。

---

[1] 1951年の難民条約による難民の定義は「人種や宗教，国籍，政治的意見または特定の社会集団に属するなどの理由で，自国にいると迫害を受けるかあるいは迫害を受ける恐れがあるために他国に逃れ，その本国の保護を受けることができない，あるいはそのような恐怖を有するためにその本国の保護を受けることを望まない者」である。1969年アフリカ統一機構（OAU）「難民の地位に関する議定書（議定書）」やラテン・アメリカ諸国による1984年「カルタヘナ宣言」は，「戦争や内戦などにより故郷を追われた者」と難民の定義を拡大した。（http://www.unhcr.or.jp/ref_unhcr/unhcr/index.html）「国内避難民」とは，難民と同様な理由で家を逃れたが，国境を越えていない者を指す。

援助は使い方によっては，現地の人々が尊厳を持って生きる手助けとなる。しかし1960年代以降，国際社会で貧困や開発問題が繰り返し議論されているが，貧困問題の根本は解決されていない。ODAは途上国開発に役立つ半面，独裁政権の維持，被援助国市民の依存心の高まり，貧困そして人権侵害といった負の状況を促進する場合がある。それを黙認しながら各国政府，各国援助機関や国連機関が援助を続けると，被援助国政府による市民の抑圧を一層強めることになる。

1) 人権と援助の関係

国際援助が最大の効果を発揮するためには，最も支援を必要とする社会階層や弱者の人権を保障し促進する視点をもたなければならない。人権とは，思想・信条・表現・報道・政治の自由が規制されているか，あるいはその自由がない被抑圧者や犠牲者の苦しみを減らし幸せのチャンスを確保する「ツール」である。人権侵害は，偏りがある力関係のもとで強者から弱者に向けておこなわれる構造的な暴力である。NGOフリーダム・ハウス（2011年1月時点）は，近年は強力的な独裁政権によって世界各地で人権侵害が悪化しており，それは先進国に極端に有利な政治経済構造と関連しているとしている。

援助によって開発が進めば，援助は不要になると考えられる。しかし援助の方法によっては，経済発展のためには政治的安定が必要であるとして国民の政治参加を著しく制限する「開発独裁」が促進され，市民・社会的弱者・少数者・労働者の人権が抑圧される場合がある。

2) 人権外交

開発独裁を防ぐ方法として，世界の人権状況の改善に貢献する人権外交が挙げられる。そもそも外交とは，自国の安全保障や政治経済的な国益を守るための国家活動を指す。国益とは単に国家の利益のみを重視するのではなく，世界における貧困からの解放，人権の保障，人間の安全保障，政治への平等な参加（民主主義）への実現を手助け，それによって世界の平和と平等と繁栄をもたらすべきだ。広い意味で「国益を超える」外交を目指すべきではないか。

一般的に人権外交は難しいと言われる。それは，まず人権問題は経済的な課題に比べてデリケートで，内政干渉にあたるからである。人権侵害の当事者が政府関係者である場合が多く，主権の侵害として外国の監視活動に抵抗する。2点目に地域や国の扱い方の差があり，交渉力に乏しい貧困な小国やテロリストの国には厳格な条件適用が容易であるが，大国や地政学的に重要な位置を占める国には困難である。3点目に援助国の国益や被援助国との国交関係が重視されるために，人権問題による介入ができない。

人権外交を成功させるこつは，主要援助国の協調に基づいて行うことである。特に相手国の援助依存度が高い場合，援助停止はその国の政治，経済や心理に深刻な打撃を与え，政策変更を余儀なくさせる可能性が高い。外圧は内政干渉と非難されがちだが，国内でそれを必要とする弱い立場の人々が多くいるので，高い価値がある。反対に援助国の間で協調が見られず，一部の援助国だけが行う人権外交は失敗する。また人権の名のもとに行われてきた武力行使や経済制裁がかえって，一般市民に対して深刻な人権侵害を生むことがある。

日本政府ができる人権外交は3点ある。1点目に，従来のプロジェクトとしての介入で，裁判官や公務員への教育，法整備の支援，弱者の権利の啓発活動を強化する。それと同時に，外務省や援助機関に人権担当者を置き，プロジェクトに関する人権への影響について助言や分析をする。2点目に，交渉としての介入として，援助の供与前に人権状況の改善を求め，相手国の努力や改善の確認後，援助を供与する。「アメと鞭」を上手に活用しながら，人権状況が悪

い国では援助打ち切りも選択肢に入れるべきである。3点目に，紛争の和平調停役などの仲介役として介入することである。

キャリアパス

　イギリスの大学への留学中，ジャマイカ人男性との出会いが，著者の人生の最初の転換期であった。人種差別をなくすために，将来弁護士になって黒人の犠牲者を助けたいという夢の持ち主である彼と，開発や人種差別について熱く議論した。文化や背景は違っても国際理解は心さえ寛容であれば実現できると素朴に考えていた著者は，国際関係には常に政治と歴史という壁があることを痛感した。

　その留学後のイスラエルとヨルダンでの3ヵ月間の滞在が，人生の2つ目の転換期となる。現地で，国籍を持たないドゥルーズ系住民とパレスチナ人に出会ったおかげで，被害者の立場から中東和平を見られるようになった。

　自分が現場向きであることを中東で確認した後，現場型の団体——国連ボランティア（UNV），NGO，青年海外協力隊など——を手当たり次第に探し，空席を問い合わせた。その頃，犬養道子『人間の大地』を読んでアフリカの難民活動に興味を持ち，戦争犠牲者である難民と同じ視点に立てば，紛争に対して違った見方ができるかもしれないと思った。外務省の国際協力局を通してUNVに登録し，1993年のカンボジア大統領選挙の実施にあたって，国連カンボジア暫定統治機構（UNTAC）にUNVの選挙監視員として派遣された。

　その後，希望がかなって，リベリア（国連開発計画：UNDP），南アフリカ（国連南アフリカ選挙監視団：UNOMSA），ソマリア（国連ソマリア活動：UNOSOM），タンザニア（国連世界食糧計画：WFP）とアフリカ諸国をUNVとして転々と回り，主に選挙監視と人道支援に従事した。日本人が国連職員になるには，JPO（ジュニア・プロフェッショナル・オフィサー）に応募するのが一般的である。JPOとは，国際機関職員を志望する若手の日本人を対象に，派遣経費を負担し，一定期間（原則2年間）国際機関へ職員として派遣する外務省の制度である。ただし，自動的に国際機関の正規職員になることが保証されるものではなく，正規職員となるためには，通常の手続きに従って空席ポストに応募して採用される必要がある。

　著者はルワンダでUNVとして活動中に，UNHCRの空席（フィールド担当官）に応募して国連職員になった。その後，コンゴ民主共和国，コンゴ共和国，スーダン，ケニア，チャド，インドネシアで，難民，国内避難民（避難民）や帰還民の保護と支援にあたった。またUNHCR本部では高等弁務官補佐官を務め，アフリカの難民事業や政策などに関して意見を述べた。コンゴ民主共和国東部でUNHCR事務所所長を務めた後，紛争経験国がもっと積極的に紛争解決に関与できたらという想いから，人材育成に力を入れているJICAでアフリカの平和構築を担当した。

アクションプラン

　人道支援の現場で大切なのは，紛争犠牲者である難民や避難民などのニーズや関心事を知ることである。そのためには現場で人々の生活を観察する，情報収集や分析を勧めたい。コミュニケーション力を身につけるためには，学生の時からボランティアなどで行動を起こして，人々と触れ合う経験を積んでもらいたい。「知識」よりも現場に適応できる「知恵」が必要であり，それは本では得られない。語学の習得で重視すべきは，自分の意見が言えることと問題意識を持つことである。時事問題や歴史，戦争・平和に関して常に考え，真剣に議論できる友達を作って欲しい。最後に，自分の明確なキャリアパスが学生時代に見つからなくても，決し

て焦らないでほしい。常に頭のアンテナを張りながら行動を続けると，きっと見つけられる。

議論

1）援助の国際的統一ルール
　人権団体や人権関連の研究者は，人権侵害を行っている国に対して，一カ国のみが援助を行わないのであれば効果はなく，国際社会が団結して同じ方向に向かって援助することが重要と主張している。各援助国の援助に対する見解は違うが，援助国が共同で被援助国に外圧を与えることで状況が改善されると考えられる。

2）援助の格付け機関
　援助が本当に役立っているか，また人権侵害の有無を確認するために，援助の格付け機関をつくることが考えられる。人権団体が既にこの役割を果たしているが，強化すべきであろう。

3）国益と市民益
　ODAには，世界の貧困をなくして，国際社会の平和と発展に貢献するといった利他的な目的がある。しかしその一方で，援助には，国益優先，アメリカへの追随，国際的な地位の獲得といった目的もある。被援助国の市民の人権を重視し，市民に恩恵をもたらす援助を行うために，国益を抑制し市民益を重視する必要がある。

【参考文献】

コリアー，ポール（著）中谷和男（訳）（2008）．最底辺の10億人―最も貧しい国々のために本当になすべきことは何か　日経BP社
　「地獄の縁に生きるアフリカの人々を国際社会は本気で救おうとはしていない」との主張は傾聴すべきである。

服部正也（2001）．援助する国される国：アフリカが成長するために　中央公論新社
　ルワンダ中央銀行総裁を務めた著者は，援助者と受益者が常に同じ地平に立つことの大切さを説く。

Human Rights Watch（2010）．*Development without Freedom: How Aid Underwrites Repression in Ethiopia*.
　(http://www.hrw.org/en/node/93604/section/7)
　エチオピア政府は開発援助を野党支持者抑圧の道具として悪用。開発と人権の矛盾が理解できる報告書。

ヒューマンライツ・ナウ（2009）．人権で世界を変える30の方法　合同出版
　日常生活の中にある人権問題について分かりやすく解説。

モヨ，ダンビサ（著）小浜裕久（2010）．援助じゃアフリカは発展しない　東洋経済新報社
　「これまでのような援助を続けてもアフリカに経済発展をもたらすことはない」というザンビア人の著者のメッセージは刺激的である。

村井吉敬・甲斐田万智子（1987）．誰のための援助？　岩波書店
　援助の仕組みや援助の負の遺産を分かりやすく説明。

ジグレール，ジャン（著）勝俣　誠・たかおまゆみ（訳）（2003）．世界の半分が飢えるのはなぜ？　合同出版
　政治腐敗，市場原理主義の支配，止むことのない戦争そして自然環境破壊など，人びとが飢える理由を実例を挙げて分かりやすく解説。

【略歴】
　カンボジア，リベリア，南アフリカ，ソマリア，タンザニアおよびルワンダにおいて国連ボランティアで活動後，1996年から国連難民高等弁務官事務所（UNHCR）に勤務し，ルワンダでフィールド担当官を皮切りに，ケニアで巡回フィールド職員，コンゴ民主共和国でフィールド担当官，ジュネーブの本部にて高等弁務官の補佐官，コンゴ民主共和国のゴマ事務所長を歴任した。難民

や国内避難民への緊急対応として，コンゴ共和国，スーダン，チャド，インドネシア，南スーダンやハイチにも派遣された。

2008年からJICA本部のアフリカの平和構築に関する客員専門員，現在は宇都宮大学国際学部特任准教授として国際キャリア（国際協力）を教育している。南アフリカのケープタウン大学で国際関係修士号を取得。

著作は *A Critical Analysis of South African Peacemaking～ How can another deadly conflict in the African Great Lakes region be prevented in the future?*（2011年），『世界最悪の紛争「コンゴ」：平和以外に何でもある国』（2010年），「人道支援や平和構築の知恵：難民及び国内避難民からの視点」『アフリカから学ぶ』（2010年）など。

2-2-2

平和的手段による紛争転換

奥本京子

分野概要

　平和学を基盤とした「紛争転換」と呼ばれる分野では，研究と共に実践が必須である。それは，「直接行動」や「和解」などの平和ワークと同様に，非暴力介入という平和的手段によってなされる。また，実践や研究以外にも，教育・トレーニング，そして普及・広報も必要である。国際（グローバル）キャリア教育という視点からは，紛争転換を学ぶこととは，以下のことが可能になることと言えよう。1)平和学というレンズを通して，紛争を非暴力的に転換するための手法を理解し身に付ける。2)様々な紛争・対立に非暴力的に「介入」し調停することで，問題を解決・転換する。3)構造や文化といった側面から紛争という事象を理解し，紛争転換の意味を，身近なこととして捉える。4)個人レベルの紛争転換という非暴力介入の延長線上に，社会・世界レベルにおける問題解決・平和的変革が可能であるということを理解する。5)共感・非暴力・創造性などの，平和ワークにおける必須の要素についての考察を通し，地球（グローバル）市民としての責任と役割を確認・実践する。

1) 平和学とは何か―平和や暴力の基本概念について

　平和学は，学際的な学問である。例えば，国際関係学から平和の意味を追求しつつ，心理学から暴力の予防の可能性を模索するなど，それぞれの分野が協力し合いながら研究を進めるのである。また，学問と同時に，実践が重視されなければならない。医学と芸術学が共に，武力紛争後の和解の過程において，芸術療法を適用することもある。歴史的には，平和学は，主に第二次大戦後に大きく発展した。近年は，特に「テロに対する戦争」の時代とされ，「9・11テロ事件」後のイスラム過激派の武装行動に対するグローバルな戦争を正当化するキャンペーンが世界的規模で展開されている。根源的な原因追求をせず，表層的な暴力行為を武力で弾圧するという手法を，平和学は批判し，平和と正義の意味を問いながら非暴力的紛争転換を目指す。

　平和学における基本的な概念である平和や暴力について，以下の図を参照されたい。暴力は，人々の心身を痛めつけ，殺傷する。より一般的には，暴力は人間の潜在的発達可能性を阻害す

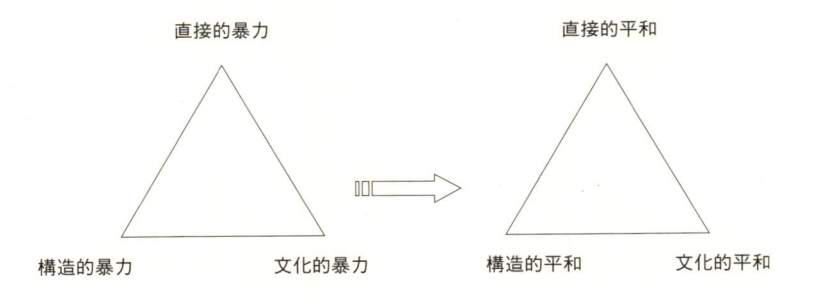

る。我々が日常的に経験するのは，意図的で迅速な暴力で，直接的暴力（direct violence）と呼ばれる。例えば，戦争という事象の可視的側面——爆撃・殺傷・性暴力など——がこれにあたる。これに対し，意図的ではなく，人々に間接的に作用する暴力が存在する。それは社会の中に構造化された暴力であり，構造的暴力（structural violence）と呼ばれる。戦争という事象を可能にする軍隊の存在は，その中で働く人々（兵士）による積極的意図がなくとも，爆撃を可能にする。さらに，もう1つの暴力の形態がある。それは文化的暴力（cultural violence）と名付けられ，直接的・構造的暴力を正当化・合法化するために役立つ文化のもつ様々な側面——例えば，「世の中には正しい戦争が存在する」という概念や，「暴力とは人間の本能である」とする思想など——であると定義される。

また，平和は，あらゆる種類の暴力の低減または不在である。暴力の否定という意味において，平和は第一義的には消極的平和（negative peace）として存在する。これに対して，積極的平和（positive peace）とは，暴力の不在というだけではなく，その上に新たな暴力化を阻止する何か積極的なものが生成された状態を指し，非暴力的で創造的な紛争の転換としても捉えられる。両者が統合されて初めて十全な平和が得られる。さらにまた，平和は，暴力の場合に対応して，直接的平和（direct peace）——例えば，路上における平和を求める自由な表現の実現——，構造的平和（structural peace）——平和憲法と呼ばれる日本国憲法9条の存在——，文化的平和（cultural peace）——それら2つを支える平和教育に価値を置く社会のあり方——の3つの形態をとる。

2）紛争とは何か

紛争は，各当事者（actor/party）がそれぞれ目標（goal）をもって行動し，これらの目標間に矛盾（contradiction）があるとき，発生する（このとき，紛争の意味するものとは，〈戦争＝武力紛争〉ではない）。紛争は，ミクロ（個人）・メゾ（社会）・マクロ（国家）・メガ（地域）の各レベルで起こる。そして，紛争から暴力が発生することがある。そこで，平和的手段による紛争転換の手法を用い，様々な紛争に非暴力的に「介入」し調停することで問題の解決・転換することが重要になる。

以下の図では，紛争という社会における人間関係の，自然な現象としての紛争が，如何に扱われるべきか——すなわち，平和的手段によって——を表している。また，紛争転換とは，紛争を形成する三要素である人々の態度（attitude）・行動（behavior）・矛盾（contradiction）を変化させることによって，その紛争を新たな社会的コンテクストに再配置することである。紛争は社会変革の要因である。ゆえに，破壊的方向ではなく建設的方向へ，平和的な紛争転換を行うことが，人間の存続にとって重要な課題となる。次頁の三角形は，トランセンド理論における「ABC三角形」と呼ばれる図であり，平和的手段による紛争転換の基本的な条件を表している。共感・非暴力・創造性を通して，紛争転換の作業は，当事者の声に傾聴し，多様な見解・時間の意識から紛争を捉え，紛争の全体像をつかみ，過去の適切な処理と，未来志向の提

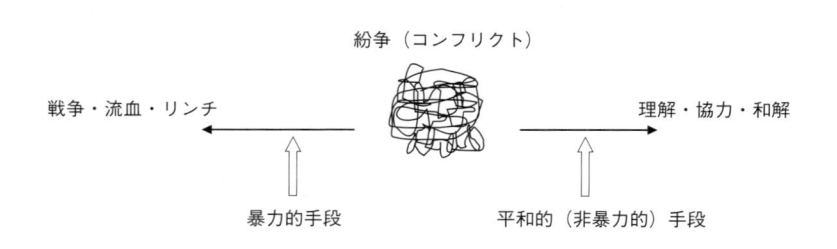

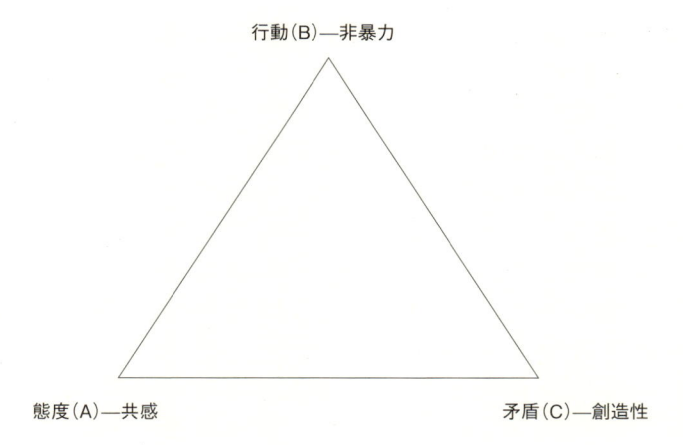

```
            行動(B)—非暴力



態度(A)—共感            矛盾(C)—創造性
```

案をなすのである。

　紛争の非暴力・平和的転換によって，暴力の三角形ではなく，平和の三角形を希求する。こうして，暴力・平和・紛争の関係性が明らかになる。

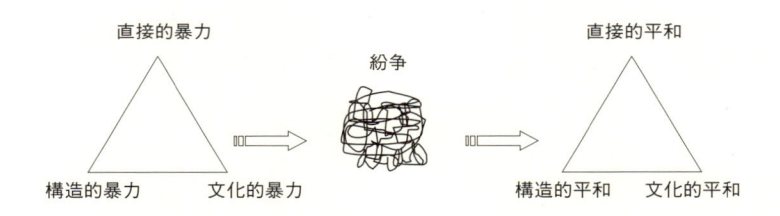

```
直接的暴力                          直接的平和

                      紛争
構造的暴力  文化的暴力          構造的平和  文化的平和
```

キャリアパス

1）紛争転換の現場

　非暴力介入とは，非暴力手段によって紛争に介入することをいう。その手法には，紛争転換（調停），非暴力直接行動，和解，修復的正義などがある。手法によって紛争状況に介入する程度に差があるものの，介入者は，紛争当事者のニーズを把握し，紛争の構造を認識することが求められる。そのための手段は対話である。社会・世界の構造や文化といった側面から紛争という事象を理解すれば，紛争転換の意味を身近なこととして捉えることができるようになろう。また，個人レベルの紛争転換という非暴力介入の延長線上に——われわれの生活様式のあり方の先には——，社会・世界レベルにおける紛争が存在し，それを平和的に扱うことによって平和的変革は可能になる。

　ここでは，地球（グローバル）市民としての責任と役割を重視し，平和を実現しようとする2つの平和系NGOを紹介したい。筆者は，大学という職場に在って平和学・紛争転換論・非暴力介入論を研究し，その一方で，これら2つのNGOに関わることで，研究を実践に活かそうとしているものである。特に芸術アプローチに関心があり，紛争・平和ワークにおける芸術の役割を探求している。東北アジアの隠れた紛争（また，顕現した紛争）を中心に，当地域の数々の市民社会・NGOの仲間と共に，平和ワークを実践している。

2）トランセンドの場合

　実践の例として，非暴力介入を掲げる具体的なNGOを挙げる。一つは，紛争の転換・調停を軸とした平和ワークを実践するトランセンド（TRANSCEND International: A Network for

Peace, Development and Environment, http://www.transcendjapan.net/, http://www.transcend.org/）である。平和ワークとは，国家レベルにおける紛争のみならず，個人や社会・共同体，または文明や宗教などの超国家のレベルにおける紛争をも対象とし，その現場に介入することを指す。それは，国家権力が武力によって介入するのではなく，問題を解決するための別の非暴力的な方法として，市民社会・NGO による介入のあり方を意味する。

　世界に 350 人以上の個人・団体のメンバーをもつトランセンドという紛争転換ネットワークは，ヨハン・ガルトゥングらによって 1993 年に設立され，紛争転換の理論化と実践に励んできた。特に，教育・トレーニング，研究，普及などの分野のほかに，平和ワークのうちアクション（実践）を担う平和ワーカー（紛争ワーカー）が，紛争に介入し調停する活動を重視している。その仕事とは，何らかの紛争・対立関係にある当事者間に平和的に介入し，当事者各人・各団体との丁寧な直接交渉・対話を介して，問題解決・紛争転換に向かわせるための手助けをするものである。紛争・対立には当事者が 2 者以上あり，その紛争場面にいる当事者のみならず，周囲にも利害関係をもった当事者がいることが多い。

　トランセンドの目指すところは，平和的手段による紛争の転換であり，次に紹介する非暴力平和隊などの非暴力直接行動という手法とはまた異なった介入の手法を用いる。紛争転換・調停という種類の平和ワークが，紛争の暴力化以前の局面で，非暴力手段により介入し，暴力化を予防することも重要な仕事である。また，暴力化した紛争においても介入の可能性を模索し，暴力の表面上は沈静化された紛争状況においても和解の作業において調停・紛争転換の活動は欠かせない。

3）非暴力平和隊の場合

　非暴力介入を掲げる具体的な NGO の第 2 の例は，非暴力平和隊（Nonviolent Peaceforce, NP, http://np-japan.org/, http://www.nonviolentpeaceforce.org/）である。直接的暴力の予防のために，非暴力直接行動を軸とした平和ワークを実践する NP は，2002 年 12 月，インドにおいて正式に発足した国際 NGO であり，ガンジーによるシャンティセーナ，すなわち，軍隊にかわる平和隊の構想を軸に置く。外国人が地元の活動家に付き添うことにより「国際社会の目」が，暴力を加えようとするアクターを抑止する。また，地元の人々が紛争の平和的解決を追求するための環境を創出する。外から平和や正義を押し付けるものではなく，外国人が当事者にかわって紛争を解決するわけでもない。紛争を解決するのはあくまでもその地域の当事者なのである。特に，NP は，「非暴力」介入する側が，地球規模の南北関係について意識的であるべきだと考える。ヨーロッパや北米などの「裕福な」人々で構成されたチームばかりが，南の紛争地へ出向くという構図を克服するため，NP は，北と南が共同で協力し紛争にとりくむという姿勢を示そうとしている。ともすれば，新植民地主義の「非暴力」版になってしまうという可能性があるとしたら，「非暴力」という仮面をかぶった暴力の構図を打破しなければならない。

　NP などの非暴力手法による NGO の活動は，世界各地の紛争地に非暴力トレーニングを受けた非武装で多国籍な市民のチームが紛争地域へ赴き，暴力・軍事力によらず，非暴力直接行動という非暴力介入の 1 方法により，そこで非暴力的な民主化運動，人権闘争などに従事している人々に付き添うことによって，殺戮や紛争の暴力化を予防しようとするものである。特に，大勢の平和活動家たちが，世界中の紛争地域へ赴き，非暴力介入し，過去に経験を積み成功を収めてきた小規模な非暴力直接行動を，さらに大規模に発展させるために創設されたのが NP である。紛争の生じている現地の非暴力運動体・平和組織と協力し，それらの団体に依頼

されることで，その紛争地に国際チームを派遣する。紛争当事者が対峙している，地元活動家等に対する脅迫，妨害等の直接的暴力を軽減させ，地域紛争自体を地元の人々自身によって非暴力的に解決するための環境をつくることを目的とする。

　具体的なNPの活動とは，以下のようである。当該のコミュニティにおける人間関係に対し，静かに手を差し伸べ，より良い関係を恒常的に構築する。緊急事態・暴力状況が発生し，市民が自身で状況に対応できないときには，非暴力的に援護する。また，紛争現場における市民団体のネットワークのための地域の会合などに日常的に参加したり，各種国際団体とも交流を深めたりする。NPが目指す活動の内容は大きく4つに分けられ，護衛的同行，国際的プレゼンス，情報発信，「割り込み」などが中心になる。紛争の現場に当事者とともに「居る」という活動は，実は，瞬間的に冷静な判断と，よく練られたプランの実行を要する難しい仕事であり，準備としての非暴力トレーニングにおいて，問題を発見する感性や深く思考する態度を養成することが必須である。最初の派遣地はスリランカであり，2003年11月から日本からの1人を含む11人のメンバーが活動を開始した。スリランカとグアテマラでの活動を終了した後，現在は，フィリピンのミンダナオ，南スーダン，南コーカサス，キルギスタンで活動を展開中である。NPを始めとする非暴力・非武装による紛争解決のための試みに共通する目標は，夢想主義でも理想主義でもなく現実的であることを示すことである。換言すれば，非暴力・非武装による紛争解決が当然であるという文化的平和の創造であると言ってよい。

　筆者が関わっているこれら2つのNGO活動におけるアプローチの違いといえば，その介入の程度であろう。NPの非暴力直接介入は，紛争転換の調停者の立場と比較すると，消極的介入といえるだろう。「消極的」は否定的と同義ではなく，他者を最大限に尊重する態度という意味である。それに対し，紛争転換という介入の手法は，積極的介入であるといえる。当然，トランセンドも当事者の意思を最大限に尊重するが，それらの当事者のゴールとニーズを徹底的に引き出し，それらの（敵対する）当事者すべてに共通する要素をさらに創造的に発展させていくという意味において，介入度は非常に高い。平和ワークとは，多種多様で，相互に刺激しあいながら，補完しあうことが必須である。また，暴力的手段を使用する場合は生命の殺傷行為にいたることが多いが，非暴力手段の肯定的な要素の1つは，暴力の連鎖の起因とならないことである。試行錯誤しながら非暴力手段を活用し，市民社会・NGOだからこそ可能となる平和ワークを実践することが重要なのである。その点，トランセンドはNPとならび，アプローチに差異はあるものの，補完しあいながら協力することが可能となる。その活動の各特徴は，いわば，NPが直接行動によって用意した「場」を，トランセンドが活用し，紛争当事者の紛争転換の手助けをするというような関係において意味を持つ。

　このように，筆者にとって，これら双方の活動は補完的な役割を担うものであり，同等に重要な仕事である。トランセンドという国際的ネットワークにおいては東北アジア地域コンビーナーとして，またトランセンド日本（トランセンド研究会）の会長として，メンバーどうし，また他団体との繋ぎ役に当たっている。具体的には，国際ネットワークの活動と東北アジアを結ぶための会合への出張や，研究論文執筆や報告書作成などの事務的仕事，そして教育・トレーニングのための実践的ワークショップを提供するなどしている。NPにおいては，主に非暴力平和隊・日本（NPJ）の活動——主たる活動はNP国際ネットワークを財政的・人的資源による支援——を推進している。特に近年は，「ミリタリーをどうするか」と題するワークショップの提供をシリーズで企画・運営している。すなわち，非武装のPKOとしてのNPの役割が，将来的には現在の軍隊（ミリタリー）にとって替わる時代を実現させるための試みである。これは，人類にとっての壮大な，しかし現実的に，暴力を削減するためのチャレンジで

ある。今後，当分野における平和ワーカーが増え，量だけではなく質をも問われることになっていくだろう。紛争を非暴力的手段によって扱うことで平和を創造すること，また，圧倒的な暴力を削減していくことは，一朝一夕には実現しない。一緒に，励まし合いながら，切磋琢磨していきたいと考えている。

シミュレーション

紛争の現場においては，関係する当事者すべてにとって，持続可能で正当性のあるゴールを模索することが必要となる。紛争転換ワークショップにおける実践的トレーニングの場では，例えば，以下のような練習問題を課す。

1）ミクロレベル（個人間）の紛争例

100歳で大往生した祖母の形見として，真珠の首飾りが孫にあたる二人の姉妹に残された。大好きだった祖母の大事な形見を，姉妹は両者とも，今日，身に付けたいと思っている。今日は週末の日曜日であり，姉は，今日は大事なデートの予定があり，豪華なレストランで食事をすることになっている。妹は，友人の結婚式に参加し，パーティ・ドレスを着用する予定になっている。さて，どのようにこの紛争を転換するか。トレーニングでは，グループごとに話し合って，様々な解決・転換法について具体的に創造的な提案をする。

2）メゾレベル（社会・グループ間）の紛争例

ワークショップに参加した受講者が体験した実際の紛争の例を挙げてもらう。そして，その問題についてグループで議論し，紛争転換を目指す。ミクロ・レベルではなく，メゾ・レベルの紛争をまずは見つけ，紛争の具体的検証によって，問題の根本部分を分析し，共感・非暴力・創造性を駆使しながら解決・転換を目指す。

3）ルカサ・ワークショップ

問題解決の手段としての文字や言葉を使うことよりも，主に手を使って工作することに焦点を当てる「ルカサ」という方法を活用する。ここでは特に，領土・土地問題を解決する演習を行う。土地をめぐる紛争の基本的構造が模造紙に描かれている。その物語を土台として，参加者は話し合いながら，同時に，粘土や色紙などで形象表現し，さらに物語を展開していく。その過程においては，当該問題の所在が徐々に明らかになっていく。そして，数々の困難を克服しながら，対話によって解決・転換を目指すトレーニングである。

このような複数の実践的な練習を通して，平和的手段による紛争転換とは何かを学習することになる。すなわち，われわれ一人ひとりが，地球（グローバル）市民であることを深く認識し，その責任と役割を確認することになるのである。

【参考文献】

ガルトゥング，ヨハン・藤田明史（共編著）(2003)．ガルトゥング平和学入門　法律文化社
　平和的手段による紛争転換の意義を，ガルトゥングによるトランセンド理論に軸足を置き，多角的に捉えて解説。

奥本京子（2008）．大いなるお節介―非暴力介入　君島東彦（編）非武装のPKO―NGO非暴力平和隊の理念と活動　明石書店　pp.113-121．
　非暴力介入の意義について，また，紛争転換や直接行動などの，平和ワークにおける現場への介入度について，詳細に検討。

奥本京子（2008）．芸術と紛争転換：平和創造のために不可欠なものとは何だろうか　木戸衛一・長野八久（編）．平和の探求：暴力のない世界をめざして（社）部落解放・人権研究所　pp.58-167.
　平和的手段による紛争転換の意味を，創造性などの芸術的要素を通して解説。

奥本京子（2009）．〈平和家〉としての芸術家　君島東彦（編）　平和学を学ぶ人のために　世界思想社　pp.109-128.
　芸術と平和ワークの関係性を検証。「芸術家と平和ワーカーはどういう関係にあるのか」への案内文。

奥本京子（2011）．市民社会・NGO と平和　黒澤　満（編）国際関係入門—共生の観点から東信堂　pp.25-26.
　市民社会や NGO といった，国家レベルではない平和ワークの主体による平和創造について，その意義を説明し，トランセンドや非暴力平和隊などの具体例を紹介。

【略歴】

英国国立ランカスター大学にて，平和学修士号取得。神戸女学院大学大学院博士後期課程単位取得退学（博士（文学））。現在，大阪女学院大学国際・英語学部教授。紛争転換，非暴力介入，文学と演劇の活動と研究を通して平和ワークに励む。主著に「平和ワークにおける芸術アプローチの可能性：ヨハン・ガルトゥングによる朗読劇 *Ho'o Pono Pono: Pax Pacifica*（『ホーポノポノ「アジア・太平洋の平和」』）からの考察」2010 年，『平和学を学ぶ人のために』共著，2009 年，『非武装の PKO』共著，2008 年，『ガルトゥング平和学入門』共著・翻訳，2003 年ほか。

2-2-3

国際報道の仕事：戦争取材の現場と平和への思い

大崎敦司

分野概要

　報道の仕事は，バランスの取れた正確な情報発信をしないと，社会的な混乱を招いてしまったり，取材対象や記事の読者，ニュース番組の視聴者を傷つけてしまったりすることがあります。取材と記事や映像の発信が遅れれば，結果的に多くの人命が失われてしまうことさえあります。絶えず緊張感を保ちながら取り組まなければならない，重大な責任を伴う仕事です。

　戦争や紛争，テロなどの取材はもちろんですが，国内の取材でも，報道関係者はいつも突然の災害や事件・事故の発生に即座に反応しなければなりません。すぐに機材を持って現場に到着しなければ，当事者へのインタビューや映像は二度と撮れません。報道の速さや質を巡る報道機関同士の競争もあります。報道の仕事は，警察官や消防士のように「常在戦場」の気構えが必要な「拘束される仕事」です。体力はもちろん，強い精神力も必要です。

　記者の仕事のやりがいは，歴史的な大事件の現場で劇的な変化をこの目で目撃し，当事者に直接インタビューをして，その情報を自分の文章や映像で伝えられることです。記者は文字どおり，事実を後世に伝える「書記」，歴史の「立会人」と言えるでしょう。

1) なぜ戦争を伝えようとするのか

　私自身の戦争報道の現場での実体験を書きますが，記者（ジャーナリスト）や写真家（カメラマン）によって，現地への入り方も取材の仕方，伝えるための方法論も違います。私自身も取材対象や現場によって手法を変えます。経験豊かな先輩たちから，あるいは組織の中で学び，現場で悩みながら試行錯誤を続けています。時に失敗もしながら，5年，10年かけて身についていく仕事です。

　「なぜ戦争と平和を，それもアフリカの紛争を報じ続けているのですか」。写真展や講演会，大学での平和学（紛争研究）の講義で，よく尋ねられます。

　私がこの世で最も憎むものが戦争です。戦争は私たち人類の「最低最悪の愚行」です。この世界には様々な深刻な社会問題がありますが，ひどい暴力で毎分毎秒，多数の人々の命や平和な生活が奪われ続け，恐怖の中で援助機関の救援の手も届かない。そんな最も悲惨かつ緊急的な状態に置かれている場所が，戦争・紛争が起きている地域です。特に日本から遠いアフリカの国々の実情は，記事や映像を発信する記者もニュースメディアも少なく，人々の肉声や悲鳴，涙が，日本のお茶の間になかなか届きません。世界中の人々が「愚かな行為」と反対しているのに，なぜ地球上に戦争が絶えないのか，なぜ起きてしまうのかを知りたい。そして止めるために貢献したい。だから続けているのです。

　戦争や紛争の現場の多くは，アフリカや中東にあります。そこでの報道の仕事は，決して「格好良い」「華々しい」仕事ではありません。イラクへのアメリカの大規模な空爆や，反米武装闘争の自爆テロで多数の民間人が犠牲になっていく様。ジェノサイド（大量虐殺）も，強制

的に兵士にされた幼い子どもたち同士の殺し合いも目撃しました。暴力の実行犯や被害者の生の声を聞き，インタビューや撮影の最中に何度も涙を流してきました。私自身も銃で発砲されたり，ロケット砲で宿泊先を攻撃されたり，武装勢力に拉致されかけたり，秘密警察と軍に身柄を拘束されて銃殺寸前に至ったこともあります。

2) 戦争の悲劇と深刻さ，緊急性をどう伝えればよいのか

　西アフリカにある「リベリア」という小さな国を知っていますか。長年の内戦が終わり，平和構築と復興に取り組んでいる国です。2011年，エレン・ジョンソン・サーリーフ大統領と人権活動家のレイマ・ボウイーさんという同国の女性2人がノーベル平和賞を受賞しました。

　私はリベリア内戦が激化し，最悪の時期を迎えていた2003年夏，取材に入りました。チャールズ・テーラー大統領（当時）の政権を倒そうと反政府武装勢力が進攻して，首都モンロビアを包囲していました。大統領の厳命で首都を死守する政府軍や民兵と，首都の周辺で連日，激しい銃撃戦や砲撃戦が繰り返されていました。

　まだ飛んでいた小型飛行機で，隣国のコートジボワールから入国しました。現地の部族語を話せるリベリア人の通訳兼ガイドと運転手，四輪駆動車を探し，すぐに取材に出ました。首都の巨大なサッカースタジアムを訪れると，ボロボロの衣をまとい，着の身着のままの，何千人もの痩せた国内避難民が一面に横たわっており，息を飲みました。

　一人の母親は「もう数週間，雑草や土以外，何も食べていない」と語りました。ガリガリに痩せた彼女の胸には，あばら骨が浮き上がり，しなびてつぶれた乳房に乳児が必死にしゃぶりついています。もう乳は出ず，母子とも衰弱しきって，乳児は呼吸も苦しげです。母親から，10年あまり続いた内戦で家族や親類を殺され，首都まで命からがら逃げ延びてきた経緯と恐怖，苦しみについて，ゆっくり話を聞きました。

　あまりに深刻な避難民たちの健康状態を見て，「一刻も早く伝えなければ」と焦りを覚えました。一番早い，翌日の新聞の朝刊に記事を掲載してもらおうと，新聞社の原稿の締め切り時間と9時間ある時差を計算しました。そして，急いで原稿や写真を送ろうと，衛星電話を置いている宿泊先まで引き揚げようとしました。

　でも，小学校低学年程度の痩せ細った小さな娘が無言で，私を強い視線で直視し，瞳に涙をいっぱい浮かべ，私の手をしっかりつかんで離さないのです。同じ人間ですから，彼女が何も言わなくても，言いたいことは伝わります。「お願い，行かないで」。反政府勢力が首都に進攻すれば，この難民たちは皆殺しにされてしまう可能性も考えられました。

　涙が出ました。私に今できることは，早く記事を書いて，東京にある新聞社の外報部のデスクに送ることです。断腸の思いで「ごめんね」と言いながら，女の子の手の指を1本1本引きはがし，「できるだけ早く，また来ますから」と母親たちに言い残して，立ち去りました。

　私の記事[1]は，翌朝の朝日新聞に掲載されました。でも，私の記事を読んだ援助機関の関係者が会議を開いて支援の計画を決め，資金と食糧を集め，何千キロも離れたアフリカ大陸の果ての，あの家族の元に食べ物が届くまでに，いったい何週間，何ヵ月間かかることでしょう。

　自分を許せなかったことは「援助が届く時には，あの一家はこの世にはいないだろう」と想像せざるを得ないことでした。先進国からの緊急援助の食糧を積んだ，国連世界食糧計画（WFP）の輸送船は，首都郊外の港に着岸していました。でも，港は反政府勢力の手に落ち，食料はすでに略奪され，最も必要としている首都では，50万人もの市民と国内避難民が「飢

---

[1]「リベリア首都／競技場に避難5万人／草・葉食べて飢えしのぐ」朝日新聞，2003年8月9日国際面

餓地獄」と闘っていたのです。「せっかく，こうして現場にいるのに，俺は目の前の1人の命さえ救えないのか」。悔しくて，原稿と写真を送り終えた後も，男泣きしました。

　この翌日，首都にかかる橋を渡って，政府軍との間で連日激しい戦闘が続く，反政府勢力「リベリア和解民主連合」（LURD）の支配地域に入りました。そこでは，反政府勢力は赤十字や国連を含め，あらゆる援助団体の活動を許可していませんでした。最初に入る記者の一人として，人々の暮らしや殺害・人権侵害の有無，略奪された援助食糧の実態，反政府勢力の戦いの方針や政治的主張，首都を攻撃しないで済む条件などを確かめ，一刻も早く伝えなければ，と考えました。

　驚いたのは，最前線で小中学生や高校生ほどの何十人もの男や女の子どもたちが，銃やロケット砲を構えて戦闘配置に就いていたことです。全員，軍隊の兵士の制服は着ておらず，思い思いのTシャツを着ている。ラジカセでヒップホップを鳴らし，まだら模様にペンキを塗りたくったオンボロの日本車に乗って走り回っています。カラシニコフ自動小銃や機関銃，RPGという携帯型ロケット砲を構えていなければ，単なる不良かストリート・ギャングの一団のようです。

　何人もが，明らかに麻薬を打たれ，正常な判断力を奪われていることに，すぐ気づきました。小学生ほどの幼い兵士の目は真っ赤に充血し，唇からよだれをたらしています。中学生くらいの子が「俺が大統領を殺す。この国を平和にする」と言う。「グリグリ」と呼ばれるお守りをつけた子も多く，それがあれば祈祷師の霊力で「飛んでくる銃弾が水に変わる。撃たれても死なない」と信じている。麻薬と酒，訓練中のひどい拷問，奇妙な部族信仰によって，本能的な恐怖心や正常な判断力も自由も奪われて，非人間的な「戦闘ロボット」にされてしまった子どもたち[2]。

　彼らは毎日，政府軍が厳重に防御する首都防衛陣地に向けて，徒歩で接近し，銃やロケット砲を撃ちまくって攻撃をしかけている。英BBCのカメラマンが撮った映像を現場で見せられましたが，雨あられと打ち込まれる銃弾や砲弾に向かって，「へへへ」と笑いながら，身もかがめず，ゆっくり歩いていく子ども兵士が映っていました。「もう，これは人間ではない」と思いました。リベリアからケニアに戻った後に，「あの子ども兵たちを助け出してほしい」と国連機関や人道援助団体に懇願して回りました。でも私の話だけで行動を起こしてくれる団体があるわけもなく，「1人で救援のためのNGOを立ち上げるしかない」とまで深刻に思い詰めました。

　このように切羽詰まった，やむにやまれぬ気持ちは，戦場となったアフリカや中東の現場で，何度も抱きました。今も，生々しい映像と共にリアルな記憶が蘇る悪夢を，たまに見ます。

3）異文化の理解と，和解・平和構築を目指す態度

　紛争地に取材に入る前には，できる限り最新の情報を集めます。カイロやナイロビなどメディアが取材拠点を置いている国や紛争国の首都で，他のメディアの記者たちや，赤十字国際委員会（ICRC）あるいは赤新月社，国境なき医師団（MSF），国連機関のスタッフなどから話を聞きます。

　しかし，事前に勉強をして行っても，私たち記者は現実には，その国をほとんど知らない「素人」です。紛争の原因，最新の戦闘や治安状況，政府や反政府勢力などの紛争の当事者の考え方，政治や歴史，文化，人々の暮らしぶりなどを知るための最良の「教師」は，その国の

---

[2]「子供兵覆うリベリア／Tシャツにロケット砲／16歳『大統領殺したい』」朝日新聞，2003年8月9日夕刊3面

記者たち，現地のNGOや医療機関の職員，学校の教員，軍の兵士や警察官などです。有能だと直感した人には，臨時の通訳や取材の助手，コーディネーターになってもらい，危険な状況下での瞬間的な判断では，彼らの助言を何より重視します。

今も世界各地で続く戦争やテロを「宗教対立」や「民族対立」というキーワードで伝える報道を，よく目にします。たしかにアフリカや中東では，イスラームの信仰を持つムスリムとキリスト教徒，ユダヤ教徒などの宗教の違い，同じムスリムでもスンニ派とシーア派など宗派の違い，1994年に100日間で80～100万人もの人々が殺された「ルワンダ虐殺」のフツ族とツチ族のように，民族の違いと対立が主な要因となって激化する紛争がよくあります[3]。

日本や米欧とは文化が大きく異なる中東やアフリカでは，私たちの価値観や判断基準に基づく「上から目線」で，現地の人々の行動や文化を一方的に，批判的に報じるのは慎まなければならない，と私は考えています。特に気をつけるべきは，取材する私たち記者自身も，取材対象との間に，肌の色から民族，言語，宗教，文化，生活習慣まで違うという「壁」を抱えていることです。

特に戦争・紛争と，その当事者を取材する時には，その国の文化や宗教，できるなら現地の部族語まで学び，できる限りその人たちの立場，目線に立って，共感を覚えるくらいになる必要があると思います。複雑な歴史的背景や，対立する彼らの心の奥底にある迫害の記憶。目には見えない憎悪や差別意識，排他的な宗教感情などには，部外者は簡単には触れられません。ましてや，そうした現実や背景をまったく知らない日本や米欧の人々に，冷静に，客観的に伝えるのは，とても難しいのです。

アフリカ最多の1億5千万人超の人口を抱える世界有数の産油国で，日本への石油輸出国でもあるナイジェリアという大国が西アフリカにあります。現在も宗教対立で住民の殺害や自爆テロが続いている，同国中部のカドナという町を，2003年に取材した時の話です。

カドナには，ムスリムの中でもイスラームの原理原則に忠実に信仰生活を送りたいと考える，敬虔な「イスラーム主義」の人々が多く住んでいます。アフリカ大陸でムスリムとキリスト教徒の居住地域を分ける宗教的な境界線上にあり，双方が長年混住してきた町です。

2002年に，ここで地元の宗教指導者から，一人の20代の女性ジャーナリストに対して「石打ちの刑」に処すというファトワ（イスラーム法に基づく勧告）が出されました。彼女が書いた記事を掲載した地元新聞社はムスリムの住民から襲撃され，前後して，ムスリムとキリスト教徒の間で大規模な殺し合いが始まり，現在までに双方の何千人という人々が殺されています。

引き金は，このキリスト教徒の女性記者が書いた，ナイジェリアでの美人コンテスト「ミス・ワールド」開催を伝える記事でした。イスラームの預言者ムハンマドが「クイーンに選ばれる美女を見れば，喜んで妻の一人にするかもしれない」とのコメントが，ムスリムの反発を招きました。訴えを受けた宗教指導者は，検討の末，預言者や信仰を冒涜した罪にあたると判断し，イスラーム法（シャリーア）に基づき厳格な処罰を決めたのです。

世俗的な仏教徒の家庭に生まれ育った私には，その程度の記事を書いただけで，見せしめとして，生きたまま群衆から石を投げつけられて殺されなければならないという宗教的な決定やルールに，強い違和感を覚えました。米欧のメディアや人権団体も「人権侵害だ」と非難しました。でも，ムスリムの住民に話を聞くと，多くが「預言者や信仰を冒涜したのだから，罰を受けるのは当然だ」と語ります。私は自身の善悪の判断は置いて，まず彼らの主張を理解しようと，ただ黙って耳を傾けました。既にイラクなど中東・湾岸諸国の取材歴もあったので，神

---

[3]「ルワンダ大虐殺から10年／民族対立の傷，今も」朝日新聞, 2004年4月13日・国際面・1ページ特集

や信仰への考え方，伝統的な価値基準から，この異教徒の女性記者や，米欧の団体が主催する，若い女性たちが素肌をさらす美人コンテストが，彼らにはどうしても許せないのだと分かりました。

「石打ちの刑」を命じるファトワの実行は，ムスリムの住民にとって「神の命令」のように，必ず実行しなければならない宗教上の義務となります。女性記者は命からがらナイジェリアを脱出し，アメリカに逃れるしかありませんでした。

イスラーム法の厳守を国民に義務づけている政教一致の国・サウジアラビアの宗教大臣にインタビューをしたこともあります。同国では，窃盗などの犯罪や，男女の婚前の性交渉，不倫（姦通）をした者などに，手を切断したり，石打ちによる死刑などの極刑を科しており，人権団体や国際社会から批判が集まっていました。大臣にただすと，「何がいけないのか。批判される理由が分からない。私達は公明正大に，法に則って統治を行っているだけだ」と返されました。

イスラームやキリスト教，仏教など様々な宗教にも，世界中の人々の長年の生活習慣や文化にも，それぞれ「決まりごと」があります。長い歴史や文化的背景を持ったルールに対して，外の世界から来た外国人の記者が，「他者の目線・価値基準」に基づいて一方的に批判することはできないのではないでしょうか。アフリカで女性が幼少期に受ける「女性器切除」（女子割礼/FGM）の慣習も，先進国や人権団体が中止を求めて運動を続けてきました。この習慣も私個人には受け入れ難いのですが，守るべき「伝統文化」だと主張する識者もいます。

こうした文化や宗教，歴史的な大きなギャップを，何とかして乗り越えられないのか。双方が少しずつ歩み寄り，お互いを少しでも理解しようと努力を始めることから，異なる文化や社会集団の間に「橋を架ける」取り組みが始まります。小さな努力の積み重ねが，民族や宗教，異なる価値観を持つ人々の対立を終わらせ，いつか地球上から戦争を無くしていくことにつながるのではないでしょうか。記者は，双方への取材を通して信頼を得て，情報や意見，主義主張を交換するための「触媒」の役割を果たすことで，人々の相互理解や紛争解決，平和構築に貢献することができる「仲介者」になれる，と私は考えています。

4）「正義の戦争」など決してない

異文化の中で反対意見や異論に耳を傾け，理解しようと努めながらも，それでも人間として，この世界の誰もが守るべきだと考えたい，普遍的な価値基準や倫理観があります。どんな状況下でも保持し続けていなければならないと，自分の心の中で信じている，絶対に大切な価値基準です。戦争や暴力の否定，基本的人権や子どもの教育の権利，言論や思想，報道の自由などは，現地で厳しい反発や圧力，脅迫を受けようとも，記者として決して譲れません。

記者が，戦争や暴力を肯定したり，戦争の当事者の一方に肩入れしたら，それは職業的に，また一人の人間として，魂を売り渡す行為です。過酷な戦場で，あまりに無慈悲，非道な暴力に接し，犠牲者の悲しみや怒りを聞き続けていると，特定の紛争当事者に対して抗議や怒りの感情が芽生えてしまう。そうした勢力を「悪だ」「絶対に許せない」と思い始め，目の前の人々が自衛のために暴力に走ったり，戦闘行為を始めるのを見て，「解放と自由を勝ち取るための正当な行為ではないか」とつい認めたくなってしまう誘惑にかられることがあります。

でも，暴力は報復と憎しみの連鎖を生み出します。アメリカが全世界で続けている「対テロ戦争」や，周辺国に次々と紛争の連鎖を引き起こすアフリカ諸国の「紛争ドミノ」，国連や「アフリカ連合」（AU）の平和維持活動（PKO）の失敗例を見ていると，記者はまず暴力の行使と戦争を絶対に拒否する立場に立たなければならない，との感を新たにします。

写真1　アフリカに広がる「対テロ戦争」：ケニア東部・モンバサの自爆テロ現場

国際テロ組織「アルカイダ」によるイスラエル旅客機への地対空ミサイル発射と，ユダヤ人が宿泊する観光ホテルへの自爆攻撃の同時テロの現場。犠牲者の大半はケニア人の地元住民だった。1998年のケニアとタンザニアの米大使館への同時爆破テロ以来，米国の軍・特殊部隊と共に，ケニアの政府軍・警察も共同で「対テロ作戦」を継続。2011年には「テロ組織の根絶」を掲げ，隣国ソマリアに侵攻した＝2002年11月，著者撮影©大崎敦司

　「正義と平和」「自由と民主主義」「腐敗した独裁政権の打倒」「テロ防止」…。どんな戦争や暴力の行使にも，必ず何らかの政治的主張，大義名分があることでしょう。それでも，当事者の一方だけが「正義」で，もう一方だけが「悪」である戦争など，ほとんどないのです。

　戦争や暴力に絡む政治的なプロパガンダの多くは，自己の武力の行使，「敵」の殺害や迫害，「容疑者」の違法な拘束や取り調べなどの人権侵害を肯定するための「作り話」「嘘」だと受けとめるくらいの距離感や冷静さを，記者は保つべきでしょう。戦争当事者への取材では，できるだけ公平，客観的な立場に立って，当事者双方の言い分，それぞれの主張の食い違いや対立点を報じ，社会的，歴史的，民族的，宗教的な背景もしっかり伝えなければなりません。何よりもまず，犠牲者や遺族，難民など「一番弱い立場の人たち」の訴えに耳を傾けることが，戦場や紛争地に入った記者が最初に為すべき仕事だと考えています。

　2001年9月11日，アメリカ・ニューヨークの世界貿易センタービル，ワシントンの米国防総省などへの「同時多発テロ」が起こりました。その後，アメリカはアフガニスタンとパキスタン，イエメンやソマリア，フィリピンやインドネシアなどで，多くの同盟国を巻き込んで「テロとの戦い」（不朽の自由作戦/OEF）を続けてきました。もちろん国際テロ組織「アルカイダ」や過激な武装勢力による無差別テロは，厳しく非難されるべきです。

　しかし，この世界的な「対テロ戦争」の10年間で，武装戦闘員だけでなく，アメリカの「9.11」テロの犠牲者を遙かに上回る，膨大な数の民間人が犠牲になっています。この武力行使と犠牲が，テロ組織にまた大義名分を与えています。アフガニスタンでは反政府武装勢力タリバーンによる自爆テロと，「治安の確保」を目指す米軍が中心の「国際治安支援部隊」（ISAF）による掃討作戦の応酬によって，2011年には過去最多の3,000人余りの民間人が死亡。そんな果てしない殺し合いが，今も延々と続いているのです。

　「テロ防止」を掲げるアメリカと同盟国が「正義」で，こうした外国の軍隊の進駐と，無人機・ミサイルなどのハイテク兵器を大量に投入する軍事作戦に自爆テロなどで抵抗を続ける武装勢力だけが「悪」である，などということはないのです。双方に，戦い続ける「理由」と

82　第2章　グローバルキャリアの事例

写真2　「世界最悪の人道危機」は誰が引き起こしたのか？：スーダン西部・ダルフール

チャド国境に近いダルフール地方の村・トントバイ。アラブ系武装民兵「ジャンジャウィード」による住民の虐殺と拉致が起きた直後，家々が焼かれ，無人の静寂が支配する村を巡回する，同地方のアフリカ系の反政府武装勢力「正義と平等運動」（JEM）の兵士たち。殺害・拉致された多数の子どもたちが襲撃直前まで使っていた教科書や，イスラームの聖典クルアーン，食器が数多く散乱していた。バシル大統領らスーダン政府指導者や民兵組織のリーダーが関与していたとして，国際刑事裁判所（ICC）はジェノサイド（大量虐殺）罪と人道に対する罪，戦争犯罪の容疑で同大統領らの逮捕・訴追を目指している＝2004年5月，著者撮影ⓒ大崎敦司

「正義」がある。双方が，ずっと終わらない戦争を続けているのだから，双方が共に大きな誤りを犯し，「平和を壊し続けている」のです。

　イラクでは2011年12月，アメリカがようやくイラク駐留の米軍を撤退させ，オバマ大統領がイラク戦争の「終戦」を宣言しました。しかし，9年近くも続いた戦争で，10万人を超える民間人と軍・治安関係者が犠牲になり，国土の破壊と混乱，人々の心に残した傷跡は，取り返しがつかない大きさです。

　アフリカ大陸も，この「対テロ戦争」（OEF）の戦場です。アメリカやフランスなどの軍・特殊部隊が，東西北アフリカの十数ヵ国でテロ組織や反政府勢力の掃討作戦，当事国の武力行使への軍事支援を続けています[4]。2006〜7年に私がソマリア入りを目指した時，米軍はアフリカ大陸での対テロ作戦を行う部隊（2008年に「米アフリカ軍」に改組）が作戦基地を置く隣国・ジブチからの地上攻撃機と，ソマリア沖に展開した航空母艦からの艦載機による空爆で，同国の反政府勢力の指導者を殺害。米軍の特殊部隊の支援を受けたエチオピア軍が首都モガディシオに侵攻しました。

　2011年，ソマリアと周辺の東アフリカ諸国では，1985年以来で最悪と言われる深刻な飢餓が起き，今も数百万人が継続的な援助を必要としています。旱魃とソマリアで続く内戦，「シャバブ」などイスラーム過激派の反政府勢力の存在が最大の要因ですが，アメリカの軍事介入や，その支援を受けるエチオピアとケニアの政府軍のソマリア侵攻が紛争を激化させ，事態をさらに悪化させていると指摘されているのです。

4）アフリカの紛争への日本や世界の「無関心」

　北アフリカの国・スーダンの西部のダルフール地方で，一時は「世界最悪の人道危機」と言

---

[4]「フォトエッセイ／アフリカ—紛争地域から」，アジ研ワールド・トレンド（日本貿易振興機構・アジア経済研究所発行）2011年2月号（No. 185）

われた，深刻な紛争と人権侵害が9年間も続いています。肌の色が薄いアラブ系の民族の「ジャンジャウィード」と呼ばれる武装民兵が，スーダン政府と軍の支援を受けて，肌が黒いアフリカ系の住民を迫害してきたのです。国連とAUによるPKOと，和平への努力が続く一方で，武装勢力による戦闘は今もまだ続き，20万人以上のダルフールからの難民が隣国チャドに逃れています。

　私が初めて取材に入ったのは2004年の春。当時，スーダン政府はジャーナリストや人道支援団体の立ち入りを禁じ，スーダン国内での出来事は世界にほとんど知られていませんでした。しかし，チャドに逃げ込んだ難民の証言から，数万人もの住民の組織的な殺害や拉致，レイプなどの残虐な行為の実態が明らかになり始めました。

　スーダン政府がジャーナリストビザを発給しないので，私はチャド領内にでき始めた難民キャンプの取材も兼ねて，チャド側からスーダンに入ろうと考えました。「正義と平等運動」（JEM）という反政府武装勢力の手引きで，スーダン領内に越境。襲撃が起きた直後のトントバイというダルフール地方の村に入りました。

　今，まさに住民の組織的な虐殺が進行しているという緊急事態では，現場に入って事実を伝えられるのは記者しかいません。正式な入国許可を得ての取材が難しいケースでは，時にこうした「裏技」「荒技」を使う必要も出てきます。

　多数の住民が殺され，拉致された直後の，焼け野原のような村の虐殺現場を取材しました。その後，国境地帯の難民キャンプを訪れました。何十万人という，あまりに多数の難民の急激な流入に，国連の難民高等弁務官事務所（UNHCR）の支援活動が間に合わず，食糧はもちろん，水もテントもないまま，飢え疲れた人々が毎日死んでいく様子を目撃しました。

　女性たちは，不定期に来る給水車から水を貰おうと，来る日も来る日も，夜明け前から日没まで，日中は40度を越える砂漠の灼熱地獄の中で，ただひたすら待ち続けている。帰りを待つ家族は，強烈な日差しと砂嵐を避けるために，枯れ枝を集めて作った粗末な「囲い」の中で，誰の助けも得られずに，次々と死亡していました。この時もまた，悔し涙を流しながら「何もできない」無力感に打ちのめされたのでした。

　この時は折悪く，小泉首相（当時）の二度目の北朝鮮訪問と日朝首脳会談の直前で，拉致被害者の帰国に向けた動きと，イラク駐留米軍によるイラク人虐待事件が注目を集めた時期でした。新聞の1〜3面の国際ニュースや国際面の多くを，北朝鮮とイラク絡みのニュースが占めていました。ダルフールの虐殺現場のルポルタージュ記事[5]の原稿を書き上げ，炎天下の砂漠から何時間もかけて衛星電話で東京に送信しました。その時の外報部の担当デスクの冷たい反応から，日本のマスメディアや国民の関心が，北朝鮮と日本の政府の対応と拉致問題にすっかり奪われてしまっていることに気づきました。

　こうした日本，ひどい時には全世界のアフリカへの「無関心」は，2001年の米同時多発テロとアフガニスタン戦争，2003年にイラク戦争が始まった前後，2004年末に22万人の死者・行方不明者を出したスマトラ沖地震とインド洋大津波，2011年の東日本大震災の後などにも経験してきました。

　イラク戦争の時には，開戦のかなり前からフセイン政権崩壊のかなり後まで，日本や米欧のマスメディアは，イラク報道一色になりました。私も含め，アフリカ各地にいた日本や米欧のマスメディアの記者の多くが，イラク戦争の取材に動員されてしまい，アフリカには現地ス

---

[5]「3千人の村，廃墟に／女性ら殺害・拉致／民兵襲撃のスーダン西部」朝日新聞，2004年5月17日・国際面，「世界最悪の人道危機／内戦続くスーダン西部／国連調査団報告」朝日新聞，同年5月10日・3面

写真3　「平和」はいったい，どこに？：イラク中部・ファルージャ

米英軍のイラク進攻から約1年。反米武装勢力による激しい武力抵抗と，米軍の大規模な掃討作戦により，住民にも多数の死傷者が続出し，「イラク一危険」になってしまった「スンニ派三角地帯」の中心の街。治安確保のために武装して自衛と警備を始めた，旧フセイン政権の元兵士やスンニ派住民の男たち＝2004年2月，著者撮影Ⓒ大崎敦司

タッフを除き，記者がほとんどいない時期がありました。日本や米欧の新聞やテレビの国際報道枠は大半がイラク関連で占められ，アフリカの報道はほとんど皆無という異常な時期さえあったのです。ナイロビの国連機関の職員は「いくら報道資料を配付しても，記者会見を開いても，イラクよりはるかに犠牲者が多いアフリカの人道危機は全然報道されない」と嘆いていました。

「ニュースバリュー」という業界用語があります。数十頁しかない新聞・雑誌や，数十分間しかないテレビニュース番組の枠内で，優先順位の高い内容を選んで報道するための判断基準です。日本国内での大事件や世界的な動きが起こると，同じ時期に，アフリカなど遠い別の場所で起きている，別の深刻な問題は脇に追いやられてしまうのです[6]。

米欧のマスメディアの報道に比べて，日本のメディア報道は，国内ニュースの報道が占める割合が多い。国際ニュースの通常のエリア別の優先順位は，まず日本の経済や安全保障に関わりが深く，日本人や日系企業が多く進出しているアメリカや中国，韓国などのニュースが第一です。次に，他のアジア諸国やEU諸国の報道。ロシアや中東諸国などがこれに続き，アフリカや中南米，オセアニアなどのニュースは，なかなか目にしません。アフリカ特派員として勤務した2年間で，送ったのに掲載されずに「ボツ」にされて消えたアフリカ諸国のニュース原稿は200本以上に上ります。

5）戦争報道の現場で遭遇する危険

新聞社のアフリカ特派員（ナイロビ支局長）として赴任する時，外報部の先輩に言われました。「戦場で死ぬ記者は，ただのバカだ。戦場から原稿を送れない記者は，ただの難民だ」。毎年，世界各地の紛争地で命を落としている記者たちを批判する言葉ではなく，「伝えるために戦場に行くのだから，死んだり，怪我をして人々に迷惑をかけ，取材で得た情報を伝えられなくなってしまう状況をつくってはいけない。必ずミッションを完遂して原稿や写真を送り，五

[6]「忘れるまじ，『苦渋の大陸』／サルガドが突きつけるアフリカの現実」AERA・2002年9月9日号

写真4 国際社会が抑え込めぬアフリカの紛争：コンゴ東部・ブカブ

様々な武装勢力同士の戦闘と住民の虐殺が相次ぐなか，南キブ州の州都ブカブの郊外で村人たちの保護にあたる，国連の平和維持活動（PKO）「コンゴ派遣団」（MONUC）の兵士たち。1996年に始まったコンゴ内戦には，ルワンダなど多数の周辺国が軍事介入。2011年までの紛争犠牲者は推定4〜500万人。国連は史上最大規模のPKOを派遣したが，今も東部で紛争が続き，推定で毎年数万人規模の女性らへの強姦や殺害など深刻な人権侵害を抑え込めずにいる＝2004年8月，著者撮影©大崎敦司

体満足で帰還せよ」という厳命です。

「戦争や紛争の現場に入るか，入らないか」という時，私は「現場で苦しむ人々の肉声を，私のほかに伝える人がいないか，もしくは，とても少ないか」を判断基準にしています。

取材中に危険に遭遇した例として，2003年11月，バグダッドでのイラク戦争取材があります。朝日新聞バグダッド支局があったホテルとイラク暫定統治機構（後の政府の前身）の石油省が，反米武装勢力の手でロケット砲で攻撃されました。「外国人記者はイラクから出て行け」と書かれた脅迫状が残されていた。このテロ攻撃の時には，軽度の「心的外傷後ストレス症候群」（PTSD）で，手が震えて眠れない体験を数日間しました[7]。

2004年2月に，4度目のバグダッド入りをした時，治安はさらに悪化していました。その直前には新聞社が日本人記者を一時全員退去させていたので，私はいざという時のために，赴任先のケニアのナイロビで遺書を書き残して出発。ヨルダンからイラクへ国境を越える時，日本にいた娘や親友に国際電話をかけました。バグダッドに着いた日，懇意のバグダッド支局のイラク人助手は，支局への通勤途中，運転する車のそばで自爆テロに遭遇しました。自爆テロや銃砲撃は毎日のように頻発し，外国人の拉致や殺害も始まり，ホテルから出られなくなりました。

約3週間のイラク勤務を終え，陸路ヨルダンに戻る途中，反米武装勢力の活動が特に活発なファルージャの近くで，私が乗っていた四輪駆動車が武装勢力の車の追跡を受けました。この時，元イラク軍兵士のボディガードが自動小銃に実弾を装填し，窓から身を乗り出して追跡車に照準を合わせ，射撃を始める寸前まで行きました。私のボディガードは2人いて，本社の判断でイラク入りの時から雇い，私の車と，伴走するもう1台に分乗させていたのでした。その3ヵ月前には，車で移動中の日本人外交官2人が，車で追ってきた武装勢力に銃を乱射

---

[7]「バグダッド攻撃時，記者もホテルに／爆発音，腹の底まで／米TV局スタッフ『メディアも標的か』」など2003年11月22日・1面・3面（時時刻刻）・国際面の一連の記事，「特派員メモ『震え止まらぬ手』」同年12月5日・国際面，「イラクで『一番危険な町』ファルージャ／力の米に抵抗やまず」同年6月14日・国際面など，朝日新聞のイラク発の署名記事多数。

されて犠牲になったばかりでした。イラク戦争におけるアメリカの同盟国の関係者を狙って射殺するテロが頻発していたので,「もしも拉致,あるいは殺害されていたら」と思うと,ぞっとしました。

　2001年にアフリカ中部のコンゴ民主共和国を訪れた時には,周辺10ヵ国を巻き込む「第一次アフリカ世界大戦」と呼ばれる国際紛争の真っ最中でした。国連は200～300万人もの紛争犠牲者が出ていると発表していた。首都キンシャサに滞在中,ローラン・カビラ大統領が暗殺されました[8]。大統領公邸付近を取材中,秘密警察に身柄を拘束されて警察署で取り調べを受けました。数十人の兵士の部隊も呼ばれ,銃をつきつけられ,軍の施設に移送されて,危うく銃殺されかけました。この時も現地の通訳の努力と私自身の機転で,何とか危機を脱しました。治安が悪いナイロビでは窃盗団に襲撃されて屈強な男たちに首を絞められたり,南スーダンではアメーバ赤痢に感染して昏倒し,病院に運び込まれたりもしました。

　取材の「七つ道具」も,よく聞かれます。アフリカ特派員時代,紛争地では常時,防弾チョッキとヘルメットを持ち歩いていました。防弾チョッキには分厚い鋼鉄板が入っており,「拳銃の銃弾なら大丈夫。ライフル銃で撃たれても,距離や角度次第では貫通しないので致命傷にはならない」と聞きました。でも前任者は引き継ぎで「着ると重過ぎて,走って逃げられなくなる」と語った代物でした。最後に自分の身を守る最強の道具は「お金」かもしれません。内戦下のリベリアに入った時は,虐殺が始まれば軽飛行機をチャーターして脱出しようと,米100ドル札を数百枚も腹のマネーベルトに巻いて行きました。

　通常の取材の装備は,ペンとノートと録音機材,携帯電話,取材に入る国のSIMカード[9],業務用のハイビジョン・ビデオカメラ・レコーダー(ソニーHVR-A1Jやパナソニック AJ-HDX900など)と録画用ビデオテープ,デジタル一眼レフ(ニコンD300Sなど)。ラップトップPCはパナソニックの「タフブック」(落としても,上に人が乗っても壊れない,防塵・防滴性能を備えた業務用PC)と民生用の「レッツノート」。大型バッテリー,どんな国のコンセントからも電源が取れる差し込みプラグなどです。

6) 記者に必要な資質と訓練

　報道への情熱,ジャーナリズムの可能性を信じる純粋さ,紛争地や途上国で苦しむ人々を助けたいと思う「ヒューマンな感受性」がほしい。何よりも,取材と報道の仕事が好きでたまらないこと。苦しんでいる人々のために何らかの役に立てるなら,喜んで現場に向かうフットワークの軽さ,そして好奇心も大切です。

　私は,フリーの記者でも援助団体の仕事でも,「ボランティアワークは最良・最強である」との持論を持っています。組織の命令や利益,報酬がなくても,苦しんでいる人々を見れば,犠牲を払ってでも「助けに行きたい」と思う。普段から途上国の貧困問題や紛争国での暴力,人権侵害に関心を持って,ニュースをウォッチしている。そして,いざ「こと」が起きれば,自らの意思と判断で「行こう」と考える。そんな「無償の精神」が,私は好きです。

　現代は「万人ジャーナリスト時代」と言えるかもしれません。特別な訓練を受けていない人でも,携帯やポケットデジカメで高画質のハイビジョン動画を撮影できます。ネットインフラや通信速度の改善,ソーシャルメディアの劇的な進歩で,すぐにブログやツイッターで情報を発信し,映像をアップし,Ustreamなどで現場から一人で「生中継」までできる。でも,そん

---

[8]「コンゴ大統領死亡か／首都で兵士が銃撃」朝日新聞,2001年1月17日・夕刊・2面
[9] 国ごとに違う携帯電話番号を特定するための固有のID番号が記録されたICカード

な時代だからこそ，目の前の事実をしっかり取材して，正確な情報を文章や映像にまとめる「基本動作」と，そのための訓練が今ほど必要な時はありません。

自分一人で現場を歩き，複数の関係者から証言を集め，誤りがないようにメモを取り，録音・録画をする。そして，公的機関などの信頼できる複数の情報源からも情報を取ってクロスチェックしながら，手持ちの情報の確度，精度を高めていく。不確かな情報はそぎ落とし，確実な情報だけを選りすぐって1本の原稿や映像素材にまとめる。こうした記者の「基本動作」は，報道の仕事を始めたばかりの初心者には，小さな交通事故を伝える7〜8行の「ベタ記事」を書くだけでも，大変な苦労と手間，時間を要します。一人だけでインタビューから映像撮影，原稿執筆，映像の編集，伝送や発信までを短時間で正確に行うことは，とても難しいのです。

取材や原稿の執筆，映像の撮影・編集などの仕事を短時間で行える，記者としての「基礎体力」を短期間で磨いてくれるのが，新聞社や通信社，テレビ局などの報道部門だと思います。毎日，現場で取材の仕方を教え，下手な原稿や映像は指摘して直してくれる経験豊かな先輩記者やデスク，困難な取材現場入りやロジスティクスなどを助けてくれる支援スタッフがいます。私も毎日，厳しい報道の現場で大事件や大災害，経済や政治，科学・環境問題など，だんだん複雑になる取材の「実戦訓練」を繰り返しました。そして，たくさんの先輩から指導を受けて「書く技術」「撮る技術」「伝える技術」を磨いていきました。地方の支局や本社の科学部，社会部で経験を積み重ね，ようやく外報部に異動して「9・11」米同時多発テロの取材にあたったのは，入社から11年余り後のことでした。

海外取材，特に戦争・紛争の取材には，語学力に加え，国内の現場取材で培われた経験を活かして，冷静な状況判断と，自身と同僚，助手たちの安全を確保しながら短時間で準備を完了できる能力。現地への移動，取材と執筆，映像の撮影・送信までをスピーディーに終え，必要なら長期間現地にとどまり続けられる。そして緊張から来るストレスをうまく和らげながら，現地の人々と信頼関係を築いて，仕事を続けられる「経験値」の高さと総合力が求められます。

私は新聞社で40代を迎え，地方の支局長，総局の若い記者たちの原稿を直して紙面を編集するデスクとしての仕事が始まりました。現場に出て取材ができなくなっていく管理職よりも，アフリカや「戦争と平和」というライフワークの取材に，そろそろじっくりと腰を落ち着けて取り組みたい。そう考え，数年間の検討と準備の末，社を早期選択定年退職させてもらいました。自分が追い求めたいテーマを数ヵ月，数年間という長いスパンで取材し，長文の記事や著作，映像作品にまとめていく仕事に取り組めることが，フリーの記者の特権です。

今，最重点の取材テーマは，東日本大震災と東京電力・福島第一原発事故，北アフリカや中東諸国の民主化運動「アラブの春」。それと並んで，アジア太平洋戦争を経験した日本や中国，アメリカなどの元軍関係者や市民，原爆被爆者や大都市空襲の被害者などの「心の中の戦争」「記憶の中の戦争」を追う仕事です。目に見えず，映像も撮れませんが，「戦争」は今も日本や中国，アメリカやロシアなどの多くの人々の心の奥深くに存在し，燃え続けています。

2011年は，満州事変から80年，太平洋戦争の開戦から70年という節目でした。教科書で学ぶ「歴史」，単なる「過去」ではありません。中国や韓国，ロシアとの尖閣諸島や竹島，北方領土などの領有を巡る紛争，戦争による被害の補償を求める各国の被害者たちの法廷での戦い，それぞれの国民の「歴史認識」や教育に基づく敵対的な感情，沖縄のアメリカ軍基地の問題など，国際政治や安全保障とも絡む現在進行形の生々しい「現実」なのです。日本が近隣のアジア・太平洋諸国やロシア・米欧などの国々と，どのように平和な国際関係を築いていくのか。愚かな戦争や核兵器使用の誤りを繰り返さないためにも，かつて「敵国」同士として血を

流し合った人々の肉声や大切なメッセージを汲み取って，私達の世代が子や孫に伝えて行かなければなりません。戦争体験者の相次ぐ死去や高齢化により，戦争の記憶も急速に失われつつあるなかで，取材に残されている時間は，もうあまりありません。

【略歴】
記者（ジャーナリスト），映像でアフリカを伝える NGO「SAMAFA」(Sangenjaya Magnum for Africa) 主宰，元朝日新聞記者（アフリカ・中東特派員），朝日新聞社友。慶應義塾大学法学部に在学中，アフリカ国際政治研究を主導した小田英郎教授（現名誉教授）からアフリカの政治・紛争を学び，人種隔離政策（アパルトヘイト）下の南アフリカや独立時のナミビアを取材旅行。1990 年，朝日新聞社入社。科学部，社会部，外報部，ナイロビ支局（ケニア），バグダッド支局（イラク）などで勤務，米同時多発テロやイラク戦争，パレスチナ・イスラエル紛争などを取材。22 年間でアフリカ 33 カ国を訪問。2001 年，アフリカを追うフリーの写真家やジャーナリストたちと社外活動で NGO「SAMAFA」結成。2008 年，フリーに。2009 年，国際協力機構（JICA）の派遣で国連の国際労働機関（ILO）とタンザニア政府のために貧困からの脱却と住民参加型のインフラ開発の必要性を訴える同国内のテレビ放映用番組「ROAD FOR THE PEOPLE」制作。2010 ～11 年，津田塾大学講師（平和学／紛争研究）。ライフワークはアフリカの紛争と政治・開発問題，アジア太平洋戦争史，核（原子力）・エネルギー・地球環境問題，科学技術。

2-2-4

青年海外協力隊

結城史隆

分野概要

1) 青年海外協力隊の魅力

　国際機関に就職したり，途上国での開発に関わったり，国際協力の分野で活躍するのは容易なことではない。一般に，大学院修士の資格と知識，高度な語学力，そして，海外の現場での経験が求められるからである。これらを独力で習得するとなると，膨大な費用と時間がかかる。
　青年海外協力隊への参加は，これらの資格や能力・経験を得るために極めてよい機会を与えてくれる。すなわち，青年海外協力隊は「キャリア」ではなく，国際的な活動をするための「キャリアパス」（通過点）の一つであると考えたほうがよい。
　協力隊員として海外の現場での貴重な体験をいかして，帰国後にJPO[1]を経て国際機関に就職したり，国際協力機構（JICA）のジュニア専門家から専門家を目指したり，開発コンサルタントで開発現場に関わったり，大学院に進学して研究の道に進んだりと，国際協力分野に進む人は少なくない。
　一方，日本国内においても，地方議員となって政策に関わったり，公務員や教員，ボランティア団体の職員などになって地域に貢献したり，一般の企業に勤めながら国際交流に関与したり，隊員経験者の多くが様々な分野で活躍している。
　青年海外協力隊の魅力の一つは，独立行政法人であるJICAのボランティア派遣事業として実施されていることである。すなわち，日本政府のODA（政府開発援助）の一環として行われているのであり，ボランティア一人ひとりの支援に関しては，一般の民間のNGO団体よりは信頼性が高いと言われている。
　隊員の安全面や健康面に関しては，現地のJICA事務所が常に配慮している。治安の悪い危険地帯に派遣することはなく，紛争や政治的混乱がおきたときには，ただちに安全な場所に移動させられる。日本における訓練期間中や現地への派遣期間中も健康診断が行われ，健康に支障が出た場合は，派遣中止や帰国させられることもある。
　隊員はボランティアであるので給料は支払われないが，往復の渡航費はすべてJICAが負担し，さらに現地での最低限の生活を保障するための費用が支払われる[2]。さらに，活動を円滑に行うために現地支援費を請求できる場合がある。また，派遣中に日本国内でかかる経費と帰国後の社会復帰に必要な生活費として国内手当が支給される[3]。
　派遣前には長野県の駒ヶ根市と福島県の二本松市にある訓練所で，語学を中心とした研修を2ヵ月以上受けることになる。一般に，東アフリカ地域や大洋州への派遣の隊員は英語，西ア

---

1) ジュニア・プロフェッショナル・オフィサー。試験に合格すると，外務省から原則2年間，国際機関に正規職員の知識・経験をつむために派遣される。JPOが終了すると自動的に正規職員になれるわけではないが，正規職員になった人は少なくない。
2) 派遣国の物価や為替レートで生活費の金額は異なってくる。2011年現在で1ヵ月280ドル〜600ドルが支給される。
3) 退職して参加した雇用保険受給の無職者，あるいは，無給の現職参加者の場合，派遣中は1ヵ月に本邦支出対応手当が55,000円，帰国初動生活手当が10,000円支給される。派遣中に本邦支出を引き下ろさなければ，2年間で156万円ほど積立てられることになる。

フリカ方面派遣の隊員はフランス語，中南米派遣の隊員はスペイン語，アジア派遣の隊員はそれぞれ各国の国語を学ぶことになる。民間の外国語スクールで学べば膨大な費用がかかるような朝から夕方までの濃密な授業が，JICAの負担において無料で受けられることになる。さらに，職種によっては技術や知識を向上させるために，事前補完研修がつくことがある。

このように，支援体制は他の団体と比較するとはるかに整っているので，知識や能力があり，意欲や適応能力のある若者は，思う存分に活動できる下地はつくられている。また，一般の開発プロジェクトでは綿密な計画が立てられ，実施後はその成果が評価されるが，青年海外協力隊の活動の場合は，それほど厳密ではない。すなわち，現地の状況を調査し把握すれば，あとは自分のやりたい活動を，創意工夫をもって企画し実践する余地が残っている。それが，青年海外協力隊の最大の魅力であるとも言える。

JICAのホームページの青年海外協力隊に対するキャッチフレーズは，「世界も，自分も，変えるシゴト」である。若い時代に異なる文化的環境のもとで，不便な生活を強いられながらも活動していくことは，当人の人生に大きな影響を与える。悩んだり，苦しんだりするなかに，楽しみややりがいを見つけだしていく魅力は忘れられないものとなるであろう。

2）青年海外協力隊の成立と目的

青年海外協力隊は1965年の4月，日本政府の事業として，局長以下7名のスタッフで発足した。

その目的として，「技術」を身につけ心身とも健全な日本の青年を開発途上国に派遣することによって，①相手国の社会的・経済的開発に協力すること，②相手国との親善と相互理解を深める，③日本青年の広い国際的視野の涵養，をあげている[4]。

もう一つの大きな特徴は，「草の根」を志向すること，民衆の視点を重要視することである。現地の言葉を覚え，現地の人と同じものを食べ，現地の人と意見を交換し，現地の人といっしょに汗をかいて，現地の生活改善や地域開発に寄与することが理想とされている。

その後，青年海外協力隊の目的の中心は「技術協力」なのか，「青年育成」なのか，「親善理解」なのかに関しては，様々な議論が行われてきた。1974年に国際協力事業団が設立される際に，青年海外協力隊はそのボランティア部門に統合された。そのときには，海外協力を志望する「ボランティア」の気概を重要視するとともに，途上地域の経済・社会の発展に協力することが目的の中心となった。その後，2003年に独立行政法人国際協力機構が発足し，途上国の発展だけでなく復興も活動対象とされた。

現在では，直接の目標は「開発途上国の発展に貢献すること」としながらも，①開発途上国の経済・社会の発展，復興への寄与，②友好親善・相互理解の深化，③ボランティア経験の社会還元，の3点を目的として掲げている[5]。

3）青年海外協力隊の合格を目指す

青年海外協力隊の活動には，現地からの要望にしたがって職種というものがある。現在，農村水産部門，加工部門，保守操作部門，土木建築部門，保健衛生部門，教育文化部門，スポー

---

[4] 第2代事務局長伴正一氏は，協力隊5カ条として「①ともに住んで異民族の心を知る。②その住む国を鏡に日本の姿を見る。③こうして，実践裡に，大いなるもの，国と世界に開眼する。④そのときも，そのあとも，おおらかな夢に生き ⑤静かなる人間革命に先駆ける。」を挙げている。

[5] 2011年7月末現在，派遣隊員累積36,341人（男性20,097人，女性16,244人），派遣中隊員2,619人（男性1,114人，女性1,505人）。累積隊員数は男性のほうが多いが，現在は女性の参加が圧倒的に多くなっている。

[6] 募集時に実際に載るのは100前後の職種である。

ツ部門の7つの部門の下に200近い職種が登録されている[6]。参加希望者は，その中から自分の技術・知識・体験から活動可能な職種を選択して応募する。

　青年海外協力隊に実際に参加するためには，試験に合格しなければならない。一次選考には応募者調書，応募用紙，職種別試験解答用紙，語学力申告台紙，健康診断書を提出する。応募用紙には，参加希望する動機や抱負，ボランティアに対する考え，職種を選んだ理由やこれまでの技術適合性，自分の弱点や長所，将来の展望などを書き込む欄がある。これらに丁寧に書き込むことが第一歩である。

　また，応募者調書には自分の選択した職種の中で，希望する案件を3つまで書くことができる。この希望案件と自分の技術や知識・体験との間に，整合性がとれることが重要である。

　職種別試験はそれぞれの職種によって内容や形式が大きく異なる。質問に対して適切明瞭に回答しなければならないことは言うまでもないが，過去の問題が公開されているので，それらを参考にすることもできる。

　「海外に行きたい」「旅行が好きだ」「バックパックで何ヵ国訪問した」などと書く応募者もいるようだが，それらはあまり高く評価されないと思われる。また，「現地で大いに勉強したい」「自分の成長を期待している」ということをメインに書くことも避けたほうがよい。青年海外協力隊の目的は「旅行」でも「留学」でもない。ボランティアとして，何か現地の地域や人々のためになることをやることが，第一の目的であることを忘れてはならない。「自分の成長」は活動の結果であって，目的としてはいけない。

　そのためにも慎重に職種を選択し，数ある要請の中から，自分に活動できる可能性があり，さらに，やりがいのありそうな案件を希望することが大切となる。青年海外協力隊員には，やる気や情熱も必要であるが，やはり，なにかをできる能力や技能が求められているからである。

　せっかく優れた能力や技術をもちながら，健康条件で不合格になる人が少なくない。日本とは異なり，医療事情が劣悪な地域に派遣されることが多いので，健康体であることは，最も重要な要件の一つとなっている。健康診断の項目は細部にわたっており，日本においてはなんら支障のない症状や数値でも問題視されることがある。将来，青年海外協力隊を志望する人は，常に自分の健康状態を留意するくらいの気持ちが求められる。

　二次選考には，協力隊事務局による人物面接と専門委員による技術面接がある。いずれも10分から15分程度であるが，前者では青年海外協力隊員として派遣することが適切かどうかが判断され，後者では原則として技術面の確認や実践的技量が問われる。

　青年海外協力隊は単に技術を教えるだけでなく，海外の異文化の中で，様々な人々と関って活動していかなければならない。そのために，コミュニケーション能力や的確に話す力，前向きで積極的な姿勢なども極めて重要である。面接ではそれらのことも見られていると考えたほうがよい。したがって，面接官からの質問に即して，自分の長所や能力，希望などを明確に簡潔に述べることが重要となる。

　最近，TOEICを使った英語能力の試験が導入された。海外に行くからには，最低限の外国語能力や習得しようという姿勢が求められているのである。合格最低点は極めて低いので，英語の不得意な人でも，試験の前にTOEIC対策の本やCDで勉強しておけば，必ず合格点に達するので，準備を怠らないようにしてほしい。

　最後に，青年海外協力隊の実際の活動を知り，そのイメージをつかむためには，JICAから毎月刊行されている『クロスロード』を定期購読することをお薦めする。この雑誌には隊員たちの創意工夫や活動の取り組み，苦労話や失敗談，さらには途上国における協力のありかたまで，様々な話題が満載されている。これらを読むと，自分も彼らの仲間となって，異文化の中

で現地の人々といっしょに，現地のために何かをやりたくなるに違いない。

シミュレーション

青年海外協力隊を希望する人に対するワークショップは，以下の観点から企画されるとよい。（具体的な手法事例は，福田わかな「村落開発普及員：途上国コミュニティで働く」を参照）

1) エティックな分析よりもエミックな解釈の重要性を理解する

「エティック」は外部の者が観察し分析した視点を指し，「エミック」は内部の人々の外界に対する解釈を意味する。青年海外協力隊員は異文化の中で活動するので，エティックな見方だけでなく，エミックな解釈が非常に重要となってくる。

例えば，マラリア対策の隊員としてバヌアツに派遣され，現在は国立民族学博物館教授の白川千尋氏は，隊員時代に蚊帳の普及という要請を受けた。しかしながら，現地にマラリア原虫罹患者がたくさんいるのに，「マラリア」という現地語や概念がなかったことに驚いたという。住民たちは「病」というものを，病原菌や原虫によっておこされると考えるのではなく，症状として認識していたからである。このような住民の意識を理解しないで，蚊帳の普及活動を行うことはできない。

ワークショップでは，住民の文化的認識を知るためにロールプレーなどを取りいれて，文化を相対的に見る力をつけることが重要である。

2)「開発原理主義」的な言説を疑う

「人権」「貧困」「ジェンダー」「教育」「識字」などの概念や理念は，途上国の住民からでてきたものではなく，先進国，特に西欧の研究者・開発エリートたちが発想したものである。これらの概念は，ある状況を解釈するには非常に役立つが，人類共通の普遍的な価値観ではない。

現場に強い青年海外協力隊になるためには，一度，このような開発言説を疑うようなワークショップを行うとよい。

例えば，識字教育の重要性を気づかせるために，「字を知らないと商人にだまされる」「字を知らないと農薬を間違って飲む」などという単純化されたフレーズが使われることがある。しかし，このような設定は非現実的であることを理解させるとともに，文字を知っていると思っている日本人も南アジアの国々やアラブ諸国の田舎へ行けばすぐに非識字者になることに気付かせる。シンハラ文字やアラビア文字は読めないからである。そのうえで，「字を知ること」が，人間のアイデンティティや尊厳など本質に関わる重要な問題であることがわかるようなワークショップを行う。

3)「フィールド調査」や「参加型開発」の手法を学ぶ

派遣された青年海外協力隊員にとって最も不本意なことは，アイデアが浮かばず何をやっていいかわからなくなってしまうことである。自分の居場所が見つからずに，何もできずにいたり，任期を短縮して帰国する人もいる。これらの人に共通しているのは，現地の状況を把握する調査のやりかたや，職場や住民たちの意識やシステムを理解するコミュニケーションの方法に疎いことである。

特に，村落開発普及員，青少年活動，環境教育，感染症対策，エイズ対策などのいわゆる「村落型職種」の場合は，フィールドワークやワークショップの企画や実践，参加型開発の手法をマスターしておくことは重要である。

フィールド調査法やPRA（Participatory Rural Appraisal：参加型農村調査法）に関しては，多くの参考書がでているので，それらを参考にワークショップを組みたれるとよい（詳しくは，福田わかな「村落開発普及員：途上国コミュニティで働く」を参照）。

4）異文化理解，異文化コミュニケーションの実践を理解する

海外で活動すると，様々なコミュニケーション・ギャップや認識の食い違いに出会い，「カルチャーショック」に陥ることが少なくない。派遣前は「相手の文化を理解して」「相手の気持ちを大切にして」とみんな言うが，実際に現地に行くと，ここの人たちは「時間を守らない」「約束を守らない」「まじめに仕事をしない」などの不平不満を述べる人が後を絶たない。

これらのギャップを埋めるために，時間感覚は近代的な直線的なものだけではないことを理解し，「なぜ，時間を守らないのか」「その文化的背景は何か」を考えるためワークショップを行う。あるいは，直接的に相手に内容を伝える「低コンテクスト社会」と，状況を伝えることで察してもらう「高コンテクスト社会」のコミュニケーション方法の差異について学ぶ。

5）日本の農村の近代化や農村開発について知る

途上国の生活改善や所得向上を考えるとき，日本の戦後の農村近代化の過程は大いに参考になる。

戦後の農業改良普及事業の視点は，「対象を農作物や家畜でなく農民にあて彼らの主体性を重視する」「農家の生活改善を組み込む」「女性の意識向上や若者の育成を重要視する」など，現在の参加型開発手法の先鞭をなすものであった。

また，生活改良普及員（「生改さん」）は，台所と食生活の改善，家計簿の記帳，節約の奨励，裁縫の普及，農産物加工品の開発，女性の組織化，生活相談など，生活改善のために多くの活動を展開してきた。「生改さん」の創意工夫は，途上国の生活改善に大いに応用できるものとして，最近，脚光を浴びている。

以上は「強い」青年海外協力隊員になるために，学ぶべきことやワークシップで取り上げるべき重要なことをとりあげた。もちろん，これだけがすべてではないが，「国際キャリア合宿セミナー」や青年海外協力隊の事前研修で実際に実施され，有効性が認められたものである。

もちろん，青年海外協力隊希望者だけでなく，NGOや国際機関，ビジネス世界などの分野を希望する人でも，海外の現場で活動するためには体験しておいてもらいたいワークシップである。

議論

青年海外協力隊に派遣中「何もしないで遊んでいた」というようなメッセージがネットやジャーナリズムでとりあげられ，隊員の不道徳性が指弾されることがある。しかし，それはほんの一部の隊員である。多くの隊員は時には挫折感や苦労を味わいながらも，まじめに精いっぱい努力し，充実感を抱いて帰国してくる。

また，青年海外協力隊に行くと「帰国後，仕事が見つからない」というイメージが流布されることもある。しかし，これもトータルに見れば誤解である。もちろん，長期の無業者やフリーターになる人もいると思われるが，大多数の人は協力隊員の経験を社会の中で還元している。

2009年4月から2010年3月末までに帰国した1,447名の協力隊員に進路調査アンケートが行われた。回答された1,188名のうち，770名64.8%が再就職をしていた。

現職参加で職場に復帰したものは16.0%，留学や大学院に進学したもの14.1%，家事手伝いや結婚して主婦になったもの5.1%，未定は0%という結果となった。

就職した770名のうち民間企業が34.9%，公益法人が21.8%，地方公務員教育職が12.7%，地方公務員一般職が9.9%，JICA関係が8.6%，NPO・NGO関係が3.6%，自営が2.7%，国家公務員が0.9%，その他4.9%となっている[7]。

一般企業に就職した人だけでなく，外国語能力をいかした仕事に就いたり，地方議員・教員・公務員になったり，有機農業をはじめたり，青年海外協力隊OBが様々な分野で活躍していることを明記しておきたい。

【略歴】
専攻は文化人類学。タイ・フィリピン・マレーシア・タンザニア・ネパールなどでフィールド調査を行う。テーマは社会変容。援助のコミュニティへの影響を考えるなかで，青年海外協力隊に興味を持つ。八千代国際大学助教授・教授，秀明大学教授をへて，白鴎大学教授。青年海外協力隊技術顧問。東京大学大学院博士課程中退。

[7) 2009年4月−2010年3月帰国者進路（回答1,188名）

就職	770人	64.8%
現職復帰	190人	16.0%
進学	167人	14.1%
家事・結婚	61人	5.1%
未定	0	0.0%

就職内訳	
民間	34.9%
公益法人	21.8%
教育職	12.7%
地方公務員	9.9%
JICA関連	8.6%
NPO・NGO	3.6%
自営	2.7%
国家公務員	0.9%
その他	4.9%

2-2-5

村落開発普及員：途上国コミュニティで働く

福田わかな

分野概要

1）青年海外協力隊の村落開発普及員という仕事

　村落開発普及員は，途上国において主に貧困層の人々の生活改善を支援する。隊員は現地の組織，例えば自治体（村役場，市役所，県庁など）や組合，NGOなどの団体に配属され，2年間の任期中，配属先職員や現地の人々と協力しながら活動する。活動形態には，集落に住み込んでそこで活動する「滞在型」といくつかの集落を循環して活動する「循環型」などがある。

　仕事内容は生活改善に関わる多岐の分野にわたる。例えば，健康に関わる活動では，公衆衛生，保健，栄養，環境（ゴミ処理問題や森林伐採など）への取り組みがある。現地の保健師や栄養士などと協力して，衛生や栄養改善のためにセミナーを企画し，啓発活動するなどがその例である。収入向上を目指す活動では，換金作物の生産，野菜・果物などの加工・販売，手工芸品の品質改善や商品開発などへの支援がある。また，こうした活動を活発化するために，新しいグループを組織したり，既存のグループ活動を活性化することもある。例えば，集落で女性グループを組織し，ジャム加工の技術を習得してもらい，地域の果物に付加価値をつけて販売する。また，専門家の技術研修を受けてもらい，その土地の手工芸品の品質改善や商品開発を行い，新しい市場を開拓する。

　村落開発普及員は人々のニーズを発掘し，現地の人々と協力して活動を生み出していく。そこでは，ファシリテーション力，コーディネーション力，企画力が必要になる。村落開発普及員は，配属された組織，活動対象地域の状況，対象者などにより，求められることが異なる。現地のニーズに合わせて臨機応変に活動を展開するためには，技能や知識の引き出しが多い方がよい。知識や経験がない事柄については，人々のニーズが満たされるよう現地の人材や組織をつなげていく。人々の生活に密接に関わるためには，社交性や適応力，積極性，コミュニケーション力，異文化を受け容れる力，忍耐力が求められる。

2）村落開発という仕事の魅力と困難

　青年海外協力隊の場合，仕事も私生活も現地社会にどっぷりと浸かり，現地の人たちと生活を共にしながら活動を計画し実行する。この仕事の魅力の一つは，日本とは異なった文化や生活様式を体験しながら，現地の人々と密接に関わり，一緒に課題解決に取り組むことにある。

　異文化社会での様々な発見は面白い。文化や言葉の壁を越えて人間的つながりを感じる時は感慨深い。異国の地で新しい価値観や社会に出会うことは，私たちの視野を広げ，新たな自己発見にもつながる。日本の社会や生活様式を見直すきっかけともなる。異なった価値観や考え方に戸惑いや衝突もあるが，ぶつかってこそお互いの理解が深まる。時間をかけて現地の人々と信頼関係を築き，地域の人々の生活改善のために何ができるか，共に考え，共に行動する。困難を乗り越えて何かをやり遂げたときの喜びは大きい。

村落開発普及員の仕事は，現地の人との信頼や協力関係があってこそできる。しかし，現地の人々と大きな隔たりが生じて活動が不調となり，外部者として孤独に陥ることもある。青年海外協力隊の任期は2年間であり，現地で一生生活する住民とは意識や思い入れ，取り組みに差があるのは当然である。2年間の限られた任期を前提に意気込んで現地に入ると，現地の人々と温度差を感じることも少なくない。こうした違いや困難を少しずつ克服して，「自分は外部者として何ができるか」見極める。

3）村落開発という仕事の実際

　筆者は村落開発普及員として，2007年から2009年まで，南米ボリビアのサンタクルス県にある先住民族組織「カアミ先住民評議会」で活動した。この組織はグアラニー族の多いカアミ地区18集落の代表者から構成されており，地区全体の意思決定の場であった。この評議会は，公共事業を市から委託されて実施したり，援助団体と連携して集落での開発事業を進めていた。筆者に対する要請は「集落での様々な問題に対し，その改善に向けてプロジェクトを作成してほしい」というものだった。職員のほとんどは集落に居住しており，集落の抱える課題は把握しているものの，その改善に向けた活動計画（プロジェクト）の立案と書類作成，予算獲得を行う人材は不足していた。

　赴任して間もない頃，よく集落に住む同僚を訪ねながら，そこでの生活・文化を体験させてもらい，言葉を学びながら現地社会の理解に努め，人脈を広げていった。徐々に集落の人々との関わりを深め，配属先の評議会や関係機関とのネットワークを築きながら，集落の女性リーダーたちと共に二つの活動を始めた。

　一つは「女性の社会参加と組織化強化のプロジェクト」の計画と運営である。ドイツの援助機関の支援をうけ，集落で女性の社会参加を考えるセミナーを開催したり，女性グループの支援を行った。筆者の仕事は，他機関とのコーディネーションや企画運営におけるファシリテーション，プロジェクトの書類作成（企画書，申請書，予算書，報告書など），セミナーや会議への同行など，プロジェクトの側面支援であった。プロジェクトでは女性リーダーが主体となり，男女の社会的役割や女性の社会参加を考える場を集落住民に提供し，また女性グループの活性化を図った。これまで女性リーダーが自ら予算を管理しながらプロジェクトを主導する機会はあまりなかったので，彼女たちの経験は今後のプロジェクト運営に役立つと感じている。

　二つ目は「伝統手工芸の活性化」を目指した活動である。グアラニー族の伝統手工芸は急速に失われつつあり，それを活性化させたいという評議会側の要望があった。手工芸品の生産の多くは女性の仕事であり，前述したプロジェクトとの連動が可能であった。まず，集落で作られる手工芸品の種類と生産量，生産者の状況と課題などの把握から始めた。現状とニーズを把握していくうちに，椰子工芸と陶芸について改善の可能性が見えてきた。椰子工芸については，生産者のニーズと現地に事務所を構えるドイツの援助機関が提供する支援内容が合致したため，双方が協力体制を築けるか協議に入った。陶芸生産については，燃料不足が障害となっていたため，その改善に向けた活動を別の地域で活動していた陶磁器隊員の協力を得て実施した。筆者の仕事は，生産者側のニーズを把握した後，関係者間でプロジェクトの企画を立てつつ，プロジェクトの実施に向けて住民と他団体もしくは協力者をつなげていくことであった。現地の人々や機関と協力して一緒に仕事を進めながら，現地の人々が筆者の活動終了後も主体的に事業を継続できるように，ネットワークを構築しつつ人材育成を心がけた。

　この2年間，すべてがうまく運んだわけではない。現地社会への理解不足，経験や勉強の不足，言葉の壁のために，沢山の困難や失敗があった。現地の複雑な人間関係の中で，人々の

参加や理解が得られず，活動に対する焦りや現状把握の甘さから企画がうまくいかなかったこともあった。しかし，評議会をはじめ関係団体や集落の人々に助けられて，なんとか活動を続けられた。村落開発普及員の仕事の成果は，すぐに目に見える形で表れるとはかぎらない。筆者の場合も，目に見える具体的な形として残った活動成果は少ないかもしれないが，女性リーダーたちが活動で得た経験・能力・影響力が，この地域のよりよい発展につながっていくことを願っている。

4）住民参加型開発という考え方

　開発理論の変化　従来，途上国社会の貧困問題は，経済開発や近代化によって解決されていくと考えられていた。そこでは，開発専門家（外部者）が科学的な情報や技術，理論に基づいて開発プロジェクトを作り，トップダウンで開発を進めるやり方が主流であった。しかし実際は貧富拡大が進み，開発援助が社会の最底辺にいる人々に届いているのか疑問視され始めた。こうした状況から，1980年代以降，貧困層を直接のターゲットとする，その実状に即した住民主体のボトムアップアプローチが重要視されるようになってきた。このようなアプローチとして，住民参加型開発が注目されている。

　村落開発に必須な知識として，住民参加型開発の概念と手法を挙げたい。村落開発普及員は，派遣前研修で住民参加型開発を学習する。

住民参加型開発[1]　住民参加型開発の考え方では，開発事業における開発専門家（外部者）と住民との関係性が従来のそれとは大きく異なる。従来のトップダウンアプローチでは，高学歴で専門知識を持つ開発専門家が住民に「教える」という立場をとってきた。しかし，専門家が科学的根拠に基づいて描いた開発計画は，実際にはうまくいかないことも多かった。そうした現実の中で，1980年代になると，住民の持つ知識や情報を収集するRRA（Rapid Rural Appraisal：簡易農村調査法）が開発専門家の間に広まり，こうして集められた情報をもとに開発計画を作成する「住民から学ぶ」アプローチが生まれた。

　しかしRRAの実践の中で，「住民から情報は集められるが，住民にとっての優先事項や住民の主体性は必ずしも重視されない」という反省があった。そこで「開発のプロセスを住民自らが作っていく」という考え方を重視して生まれたのが，PRA（Participatory Rural Appraisal：参加型農村調査法）やPLA（Participatory Learning and Action：参加による学習と行動）というアプローチである。開発問題の専門家ロバート・チェンバースは，この「住民とともに学ぶ」プロセスをPutting the First Last（先の者を後に）と表現し，「『開発専門家』は裏方として一歩退き，住民が主役となる[2]」ことの重要性を説いている。ここでは，外部者（開発専門家）はファシリテーターとして，住民の意見を引き出し，気づきの場を与え，発展に向けた課題解決の過程で住民自身がエンパワー（力を与える）されるよう支援する役割を担う。

具体的な手法[3]　PRAやPLAのような住民参加型開発の手法は視覚的である。絵やシンボル，図を使うことで，誰でも入りやすく，非識字者への壁も作りにくい。また，地面の上にみんなで種や石ころを置いて点数化して比較するなど，親しみ易い共同作業によって自信や楽しみが

---

1) プロジェクトPLA（2000）．続・入門社会開発—PLA：住民主体の学習と行動による開発　国際開発ジャーナル社，チェンバース，ロバート（著）野田直人他（訳）（2000）．参加型開発と国際協力—変わるのは私たち　明石書店を参考
2) プロジェクトPLA（2000）．続・入門社会開発—PLA：住民主体の学習と行動による開発　国際開発ジャーナル社　p.224．
3) クマール，ソメシュ（著）田中治彦（訳）（2002）．参加型開発による地域づくりの方法—PRA実践ハンドブック　明石書店を参照

写真1　社会マップの作成（インド）

NGO女性職員のファシリテーションにより，学校，井戸，病院，村長やマッピング参加者の居住場所を，祭りで使う赤や黄色の粉を使って地面に描く。ここでは，児童労働についての情報を得るため，村内で錫（すず）工業を営む家庭の所在地を確認した。ウッタープラデッシュ州で2005年6月渡部美久氏撮影。

写真2　移動マップの作成（ボリビア）

集落の女性リーダーが「女性の社会参加や権利についてのセミナー」において，住民と移動マップを作成している。集落の男女が日々どこへ移動しているか（家，畑，学校，町など）参加者と確認しながら，男女の仕事や社会的役割について話し合う。サンタクルス県カミリ市周辺の集落で2008年7月著者撮影

生まれる。

　代表的な手法として，集落内の住居や畑，学校などの施設やインフラを表す「社会マップ」（写真1），人々の移動パターンから労働や生活を理解する「移動マップ」（写真2），問題解決などにおける人々の優先順位を示す「二項ランキング法」（写真3），季節ごとの農作業（労働）や気候を表す「季節カレンダー」，問題を原因と結果の関係で整理する「課題の木」など，様々な方法がある。こうした作業の過程で，参加者が議論を通して情報や意見を交換し，共通の理解を作り出す。この気づきのプロセスの中で課題が意識化され，参加者が解決への糸口を探るきっかけとなる。

　住民参加型開発の概念や手法に対しては批判もある。これらの手法は，必ずしも住民の主体性やエンパワーメントを約束するものではなく，住民参加を実現する唯一の方法でもないであろう[4]。大切なことは，外部者が自分の考えを押し付けず，ファシリテーターとして住民の声

写真 3　二項ランキング法の表を作成（日本）

国際キャリア合宿セミナーで問題ランキングに取り組む。途上国集落の事例から，「燃料（薪）の不足」「清潔な水がない」「医療サービスが受けられない」「教育が平等に受けられない」「移動手段がない」の 5 つの問題を抽出し，二項対立，総当りにより，どの問題がより重要かを話し合った。栃木県芳賀郡茂木町で 2011 年 9 月著者撮影

に耳を傾け，住民に主導権を渡し，住民の能力と実行を信じる態度である[5]。

キャリアパス

　筆者の場合，大学では経済学部に所属していたが，国際協力や開発課題に関心があり国際学部の授業も受講した。出会った先生や共通の関心を持つ友人に刺激を受けながら，自己の関心や活動を広げていった。自分の所属大学を越えて，途上国社会や国際協力に関心のある仲間と出会い，NGO 立ち上げにも関わった。大学時代は NGO のスタディーツアーや国連難民高等弁務官事務所（UNHCR）のボランティアプログラムに参加して，途上国社会を体験した。ケニアの難民キャンプでは，そこに住む人々との出会いを通じて国際援助によって変容する生活や価値観，社会を目の当たりにして，国際援助が伝統社会に及ぼす影響に深い関心を持った。

　大学卒業後，国際協力の仕事を希望するものの新卒での就業は難しく，また自分自身，語学力や専門知識が不十分と感じていた。留学も考えたが，経済的な理由や大学院で勉強したい専門分野を見極めるため，企業で働くことに決めた。2 年ほど働いて退職し，東京にある国際連合大学でアルバイトを始めた。2 ヵ月程度の臨時採用であったが，契約を延長していただき，4 年ほど契約職員として勤務した。仕事は研修やセミナーの事務局業務が主であった。勤務中の基本言語は英語である。英語での業務を体験し，国際機関の職場文化も学んだ。国際連合大学で仕事をしながら，国内の NGO 活動にボランティアとして関わるなど，国際開発分野への関心を持ち続けた。最終的には，開発人類学を専攻して国際援助の影響を社会的，文化的側面から考えるため，イギリスの大学院に進学した。

　大学院修了後は，現場経験を積むため UNICEF インド事務所でのインターンシッププログラムに参加して，農村部での水と公衆衛生に関する事例研究に取り組んだ。数ヵ月のインド滞在中，より深い途上国社会への理解と経験の必要性を感じ，またこれまでの学びや経験を活かすため，青年海外協力隊への応募を考えた。帰国後，村落開発普及員の派遣要請の中に，先住

---

4) 佐藤　寛（2003）．参加型開発の再検討　アジア経済研究所　pp.15-16.
5) チェンバース, ロバート（著）野田直人他（訳）（2000）．参加型開発と国際協力―変わるのは私たち　明石書店　pp.468-471.

民族の地域開発に関係するものがあり，関心分野であったためその要請に応募した。

シミュレーション

村落開発の活動を理解するため，つぎのような実践をしてみよう。

1）二項ランキング法

途上国農村部の事例を用いて，住民参加型開発手法の一つ「二項ランキング法」を5名一組のグループで実践する（写真3参照）。

ステップ1　事例を読み解き，すべての問題を書き出す。その後グループ内で，各自が挙げた問題を発表し分類していく。

ステップ2　重要だと思われる問題5つを話し合って決め，模造紙に表を作成する（抽出された問題例：医療サービスが受けられない，初等教育の就学率の低さ，衛生状態が悪い，安全な飲料水がない，森林伐採が進行している，燃料（薪）不足，交通アクセスの悪さなど）。

ステップ3　一つずつ，「どちらのほうが重要な問題か」を議論する。より重要である方へ1点，優先順位が低い方は0点を付ける。

ステップ4　最終的にスコアを計算し，最重要問題を決める。

二項ランキング法で大切なことは，問題の最終的な順位よりも，順位を決める過程で「なぜその問題が重要なのか」を話し合うことにより問題の背景を理解し，参加者が問題を意識化して解決を目指すきっかけを与えることである。

2）現場で起こりうる事例の研究

事例　ある途上国で働く村落開発普及員Aさんは，村の陶器生産者の抱える燃料不足を解決するためにカマドの使用を提案した。村の住民は賛成しているように見えた。しかし，実際にカマド製作に入ると，関係者の十分な協力が得られず，カマドの試し焼きには誰も参加しなかった。

検討　「住民の協力や参加が得られなかった原因は何か」「自分ならどうするか」「今後Aさんはどのように活動していったらいいか」，グループで意見を出し合い，全体発表する。

着眼点は次のとおり。

住民の協力や参加が得られなかった原因として，
- Aさんの現地の社会や文化に対する理解はどうであったか
- Aさんの住民との日常のコミュニケーション，信頼関係の構築はどうであったか
- Aさんの住民への説明は十分であったか
- Aさんに活動に対する焦りはなかったか
- 住民は農繁期で忙しかったのではないか

解決策として（例示した以外の方法もありうる），
- 現地の社会や文化への理解を深め，信頼関係を作るためにはどうしたらよいか
  （例：農作業や地元行事などへ参加し，現地の生活を体験しながら理解と関係を深める，住民の視点から考える）
- 住民に理解してもらうにはどうしたらよいか
  （例：話合いの場を設けて住民の考えを聞く，カマドの良さを知ってもらう，一緒に新しい取り組みを考える，問題意識を持ってもらう，農繁期以外の集まりやすい時期と時間帯を確認する）

この事例から，ワークショップの参加者は異文化環境で活動する難しさに気付くと共に，異文化理解や信頼関係を構築する重要性を共有できる。

アクションプラン

「村落開発普及員がコミュニティで働くこと」を学ぶためには，「住民参加型開発の必要性」「ファシリテーターの役割」「異文化理解の難しさ」に気づく必要がある。それに対して，つぎのようなアクションプランが考えられる。

1）住民参加型開発手法の実践

参加型開発手法を途上国の村落開発の現場で利用する場合，日本の日常生活の中で，実際に活用し経験を積んでおくとよい。職場や地域，大学のサークル活動などで実際にこの手法を使って問題を分析し，活動計画を取りまとめるなど実践することで慣れておく。

2）ファシリテーションの実践

ファシリテーション力を高めるには場数を踏むことが大切である。職場の会議や大学のゼミ，サークル活動などで積極的にファシリテーターを務め，参加者の意見を引き出し，議論を促進させるなど経験を積む。テレビの司会者や学校，職場などで手本となる人を見つけて，振る舞いや話し方，意見の引き出し方を取り入れる。

3）異文化に触れる機会をもつ

地域に住む外国人と交流するなど異文化に触れる機会を意識して多くもち，異文化での他者理解の基本姿勢を身につける。海外のスタディーツアーなどに参加して，異文化を体験から学ぶこともその一つである。

【参考文献】

チェンバース，ロバート（著）野田直人・白鳥清志（監訳）（2000）．参加型開発と国際協力―変わるのは私たち　明石書店
「最初の人を最後に」というスローガンを掲げ，PRAの概念とその実践を提唱。

クマール，ソメシュ（著）田中治彦（監訳）（2002）．参加型開発による地域づくりの方法―PRA実践ハンドブック　明石書店
参加型開発の様々な手法を図解入りで詳しく紹介。現場での実践のため，ワークショップの手順，必要な材料，時間などを示す。

プロジェクトPLA（2000）．続・入門社会開発―PLA：住民主体の学習と行動による開発国際開発ジャーナル社
住民参加型開発の概念と手法が簡潔に説明されている。詳細なケーススタディにより，開発の現場で実際に起こりうる参加型開発をめぐる事象をリアルに提示。

佐藤　寛（編）（2003）．参加型開発の再検討　アジア経済研究所
住民参加型開発のアプローチについて，その注意点を指摘し，多面的な視点から検討。

【略歴】

大学卒業後，一般企業に就職。その後，国際連合大学勤務を経て，英国サセックス大学で修士号取得（開発人類学）。UNICEFインド事務所でのインターンシップを経験し，（財）国際開発高等教育機構（FASID）勤務を経て，2007年より青年海外協力隊・村落開発普及員として南米ボリビアで活動。現在，白鷗大学特任講師。

2-2-6

Community Development Worker: Attitude and Requirements

Bernard Timothy Appau

The community development worker is one of the smallest but important entities in any economy in terms of effecting change in the society. In order to have a closer look at the above topic and to outline the attitude, requirements and basic technological knowledge required for a community development worker, three definitions are indispensable:

- What is a community?
- What is community development?
- Who is a community development worker?

What is a Community?

A community is a social group of any size whose members reside in a specific location, share a government and often have a common cultural and historical heritage. A sustainable community is a geographical area and includes everything in that area; humans and non-humans, animals, vegetation, and minerals. In some cases political boundaries such as town, city or country borders are useful in delineating a community. In other cases, watersheds or other natural boundaries also serve as useful delineators of a community. What is important is that the members of the community be involved in deciding the boundaries of their community and how to make that community in particular a sustainable one.

What is Community Development?

Community development is a structural intervention that gives communities greater control over the conditions that affect their lives. Community development is a skilled process and part of its approach is the belief that communities cannot be helped unless they themselves agree to this process. It is concerned with the issues of powerlessness and disadvantage, and as such it involves all members of the society and offers a practice which is itself a part of the process of social change. It is also about the active involvement of people in the issues which affect their lives. Thus, the sharing of power, skills, knowledge and experience are all involved. It enables individuals and communities to grow and change according to their own needs and priorities and at their own pace, provided this does not oppress other groups and communities or damage the environment (for example, the land and water bodies).

Who is a Community Development Worker?

A community development worker is someone who helps people to improve the quality of life in their local area. He/she works closely with individuals, families and groups in socially and financially deprived areas. The community development worker provides leadership, sets goals and brings local people together to make changes and tackle social inequality, as well as helping people develop the skills to eventually run their own communities' groups.

The Attitude of a Community Development Worker

With the understanding of the above definitions, we can then look at the attitude of a community development worker. The first thing to note here is the learning attitude and teaching spirit. The community development worker works with people while learning on-the-spot. The people of a community have been doing things in their own way for a very long time and so they have their own indigenous knowledge which may be very important but may also need improvement. Hence the community worker with new development ideas works to guide people, rather than changing their ideas completely. While guiding the local people on new ideas and skills for improvement, the community development worker also learns the local ways and tries to improve on them. Here he/she studies the various aspects of community life and develops a written report. The community development worker's attitude must meet certain principles, including the principle of dialogue: that the power difference between the worker and the community be zero. Here the community development worker must have an instrumental know-how of where and how to achieve something. The community development worker must also develop the 'belonging attitude'; working while also considering him/herself to be a member of the community. Through this attitude, his/her services will be accepted by the whole community and a break through to success will become very possible and easy. The community may hide vital information needed to achieve success if they feel that the development worker takes sides and is a stranger, or if there is a lack of trust. To conclude, the 'non-judgmental attitude' must not be forgotten as it plays a great role when interacting with groups of people.

Requirements of a Community Development Worker

Ability to build good relationships The requirements of a community development worker are numerous and inseparable from the roles played. The community worker needs to have the ability to build good relationships and earn people's trust and respect. This helps create the sense of belonging which gives the worker the opportunity of entering the community and working in close collaboration with the local people (thus causing the work to proceed much more smoothly). He/she requires excellent communication and listening skills.

Having the spirit of deep listening The community worker must have the spirit of listening well and talking less (and even talking last). This enables him/her to understand the people's needs, problems and barriers as well as the starting points for problem resolution.

Ability to adapt Third, the community development worker requires the ability to adapt to a changing environment. He/she must have the ability to adapt to different places. Living and working with the people increases the accessibility and acceptability of the services rendered.

A researcher Furthermore, the community development worker is required to take up the role of researcher. His/her major responsibility is analytical because his/her work centers in the collection and analysis of data. Hence the worker is required to collect information about the community and be able to perform and explain clear analysis of the data suitable for the departments concerned so that they will be able to carry out executions/plans based on this data where necessary.

An enabler   The role of enabler is also required of a community development worker. This is one of the most frequent roles in community practices. There are a series of task characteristics to the role of enabler, and a majority of his/her actions are focused on facilitating the process of change. For example a particular community may be faced with the problems of obtaining electricity, a multi-purpose grinding mill, trash collection, agricultural inputs etc. The community worker is required to intervene in helping to clarify which objectives could be feasibly obtained; identifying short term, medium term and long term projects as well as suggesting procedures and ways of organizing in order to carry them out. A community development worker works with the local people to enable the community to identify their problems and possible local solutions. Hence there are basic technological and knowledge requirements which must be met in order for the worker to carry out his/her tasks well and on time.

A practical example in Cameroon is the Local Support Organization (LSO) in which the community development worker assists low-income members to develop self-help projects with the objective of obtaining economic, medical and other resources which are otherwise lacking.

Organizer   The ability to organize is another important requirement for a community development worker. Because it includes predetermined objectives, and because the worker provides each specific group with general or specific objectives, organizing groups is a means of direct intervention by the worker. He/she takes action in the name of others. In the general sense, first a social agency or a governmental entity makes the decision to engage in organizing groups before beginning systematic work in the community begins .

Mediator   The role of a mediator is also an important requirement of a community development worker. Most communities in developing countries have disputes, especially when it comes to land boundaries. Other economic, social and political conflicts also occur and can be found within many communities around the world. Thus, the community development worker who is a leader in the eyes of the people is required to make peace without discriminating unfairly against any group of people; be it women, black people, people with disabilities and different abilities, religious groups, elderly people, or any other groups which is disadvantaged by society. It is important that the role of consultant and coordinator are not overemphasized.

The entry technique   The first and most important tool of the worker is the 'entry technique'. The community development worker needs to know the various channels to follow when coming into a new community, especially for the very first time. Where to go first and who to meet first for introductions and briefings of objectives when entering a community are very crucial for a community development worker in a new area. Borrowing an example from Cameroon (which serves as a good example of how many African countries operate), the community development worker will meet the traditional authority first (the chief and his subjects) in the case he/she is working in a typical rural area, and then the mayors and other sectors head will follow provided they are stakeholders to the work to be carried out. At this point a local facilitator may be given to the worker to ease communication.

Cultural understanding   Secondly a community development worker requires technical knowledge, a good understanding of social and community life, and must have a tactful and sensitive approach. In most communities (especially rural communities), a majority of the people are very warm and welcoming; they like to live together with the worker, and to share their food and other aspects of life (their culture). Managing these aspects in a rural setting is very important for a community development worker and his/her work. Open refusals at times may be very frustrating for the local people as they may feel a sense of discrimination and even rejection. As such they may not welcome the services of the community development worker, and may even rebel against him.

Basic technical knowledge or skills   Knowledge on project proposal/project writing is also a very necessary technical knowledge required for a community development worker. The worker, after identification of the problems affecting the community in question, needs to effectively address the problem in order to begin determining a solution. Together with the community people concerned, the worker prioritizes problems into feasible projects for execution. Other skills and knowledge worth mentioning include; the ability to build good relationships and earn people's trust and respect, excellent communication skills, ability to relate to people from all backgrounds, patience and perseverance for coping with challenges and setbacks, initiative and enthusiasm, a creative approach to problem solving, good organization planning and administrative skills, skills in researching, analyzing statistics and writing reports. Constant update of skills and development of new areas of knowledge is very important throughout the career of a community development worker.

Understanding of different approaches   For community development to be effective, have its real meaning and remain sustainable, the 'top down' approach (government to the people) has to be minimized, giving rise to the 'bottom-up' approach (from the people to the government). Development work needs to be participatory; the community deciding what initiative will benefit themselves the most. The people have to be given the opportunity to prioritize their needs by themselves and unless this approach is participatory, community development work cannot have establish its roots or have its action felt in any economy. For any project whose objective is for community development, it is important for the interest of the local population to be integrated in the project from the start. The local community must be part of the project if the project is for their benefit.

When we talk of community development, rural development is the key. It is one of the keys to poverty alleviation, food security and stability. The understanding of the multi-faceted role played by agriculture in the lifestyle and economies of human communities is of fundamental importance to those involved in development activities. The development of the rural areas and an increase in investment in sustainable agriculture is very crucial to any economy. Food which comes from the result of agricultural activities (farming) accounts for more than 70% of the welfare of mankind all over the world. Food is produced mostly in rural communities where the predominant activity of the people is agriculture. When the food we put on our table in the morning, afternoon and evening is critically examined and evaluated, it is impossible to deny the fact that more investment should be oriented towards enterprises that will help strengthen the agricultural sector, link farmers with emerging markets, create jobs in rural areas (to solve issues of urban migration), and contribute to food security.

Motivator   In most developed countries, including Japan, there is a large degree of population exodus from rural communities. The active population is shifting to towns and cities in order to undertake more white-collar jobs, leaving an aging population behind which cannot effectively meet food production needs for the growing population. Here the community development worker has a bigger role to play. He/she is required to have good knowledge on how to motivate and assist small-scale farmers in making the best use of low-cost local resources to solve their agricultural problems in a sustainable way.

The Issue of Food

Who I am and where I was born, and how I grown up:

I was born a very tiny village where all the basic human needs were mostly lacking. In my village there was no school and I had to travel by foot for about 2 kilometers in and out through the week to attend primary school. I did the same for my senior high school since my father was not willing to send me to be a boarder in the college.

In the process of growing I found out that there is hidden potential within me which I called "The Hidden Assets"

Why I am interested in the issue of food:

Because I was born into poverty and scarcity of food community, I started to develop interest in the agriculture sector; I began to deal with agricultural inputs like chemical fertilizer and Pesticide. I found that they were dangerous and created a lot of health problems and were also unfriendly to the ecosystem. Again, I then found out that even though I was making money, life is more important than money therefore I decided to close my stall and was fortunate that the Asian Rural institute was introduced to me. It was here that I can find the answers to my life problems.
What we have to understand is that food is the most important thing in life.
Therefore it doesn't matter the level of your education, position, whether you are rich or poor, your last thing in your busy day is to look for food. According to one ragged singer;
He said "A hungry man is an angry man."
However, the question is how careful we are when it comes to food?
We will be looking at the 3 HHH and 3 SSS:
・Healthy Soil produces Healthy Food
・Healthy Soil gives Healthy Life
・Healthy Soil builds up a Healthy Society

We need to understand that if our soil is healthy, it will produce healthy food and since life and food cannot be separated, healthy food will produce healthy lives and society.

Reviewing our lives through Food

Food is life

I think that food is the best gift that the Almighty (Kamisama) has given to humanity. Food is life and life is food. Food is joy, delight, and comfort to all of us. Food is always comes with all kinds of shapes, flavor, colors and seasons. Food is sweet and spicy, sometimes hot and cold, sometimes rich and light, liquid and solid and much more. Food is not just the fuel of the body, it is much more than that and it is life giving energy. Because I think the Creator of all things wants us to enjoy our lives through food. In our drive to satisfy our hunger, food occupies our thoughts throughout the day. This nourishment is enriched as we recognized its sources.

Where does our food come from?

I think the word Itadakimasu is very important in Japanese culture and tradition. I was told that when this word is not said and you go ahead to eat, it is a taboo. So the question is why we say this word before we start to eat. Do you understand the word that you have been saying through your life? How many times do you say Itadakimasu a day? I think in every meal we commune with our sources. One boy shared with his friend and he said, "When people sit down and eat together on one table, something happens; something more than just food, because food is wonderful it is always prepared with the purpose of sharing our lives and reviewing our beings. In all, the food we share brings us closer together as a family, as a community and sealing our commitment to one another.

Think about wasting food

When you sit down with a bowl of food before and you eat little and decided to throw it away, may that act opens you eye for you to see around the world. Let me ask you again, how many tons of food does Japan waste every year? And do you know how many people go to bed without food?

One woman said this prayer before eating she say grace to God "there are many hungry people, many children who cannot eat this lunch with us. God please give them food to eat and bless us with this food. Thank you".

In blessing the meal, we bless ourselves. The gratitude expressed reflects back on us. And I think the reflection always fills us with joy and strength. We need to thank and appreciate the sun and rain that created the food. Express our gratitude for the people who harvested, produced and packaged the food. Appreciate the preparers, cooks. In restaurants and at home large quantities of food are throwing away each day. Convenience stores in Japan get rid lunch boxes (bento) past their shelf life and other food products past the sell by date three to four times a day.

Each store disposes of an average of 13kg of unsold food every day, and there are 40,000 stores in Japan. That makes 520 tons of food being thrown away every day. How can we justify this kind of Mottainai when 17,000 people die of hunger in the world every day?

Conclusion

To eat fish or chicken or beef it involves taking another life for our survival. So we should not be wasteful of another life. Some years back I think Japanese were not wasting food like they do today. I think it is a bad manner to not finish your meal. Do you know that each grain of rice is the product of the farmer's labor? A labor of love and of hard working. That is why we gratefully eat a bowl of rice until the last grain. Now our lives are in danger, most of the farming prefectures are facing a problem of soil contamination. The whole problem is that seeking out a convenient life style has caused this.

Davis Orr said in his book, "The Nature Design" that because of our fast knowledge we rushed to develop nuclear energy plants without the faintest idea of what to do with the radioactive waste. He continues saying fast knowledge undermines long-term sustainability for two fundamental reasons; first for all the hype about the information age and the speed at which humans are purported to learn. The application of our fast knowledge generates complicated problems much faster than we can identify and respond to them".

【Bio】

Bernard Timothy Appau was born in Ghana. After his primary and middle school education, he received technical training for three years and then moved to Nigeria, where he worked as a mechanical sprayer for an additional three years. After returning to Ghana, he worked in the agricultural chemical business for four years. He was one of the founding members of Kumasi Agro-Chemical Association in Ghana. After receiving Theological Education at the Ghana Baptist Theological Seminary from 1995 to 1997, he served as the Treasurer in Kumasi Area Pastor Association and also as the Chairperson of the Evangelism Committee in the Kumasi South Baptist Association. He held both positions for 8 years. He was nominated as a member of the Ethics and Constitution Committee, which developed the code of ethics and the constitution of the Kumasi Area Baptist Minister Association. In 2001 and 2002, he continued his studies in organic agriculture, community development and servant leadership at the Asian Rural Institute in Japan and the Philippines. From 2002 to 2006 he worked with the All Africa Baptist Fellowship as a project coordinator. During this period he took a management course for a year and came back to Japan in April 2007 as a Training Assistant. In 2008 he was recalled as religious staff to the same institute in Japan. He is currently in charge of the Poultry Session and also responsible for teaching time management techniques, and poultry and feed management.

2-2-7

森林保全

水谷 伸吉

分野概要

世界の森林はかなりのスピードで減少している。1万年前の縄文時代には地球上の陸地の40%強（62億ヘクタール）が森林であったが，現在では40億ヘクタールにまで減少したと言われている[1]。一方で日本の森林は状況が異なる。まずは世界の森林と日本の森林の現状や違いを認識して，森林保全を効果的に進める方法を考えたい。ちなみに著者が所属する一般社団法人 more trees は，「都市と森をつなぐ」という観点から，「いかにして都会に住む人々に森を身近に感じてもらい，アクションに移してもらえるか」「どうやって先進国の人々に，遠く離れた途上国の実状を伝え，リアルに感じてもらえるか」をテーマにしている。

1) 世界の森林

世界で一秒間に失われる森林面積はサッカー場一面分と言われている。特に森林減少が激しいのは，ブラジル，インドネシア，スーダンなどの低緯度地域であり，地域別には南米やアフリカ地域である。ちなみにアジアは，東南アジアで森林減少が進んでいるものの，中国政府が大規模な植林を行う「退耕還林」政策を1999年から進めているため，アジア全体では微増となっている（図1）。ちなみに「退耕還林」政策とは，中国における大規模な洪水を教訓に，

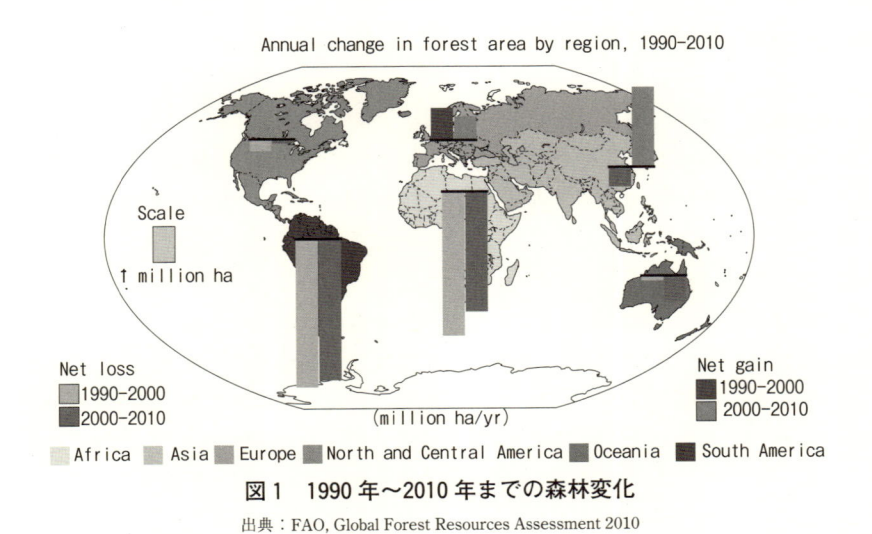

図1 1990年〜2010年までの森林変化
出典：FAO, Global Forest Resources Assessment 2010

---

1) FAO（国連食糧農業機関）Global Forest Resource Assessment 2010
  （http://www.fao.org/docrep/013/i1757e/i1757e.pdf）
2) 大島一二・後藤直世（2003）．山西省における「退耕還林」政策の実施と農村経済―環境保護と貧困農村―中国21, **17**, 157-166. 風媒社
3) WWF, European Forest Programme March 2004（http://www.wwf.de/fileadmin/fm-wwf/pdf-alt/waelder/Scale_of_illegal_logging_around_the_world.pdf）

傾斜地での耕作を中止し，苗木を支給して植林を奨励することで，森林の保水力強化と土壌流出を食い止める政策である[2]。

地域によって異なるが，森林破壊の原因やメカニズムには大きく下記の4つがある。

違法伐採　南米や東南アジア，アフリカなどの発展途上国やシベリアでは，違法伐採が数多く報告されている。WWF（世界自然保護基金）の報告によると，インドネシアにおける木材生産の73％は違法伐採によるという[3]。

農地やプランテーションへの転換　熱帯雨林は開墾により，牛の放牧地や大豆畑，パームオイルのプランテーション等に転換されている。例えば南米のアマゾンでは，熱帯雨林を切り開いて大豆畑に転換し，その大豆を先進国や中国などに輸出している。2006年にはグリーンピースなどのNGOが，カーギル社などの主要穀物会社に対しアマゾンの転換畑で生産される大豆を扱わないよう呼びかけ，合意がなされた事例もある[4]。

また，パームオイルの近年の需要の高まりから，アブラヤシの作付面積は拡大している。パームオイルは9割が食用に使われており，主な用途はカップ麺製造に用いる食用油やチョコレート，アイスクリームなどで，洗剤やインクなどにも使われている。

薪炭材（燃料）としての利用　日本では煮炊きには主にガスが用いられるが，世界では調理や暖をとるために薪や炭（薪炭材）を用いる地域が多い。マリやブルキナファソなどの西アフリカ諸国や近年経済成長が目覚ましい人口12億人を抱えるインドでも，薪炭材への依存度は高い。そのためこうした国では特に都市近郊の森林資源が減少している。

焼畑　焼畑は主に熱帯雨林の地域でみられる農法である。伝統的な焼畑農業は，区画を定めて森林を焼き払って一定期間作物栽培を行った後，その区画を放棄して次の区画に移動する移動耕作である。5，6年から数十年のサイクルで一巡する間に森林が回復するので，そこで再び焼畑を行う。

2）日本の森林

世界では急激なスピードで森林が減少しているが，日本の森林面積はこの100年でむしろ増えている。国土面積に占める森林面積の割合（森林率）は明治初期には45％であったが，今や67％にまで増加している[5]。この森林率の高さは，先進国ではフィンランドに次ぐ高さである[6]。

我が国は近代まで，建材から燃料に至る資源を森林に依存していた。このため日本の森林は意外にも現在より荒れていたのである。現に浮世絵や明治初期の写真にある日本の風景を見ると，いたるところに禿山が見受けられる。状況が変化したのは戦後である。日本は国土再建のために木材が必要となり，国策で植林を奨励した（拡大造林政策）。主に植林されたのは，成長が早く，幹が真っ直ぐに育つ，スギ・ヒノキ・カラマツなどの針葉樹だった。こうして人間

---

4) グリーンピースジャパンの報道発表による（2006.7.26）
　（http://www.greenpeace.or.jp/press/releases/pr20060726_html）
5) 田中淳夫（1996）．「森を守れ」が森を殺す　洋泉社
6) FAO（国連食糧農業機関）Global Forest Resources Assessment 2010
　（http://www.fao.org/docrep/013/i1757e/i1757e.pdf）

の手によって植えられた森を「人工林」と呼ぶ。

　人工林は本来，植林後の生長に伴って混みあってくるので，曲がったり成長の悪い細い木を抜き伐りする必要がある。これを間伐と呼び，一般的には10年～15年の周期で行われ，収穫期となる60年～100年に至るまで繰り返される。

　しかし近年では，間伐がなされない人工林が増加している。それは海外からの木材輸入と関係している。昭和40年代に海外からの木材輸入が本格化すると，日本の林業は徐々に競争力を失い，衰退の一途をたどる。林業の採算性が悪化し，間伐を含めて山を手入れする意欲が低下する。適切に間伐されない人工林は過密な状態となり，一本一本の生長が悪く，根の張りが浅い。地表にまで光が十分に届かず下草が生えない結果，表土流出を招き保水力が低下する（写真1）。間伐は，木の伐採という一見ネガティブな行為に思われがちだが，人工林を維持するうえで欠かせない行為である。日本では，愛媛県の面積とほぼ同じ，年間55万ヘクタールもの人工林が間伐を必要としている[7]。

間伐がされていない森　　　　　　　間伐が十分されている森

写真1　間伐されている森とされていない森
高知県中土佐町にて2008年著者撮影

　人工林が抱える問題はあるものの，日本は国土の67%を森林に覆われる「森林大国」であることに変わりはない。しかし，これだけの森を保有しながら，日本が使用する木材資源の7

木材自給率の推移

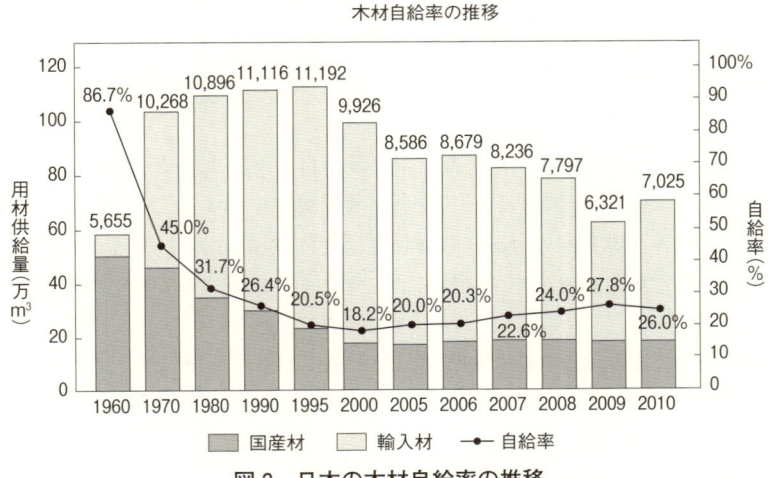

図2　日本の木材自給率の推移

[7] 林野庁　森林・林業白書 2007

写真2　NTT ドコモ「TOUCH WOOD SH 08-C」
本体には高知県四万十川流域のヒノキ間伐材が使用されている

割以上は海外からの輸入に頼っている。なぜこのようないびつな現象が起きているのか？それは前述のように，輸入木材と日本の木材の国際競争力にある。日本の林業はコスト面やロット（規模）で劣勢となり，木材の供給を海外に依存するようになったからだ。木材の総使用量における国産材が占める％を「木材自給率」というが，昭和30年に90％を超えていた木材自給率は，2010年時点で26％にまで低下している（図2）。

　日本の人工林を保全するためには，適切に伐り木材として利用していくことが大切なのである。

3）森と都市を「つなぐ」

　これまで，世界と日本の森林の現状を述べてきたが，こうした知識を行動に結びつけ，実際に森づくり（森林保全）に参加してもらう必要がある。しかし，海外の森林の現状は，日本の私たちにとって遠い国の出来事である。また，日本の山村が抱える林業の問題や木材自給率の低さは，都市住民にとって身近に感じられない問題である。そこで著者が所属する「more trees」では，森林の多面的機能（恵み）を都市住民が受け入れやすい形で提供することで，その対価を森林に還元する試みを進めている。いくつかの事例を紹介する。

カーボンオフセット　カーボンオフセットとは，自らが排出する二酸化炭素を，森林造成や自然エネルギーによる化石燃料の代替で相殺（オフセット）することを指す。航空会社が，航空機から排出される二酸化炭素分を，森林保全活動に参加（出資）することでオフセットする事例や，自動車会社が自動車の本体価格にオフセット費用を含めて販売する事例がある[8]。

国産材を活用した製品　日本には木材資源が眠っており，十分に活用されていない。そこで間伐材を含めた国産材を有効に使うため，新しい利用方法を含めた提案をしている。例えば携帯電話の本体に高知県・四万十川流域のヒノキの間伐材が用いている（写真2）。このほかにも，デザインや機能も重視したモノづくりによって，都会の人が身近に持てるアイテム開発を進め

---

8) 一般社団法人 more trees による

写真3　国産材を使用した木製品
いずれも日本の著名デザイナーの協力を得て制作されている

ている（写真3）。

ファッションや音楽と融合したチャリティ　これまで森林問題に関心がなかった人に，森づくりへの寄付を依頼してもなかなか受け入れられない。そこで，ファッションや音楽，スポーツ，アートなどと連動した寄付にも取り組んでいる。例えばTシャツを購入すると売り上げの一部が森づくりに寄付される取り組みでは，Tシャツ購入が寄付につながることや森林問題の現状を買い手に伝え，共感の輪を広げることができる。

環境や社会に配慮した商品の選択は，「エシカル消費」（倫理的消費：ethical consumption）と呼ばれ，商品やサービスの売り上げの一部を社会貢献に回す手法は「Cause-related Marketing（CRM：慈善運動に関連したマーケティング）」と呼ばれている。利益追求と社会貢献を両立させる手法として，導入する企業が増えている。

キャリアパス

著者はNPOで森林問題に取り組んでいるが，大学で森林を学んだわけではない。もともと小学生のころから環境問題に関心があったので，大学では環境経済学を専攻した。

最初の転機は大学4年の夏。マレーシアのサバ州に1ヵ月間滞在し，植林ボランティアを体験した。その時に初めて森林伐採の現場を肌で感じた。それまでは「熱帯雨林は伐ってはいけない」という感情論を持っていたが，実際に現地で伐採，運搬，加工などの各プロセスで多くの雇用が生まれていることを目の当たりにした。現地で働く人々にとって，「木を伐るな」は生計手段を奪うことを意味し，頭ごなしの伐採否定は建設的ではないと痛感した。この経験が社会経済的な森林保全アプローチを考えていくきっかけになった。

著者は森林問題に直面する以前から環境ビジネスに関わりたいと考えており，株式会社クボタに入社した。入社後は環境プラント部門で水処理装置や廃棄物処理装置の営業に携わった。その後，冷めぬ森林への思いから，入社4年目で退職し，インドネシアで植林活動を展開する日本のNPOに転職した。

日本のNPOは収益構造が脆弱な団体が多く，著者の場合も会社員の頃と比べて年収は一時的に落ちた。しかし，森林保全そのものが日々の業務であることに，大きなやりがいがあった。（日本のNPOが民間企業並みの待遇になれば，いい人材が集まり，組織パフォーマンスが良

くなり，活動への評判から企業からの寄付や支援を得やすくなる，という好循環が理想である）。

当時転職した NPO での最も大きな業務は「ファンドレイジング」，すなわち活動資金を集めるための企業回りであった。どんなに崇高な理念を掲げていても，資金がなければ具現化できない。非営利法人でもマネジメント能力やキャッシュフローといったビジネススキルはとても大切である。当時の NPO では，ファンドレイジングの大切さと難しさの両面を学んだ。単に，「森林を守るために寄付をお願いします」と訴えても，企業はおろか個人にとっても，すぐに参加してもらえるケースは稀である。この NPO では，活動に対する共感を得て，それを解決策につなげていくプロセスを戦略的に行っていた。著者はこうしたファンドレイジングによって，継続的かつ効果的に資金獲得ができることを実感した。

その後 2007 年に音楽家・坂本龍一氏の呼びかけで「more trees」が立ち上がる際に，ご縁があって事務局長として参画することになり，現在に至っている。事務局長の業務は多様である。各地で展開する森林保全プロジェクトの進行管理をはじめ，企業との折衝，資金の管理，広報など，ありとあらゆる業務を司る。それは営利目的か否かの違いはあるが，企業経営と非常に近い。

インドネシアでの植林活動時代から痛感していたことは，森林とは無縁な都市生活者に対し，「どうやって森林問題を伝え，行動に移してもらえるようにするか」であった。物理的にも精神的にも距離のある社会問題を，どれだけ身近にリアリティを持って理解してもらうかは，世界共通の課題と思う。

ただし，問題の生々しさや現実をストレートに伝えれば良いというものではない。なぜなら，都市や先進国に住む人々は，自らの生活とあまりにも乖離している活動に共感を持ちにくいからである。そこで「more trees」では，音楽，ファッション，スポーツ，アートなどを通じたチャリティ活動を展開し，親しみやすい機会を提供することで，共感のすそ野を広げようと考えている。関心を引きやすいカルチャーと融合させることで入口を広げ，興味を持ってくれる層を増やすことは大切である。専門性と同時に，一般の人々の目線に立った表現や訴えでないと伝わらないと思う。

活動をすればするほど，二酸化炭素の吸収，木材供給，保水力，土壌流出防止，木質バイオマスとしてのエネルギー供給など，森林の多面的なポテンシャルに気づかされる。こうした森林の機能を様々な局面で都市側に伝え，森林と都市とをつないでいく必要がある。この場合，飲料メーカーに温暖化防止（二酸化炭素吸収）のための森林保全を提案しても成立しないであろう。水を使う飲料メーカーにとっては，二酸化炭素削減よりも森林の保水力を重要かつ身近に感じているからである。企業と NPO とのマッチングやコーディネートには，ピントがずれないように様々な業種・業態のマーケットや状況を知っておく必要があり，広い社会的視野が必要とされる。

森林保全活動に携わって気づかされたのは，「森づくり」は，「地域づくり」とセットであるということ。つまり，森林保全の最前線である地域社会と地域住民が持続性を欠いてしまうと，隣接する森林の持続性も脅かされてしまう。例えば東南アジアで植林活動をしていても，土地を管理するコミュニティが，木を植えるよりも畑にする方が経済的メリットがあると判断すると，そのコミュニティは木を植えて育てるモチベーションを失ってしまう。森林問題には，社会，経済，文化，歴史，政治，そして生態，植生，林業などからの学際的・横断的アプローチが必要と感じている。

非営利活動にもマネジメントの要素が必要である。常に念頭に置くべきビジネス用語は以下

の「6W2H」である。

① When（いつ）：プロジェクトを開始するのはいつか，またその期間はどのくらいか？
② Where（どこで）：プロジェクトの場所はどこか？
③ Who（だれが）：プロジェクトの責任者，関係者は誰か？
④ What（何を）：どんな内容のプロジェクトを手掛けるのか？
⑤ Whom（誰に）：そのプロジェクトは誰を対象にしているのか？（受益者は誰か）
⑥ Why（何のために）：なぜそのプロジェクトが必要なのか
⑦ How（どのように）：プロジェクトをどのようにして進めるか，その際に必要な方法や機材は？
⑧ How Much（いくらで）：プロジェクトにかかる費用（予算）はいくらか？

　プロジェクトの6W2Hを明確にすると，活動の精度や実現性が高まる。例えば，インドネシアで植林プロジェクトを立ち上げる場合に当てはめてみると，① When（いつ）：2012年の雨季から，② Where（どこで）：インドネシア東カリマンタン州で，③ What（何を）：植林活動を，④ Whom（誰に）：地元農民と県が保有している荒地に，⑤ Why（何のために）：失われた森林の再生と地元住民の生活水準向上のために，⑥ How（どのように）地元の州政府，県，住民と協力して，年間30ヘクタールずつ植林していく，⑦ How Much（いくらで）：総額3億円といったように，プロジェクトの必要項目が浮き彫りになる。なお，非営利活動において特に見失われがちなのが「How Much」である。コストや予算，そのための資金調達なくしてプロジェクトは存続しない。

　森林保全団体スタッフとして格別の達成感を感じるのは，現地コミュニティの人から感謝される時，都会の会員・支持者から深い共感を得られた時，メディア報道によって多くの人からリアクションがあった時である。こうした社会貢献活動をボランティアではなく，生業として取り組み収入も得られるのはとてもありがたく，強いやりがいを感じる。

シミュレーション

　森と親しむために遠くの森に行く必要はない。まずは気軽に近隣の公園や神社，裏山など近場で森林に親しみ，その魅力を知ってもらうことが大切である。例えば東京では，明治神宮の「鎮守の森」がパワースポットとしても有名である。また，奥多摩には「森林セラピー」の散策道がある。森林セラピーとは，森林散策で血圧やストレスの改善を図る療法のことで，科学的・医学的な生理実験を経た裏付けによって認定された森が日本各地に44か所存在している（2011年11月現在）[9]。筆者の所属する団体では，こうして森を体験するワークショップを定期的に開催し，森林への理解と関心を広げる試みをしている。

議論

1) 森林保全を進めるにはどの方法がベストか？

　我々人類が生き延び，かつ森林も保全していく方法を見出さなくてはいけない。人工林を天然林に戻すほうが，生態系を豊かにするかもしれない。しかし山村の経済を考えると，人工林の方が収入をもたらし，地域社会を安定させる。森林保全にベストの答えはない。いかにベターの方法を沢山探していくかが大切ではなかろうか。

---

9) 森林セラピー 総合サイト（http://www.fo-society.jp/）

2）都市の人に「伝え」「つなぐ」方法

1秒間にサッカー場一面の森林がなくなるショッキングな事実は，人々に伝える必要がある。しかし不安をあおったり危機感を募らせるだけでは，アクションは続かない。やっていて楽しくなければ，モチベーションは続かない。

好きなアーティストのライブチケット代金の一部を寄付したり，Tシャツの売り上げを森づくりに役立てる方法は，音楽やファッションといった日常の娯楽やレクリエーションを通じて取り組めるさりげない持続的貢献である。

アクションプラン

環境分野に限らず，NGOやNPOで働くうえでは，少なからず企業での経験が生きてくる。特に，現地の状況を都市部（もしくは先進国）に伝え，すそ野を広げるミッションをもつ団体（部署）は尚更である。企業の営業部門では対外的なコミュニケーション能力や折衝・渉外能力が養え，経理部門ではアカウンティング（会計）や収支バランスの知識と感覚が養える。また広報や企画部門の経験もNGOやNPOで大いに役立つ。近年，日本では，広告代理店やプランニング会社出身者のソーシャルベンチャーが増えている。それまでの経験が応用できる条件が整っているからであろう。

【参考文献】

ドラッカー，P. F.（著）上田惇生・田代正美（翻訳）（2007）．ドラッカー名著集4 非営利組織の経営 ダイヤモンド社
　マネジメントの父ドラッカーが非営利組織における経営やマネジメントの大切さを説く。NPO・NGO職員のバイブル。

吉良竜夫（2001）．森林の環境・森林と環境〜地球環境問題へのアプローチ 新思想社
　国内外の森林の状況，なぜ森林が大切なのかについて，データも交えて分かりやすく解説した一般向け入門書。

田中淳夫（2005）．だれが日本の「森」を殺すのか 洋泉社
　国土の7割近くが森林に覆われながら，木材の7割以上を輸入に頼っている日本。その日本の森林・林業の現状を知るお勧めの一冊。

【略歴】

1978年東京生まれ。慶応義塾大学経済学部で環境経済学を専攻。2000年㈱クボタ入社，環境プラント部門に従事。2003年よりインドネシアでの植林団体に移り，熱帯雨林の再生に取り組む。2007年に音楽家・坂本龍一氏呼びかけによる森林保全団体「more trees」の立ち上げに伴い，事務局長に就任。森づくりをベースとしたカーボンオフセットのほか，日本の間伐材利用促進や地域再生，エコツーリズムを手掛ける。2011年3月11日に発生した東日本大震災を受けて，森林・林業の復興支援プロジェクト「LIFE311」を手掛け，地域材を活用した木造仮設住宅の建設を支援している。

2-2-8

異文化コミュニケーター

髙宮暖子

分野概要

　異文化コミュニケーターとは，観光やビジネスにおいて多文化・多国籍間のコミュニケーションをサポートする仕事である。通訳・翻訳はその代表格で，活躍分野は観光，ビジネス，医療と多岐にわたる。私はこれまで7年間程，主に観光とビジネスの分野で異文化コミュニケーターをしているが，実際の仕事は，通訳・翻訳そのものよりも，異文化の中で人と人の心を繋いだり，旅先での感動を顧客と共有するようなエモーショナルな役割が多い。

　異文化コミュニケーターは，観光の仕事では，各国から来るお客さまが日本滞在を楽しめるよう観光ガイドから旅先での世話まで行う，いわば外国人専用のツアーコンダクターである。この仕事には「通訳案内士」という国家資格が必要である。

　お客さまは，退職した熟年夫婦，スポーツや音楽等のイベント関係者，学会や国際シンポジウム出席を兼ねた観光ビジネス客，コンサートツアーで来日する合唱団，修学旅行やホームステイの学生団体，日本好きの友達仲間など，目的も人数も年齢層も様々だ。40人以上の団体を相手にバスガイドすることもあれば，1人客に付いてハイヤーを借り切り東京都内を回ることもある。最近は団体旅行よりも，少人数で訪れる個人旅行が増えている。行先は，東京，京都はもちろん，日光や富士箱根，北海道知床から沖縄まで全国にわたる。初めて日本に来る人もあれば，何回も来て慣れた人もいる。空港出迎えから出国時の見送りまで付き添う場合もあれば，必要な部分だけガイドすることもある。旅館に泊まる場合は，温泉の入り方や浴衣の着方，靴を脱ぐ等のルールを説明する。1日だけの案内もあれば，1週間以上同行して各地を回ることもある。仕事の依頼は国内外の旅行会社・企業あるいはお客さま個人から直接受けるが，最近はインターネットで直接受けることが増えた。極端な例では，常連客から数日前に 'Can you work for me on Friday this week?'（今週の金曜日は空いていますか）とメールが入ることもある。旅行サービスのオンライン化が進み，飛行機や宿泊の予約が携帯端末から簡単にできるようになったためだ。

　企業の仕事では，日本に出張した海外企業の職員に同行して日本企業との打合せを通訳したり，その際必要な英文資料の日本語訳および日本語資料の英訳，シンポジウムでのスピーチの通訳などが多い。また，国際コンベンションに出展する海外企業の通訳として，展示ブースで応対することもある。最近は，国際コンベンションに参加する海外企業の一員として海外出張し，現地で日本人客の対応をすることもある。観光客とビジネス客との大きな違いは，定期的に訪日する企業が多いので，常連客になりやすいことだ。海外ビジネス客は，品川や新宿等のアクセスのよいホテルに連泊し，分刻みで仕事や会食をこなし，観光する間もなく離日することが多い。

　異文化コミュニケーターの仕事は，何をするにも多文化・多国籍が前提である。英語圏はもちろん，非英語圏の人とも関わる。日本と出発国との時差を念頭に，メールに添える挨拶ひと

つでも，世界時計をみながら相手の国に合わせる。宗教等による食事制限も多く，レストランの予約ではあらかじめお客さまの要望を確認して，ベジタリアンメニューや小麦アレルギーメニューを頼んだり，懐石料理の鰹だしを塩味に変えてもらったりする。イスラム圏のお客さまはイスラムの戒律を守って調製された肉のみを用いるハラル料理のレストランにお連れする。

　「明日の日の出は何時か，お祈りする場所はあるか」と突然尋ねられ，空港のフリースペースを探すこともある。時間厳守が通用しないことも多い。3時までにバスに戻るように言っても，数十分遅れたりする。また，小柄な日本人に比べて大柄なお客さまが多いので，旅館の浴衣が小さすぎて入らない場合は，Tシャツの上に羽織っていただく。お寺の拝観や日本料理の席では，靴を脱ぐことをあらかじめ説明する。ビジネスシーンでは，夏場はクールビズでよいなどドレスコードを事前に連絡する。異文化コミュニケーターは，お客さまが恥ずかしい思いをしたり不要な心配をせず，日本をのびのび楽しんでいただけるようお手伝いする。

　異文化コミュニケーターには出張が多い。出張が重なる時期はこんな感じだ。ある週は米国A社の出張者のために東京で3日間通訳，その間は東京と成田のホテルに泊まり，別の顧客の出迎えを東京と成田でこなす。翌週は，函館と名古屋に1泊して観光協会でツーリズムイベントの講演を行う。週末は成田空港で個人客の早朝出迎えがあり，前日成田に泊まる。その翌週は，ドイツB社があるミュンヘンに出張して通訳等を行う。デスクワークももちろんある。時間がないときは，お客さまを迎えに向かう新幹線や海外出張の移動時間に，ノートパソコンを開く。そして観光の行程資料を作ったり，インターネットでレストラン情報を調べ，メールを処理する。

　異文化コミュニケーターは，観光客から見たもの聞いたものについて説明を求められる。俳優渡辺謙のポスターを指して，「あの俳優の映画をみた，名前は何と言ったか？」，黒いスーツに身を包んで歩く就職活動中の学生集団を指し，「あの人たちは何をしているのか？」「このあたりのマンションの価格は幾らか？」。

　異文化コミュニケーターになるには，どんな資質や能力が必要か。まず，ビジネスレベルで英語ができることである。多国籍ビジネスの共通語は英語であり，情報の大部分は英語で流れる。英語から日本語，日本語から英語の語学力はもちろん，例えば観光案内の場合，神社仏閣からカプセルホテルまで説明できる英語での知識が必要であり，相手に応じて切り口，説明を工夫する配慮も欠かせない。

　異文化コミュニケーターには，ホスピタリティある問題解決能力が求められる。異文化コミュニケーターの仕事は，相手にとっても自分にとっても，旅先，出張先という「非日常的な空間」で行われる。予期せぬハプニングやトラブルが次々起こり，状況が刻々変わる。飛行機の到着遅延はよくある。電車が遅れたり，節電ダイヤで臨時時刻表が適用されることもある。そんなときは，とっさにネットで調べたり，関係者に聞く。お客さまに何か足りないものがあれば，さっと走って買ってくる。ちなみに，私が常時携行するサバイバル用品は，バンドエイドや頭痛薬，連絡や情報収集のためのスマートフォン（iPhoneにコンパスや世界時計，地図情報，単位換算，通貨換算，位置情報から日の出日の入り時刻，天気を調べるアプリケーションを入れて活用），Wi-Fi接続機器（イーモバイル），タブレット型端末（iPad），デジタルカメラ等である。写真を撮る機会も多いので，カメラの扱いも上手いほうがよい。

　多文化・多国籍の環境では，挨拶や笑顔は大事である。語学力が完璧でも，笑顔がなく気の利いたユーモアひとつ言えないようでは，場の雰囲気が盛り上がらない。お客さまだけでなく，同業者やビジネスの相手，ホテルや旅館のスタッフ，団体バスの運転手，地域の人々にも気を配る。異文化コミュニケーターの神髄はホスピタリティにある。

学生時代に話を移そう。私は真面目に勉強して外国語学部に合格したが，リスニング，スピーキングはまるでできなかった。子どもの頃に英語塾にも通わなかったし，帰国子女でもない。中学1年生の英語の授業で，アルファベットから学習した。いまでも私は，英語でSake Brewery（酒造）をうまく発音できない。九州や北海道では外国人観光客をよく酒造にお連れする。その場合，画用紙とマジックペンを取り出し，お酒のとっくりの絵を描き，Sake Breweryと書き添え，それを見せながら"サーケ，ブルーウェリー！"と言ってみる。すると，私のお客さまが，"Akko, SAKE BREWERY! Say it again. Yes, you can say it!"と発音を教えてくれる。さらに私が"Yes, thank you. Now you can try Sake for free!"（サンキュー。見学後にお酒の試飲サービスがありますよ！）と言ってムードを盛り上げる。また，私は東京駅で迷子になるくらい重症の方向音痴なので（I have no sense of direction.），慣れない場所で案内するときは早めに行って何度もシミュレートし，きれいなお手洗いの場所も押さえておく。

　さらに，歴史や数字も苦手で，小さな紙に書いておいたり，タブレット型端末（iPad）の写真やサイトを見せて説明する。ある時，掌に書いた年号を見つけたお客さまが，大笑いしながらデジカメで私の掌を撮った。「私も数字が苦手だから次の集合時刻を書いて」と手を差出したので，"3：15PM"とスマイルマークを添えて書いたこともある。

　私は特定の専属先をもたないフリーランスの異文化コミュニケーターである。私が最も苦労するのが，自分に合った仕事を見つけることである。相性のよい顧客に出会い，自分の得意な仕事ができれば，喜んでもらえる。次の仕事の依頼やお客さまを紹介してくれることもある。ところが，合わない仕事を無理して受けると，仕事は上手くいかず評判まで落とす。顧客との相性やタイミングの善し悪しなど，仕事の選択基準は実に難しい。かといって慎重になりすぎると，今度は怖くて何もできない。だから，世の中は広いと割り切ってどんどん挑戦し，自分を気に入ってくれる市場をみつけるようにしている。

　仕事の確保と並んで難しいのが，仕事の受注の安定である。観光の仕事の依頼が集中するのは主にお花見と紅葉の時期だ。企業の仕事も春と秋に重なることが多く，一部の仕事をやむなく断る。一方，真夏など仕事がほとんど入らない時期もある。円高の影響も深刻であるが，東日本大震災のような天災があれば，観光需要は壊滅的打撃をうける。私は一時的な仕事と定期的な仕事，異なる分野の仕事を掛け持ちし，欧州，米国，日本と市場を分散してリスク管理している。それでも受注の安定にはほど遠く，フリーランスで生計をたてるのは本当に大変である。

　私の大きな喜びは，お客さまから直接，感謝の言葉を言われることである。いちばん嬉しい言葉は，"You made our tour special!"（あなたのおかげで，すばらしい日本の思い出ができた）。外国人観光客が喜ぶのは，地元の人だけが集まる路地裏のレストランなど，等身大で日常的な日本の魅力である。日本のファンがひとり，またひとりと増えるのはとても嬉しい。まさに異文化コミュニケーターの醍醐味である。

キャリアパス

　異文化コミュニケーターとして必要な英語力，コミュニケーション力，問題解決力，ホスピタリティを身につけるには，何を学び，何を経験すればよいだろうか。

　まず英語であるが，TOEICが満点よりも，実際に現場で英語が出てくるか，使えるかがポイントになる。大学で，英語関連の授業をとるのも良いが，いちばん鍛えられるのは，英語で"仕事"をすることだ。報酬をもらうと真剣になるので，漠然とした勉強とは全然違う。

　学生時代に，"仕事"に近い形で英語力を鍛えるにはどうしたらよいか。いちばん勧めたい

のが，短期間でもよいので海外へ行くことである。その際に，ネットを駆使して自分で飛行機や宿泊先を手配し，事前準備から連絡，リサーチ，旅先での時間の使い方まですべてをひとりで行う。日本語サイトを使わず，世界的によく使われる海外サイトを利用すれば実践的な英語が身に付く。旅先でなるべく地元の人と触れ合えば，コミュニケーション力，問題解決力，さらにはホスピタリティまで試される実践的トレーニングができる。日本で外国からの友人を観光案内すれば，"仕事"に近い経験になる。

　私は大学の英語学科に入学して外国人教師から異文化コミュニケーションやスピーチを学んだが，言っていることがほとんど分からなかった。周りの学生についていけず，授業が苦痛だった。そこで親に頼んで，2年生の夏休みにイギリスのインターナショナルスクールの夏期講座に留学した。日本人は私1人という環境で，ヨーロッパ各国の優秀な学生に混じって英語力を磨くことができた。翌年，この夏期講座で親しくなったフランクフルトの友人宅に泊めてもらった。そうしているうちに英語が聴き取れるようになり，大学の授業も楽しくなってきた。映画のセリフや英語のニュースを聞く習慣ができ，今も続けている。

　大学卒業後，どんな会社に入ればよいか考えてみよう。観光の場合は旅行会社，航空会社，通訳・翻訳の場合は企業の専門職やフリーランスを思いつくかもしれない。しかし私の経験から言うと，業界や業種はあまり気にしない方がよい。就職活動というと，やたら自己分析したり，将来計画を立てたり，自己実現にこだわる向きがある。でも頭の中でシミュレーションできることなど，ほんの僅かだ。それよりは，目の前に与えられた環境から最大限学び取ることを勧めたい。

　私は大学卒業後にIT企業に就職した。そこでは全国の小中学校の職員室やパソコン教室にコンピュータシステムを提案し，導入する仕事をした。当時はWindows95が普及しつつある頃で，空前のコンピュータブームだった。最先端のデジタル機器やソフトを次々に使い，社内のイントラネットも担当した。IT業界には様々な外国企業が参入しており，通訳や翻訳をしたり，国際コンベンションに出向いて折衝する機会もあった。もともと私はこの仕事を目指していたわけでもなく，学生時代に自己分析したこともない。私は仕事への適性を考えることもなく，与えられるまま目の前の仕事をやった。今になって考えると，IT企業での実務経験はフリーランサーの命である自分のサイト運営に役立ち，国際コンベンションの仕事は現在の仕事に繋がるなど，当時は全く予想もできなかった。何がどう役立つかは，後にならないと分からないのである。

　特定の専属先をもたないフリーランスと会社員の違いは何だろう。会社員はフルタイムで拘束される代わりに生活は安定する，フリーランスは自分の好きなように仕事ができるが生活は不安定である。しかし決定的な違いは，企業の後ろ盾の有無である。

　例えば，顧客管理システムを売るとしよう。実績のないフリーランサーが突然会社を訪問しても，信頼してもらえない。一方，同じ者が会社の名刺を差し出して説明すれば，契約に至る可能性ははるかに高い。フリーランサーが企業のブランド力に匹敵する信用を得るには，相当の苦労と工夫が要る。

　フリーランサーが信頼を得て仕事を依頼してもらうためには，自分自身のブランディングすなわち，学歴，職歴，肩書き，資格，実績といったオフィシャルな「証拠」と，口コミで人に伝わる第三者の「評判」が必要である。「証拠」と「評判」は，冷静かつ客観的にフリーランサーの能力を証明してくれる，業界へのパスポートである。

　私の場合の「証拠」は，外国語学部卒，IT企業での5年間の勤務歴，通訳案内士という国家資格，観光案内や通訳，大学や観光協会での講師・講演の実績である。私の場合の「評判」

は，お客さまからの評価コメント（口コミ）や他者への推薦である。特に企業トップのように影響力のある人物から高い評価を得て，周囲の顧客を紹介してもらう口コミ効果は非常に大きい。

　女性のキャリアパスにおける結婚や出産の問題に触れたい。結婚や出産は人生の大きな喜びであるが，キャリアの面から見れば，ある種の「撹乱要因」でもある。結婚して出産すれば，人生は自分だけのものでなくなる。

　私は関東育ちで，結婚，出産を経て福岡へ引っ越した時，友人も仕事もなかった。引っ越す直前に都内の旅行会社を訪問し，「これから福岡に引っ越すので九州の仕事をください」と挨拶していたため，九州にいても東京から仕事をもらうことができた。地元の通訳案内士組織に所属したり，観光関係のシンポジウムに出て，知り合いを増やしていった。こうして，福岡，熊本から少しずつ始めた観光ガイドの仕事は，九州各県，沖縄へと広がった。一度だけ子連れでガイドしたこともあった。シンガポールの子連れのお母さん団体の別府温泉ツアーで，あなたも是非娘さんを連れていらっしゃいと言われたのである。関東に戻ると企業通訳の仕事が多くなり，常連の海外ビジネス客が増えていった。その矢先に東日本大震災が発生し，観光通訳の仕事はほぼ消滅した。その苦しい最中に，顧客であった海外企業からラスベガス，アムステルダムで国際コンベンションを手伝うよう依頼され，さらに日本国内の業務を担当させてもらった。今はそういった海外企業の仕事と，徐々に回復しつつある海外からの観光客やビジネス客相手の仕事をしている。

　フリーランスの異文化コミュニケーターには，どのような経験も糧にして仕事を引き寄せるバイタリティが求められる。あまり考えすぎず，計画しすぎず，今これができる，今しかできないとひらめいたことを，どんどんやっていく。"You can learn a lot from life."（人生経験から学ぶことは多い）

シミュレーション

　異文化コミュニケーターとして重要な英語とコミュニケーション力を訓練してみよう。外国人に日本を好きになってもらい，また来たいと思ってもらえるように，また，ハプニングが起きたり，価値観の違う相手と接するときに，どう対応すればよいか。

実例1　"Hello．How are you?"という挨拶に対して，相手の印象に残るよう，魅力的に答えてみよう。

　単に"I'm fine thank you."と応じるのではなく，相手の印象に必ず残り，その後の交流に繋がる受け答えを考え，表情を交えて演じてみる。恥ずかしがらず，笑顔で話そう。英語が上手かどうかよりも，自然に明るい笑顔ができるか，相手が喜ぶような話題を提供できるか，ホスピタリティとユーモアを大切にしよう。ユーモア，ジョーク，豊かな感情表現は人間関係を深める。周りが元気になれる雰囲気を作ろう。（"Laughing is the best therapy."）

　会話のたびに相手の名前（ニックネーム）を呼ぼう。日本のビジネスシーンでは，お互い名前を知らないまま話し続けることも多い。しかし，国際ビジネスでは，たった一言の受け答えでも，ファーストネームや愛称を呼び合う。相手の名前を繰り返し言うことにより，相手との距離を縮め，親しみを込めることができる。また，相手の服装や持物などを褒めたり，"お菓子のいいにおいがしますね""ちょっと気温が下がりましたね"など，五感を刺激する話題を出す。こうして会話のきっかけを作り，相手がリラックスした楽しい気分になれるよう，心のこもったコミュニケーションを練習してみよう。

実例2　ホテルのロビーで朝9時に待ち合わせしたが，相手（イタリア人観光客）がなかなか現れない。観光ガイドとしてどうするか？

　様々な国の人とおつきあいしていると，お国柄による行動パターンが出てくる。待ち合わせひとつとっても，ラテン系やタイなどの熱帯地域の人は遅刻が多く，ドイツや北欧，イギリス人などは時間厳守が多い。

　ここでは行動パターンを善悪で考えるのではなく，相手の文化や習慣を理解する立場にたって演じてみよう。また，時間を守らないと新幹線に乗り遅れるなど，時間厳守を求めたり予定変更できない場合に，どう伝えて納得してもらうか考えてみよう。

議論

1) フリーランサーとしてのサバイバル

　フリーランスの異文化コミュニケーターとして仕事を得て，顧客獲得するにはどうしたらよいか。人的ネットワークを築くには，何をどのようにしたらよいだろうか。

　フリーランサーが仕事を安定させるには，新規に顧客を獲得し，リピーターの顧客を増やし続ける以外にない。新規に顧客を開拓したら相手に覚えてもらい，「もう一度会いたい」「この人と一緒に仕事をしたい」と思ってもらうことである。ひとつひとつ目の前のことを確実にこなし，実績を積み重ねるのが大原則だ。

　また，コミュニケーションを補う手段として，季節ごとのグリーティング，Facebookなどのソーシャルネットワークの活用がある。さらに，自分のウェブサイトを作れば，プロフィールや実績をまとめ，企業サイトのように活用できる。その際，海外のフリーランサーのサイト（コンサルタント，ウェディングプランナー，ライター等）が参考になる。これは既存の顧客による新規顧客の紹介に役立つ。メールを何度もやり取りするより，URLを教えるだけなので簡単に伝えられる。なお，ウェブサイト，名刺などのビジネスツールはフリーランサーの看板なので，自分のスタイルを反映させた見やすく信頼できるものに作りたい。

2) 国際社会での日本人のよさと活かし方

　英語ができる日本人は国内にたくさんいる。同時通訳など，よほど自分の専門分野が確立していれば別だが，英語力だけで仕事を見つけるのは難しくなっている。こうした状況で，どうしたら差別化して，自分の仕事を見つけられるだろうか。

　英語を使う国際的な仕事を希望する場合，テリトリーを国内に限定せず，海外を含めて考えてみたい。日本で英語を生かすよりも，例えばヨーロッパに行けば，日本語力や日本人としてのバックグラウンドが強みになる。日本語を読める，日本人と話せる，日本の教育を受け日本の文化を知っている。こうしたことが実は特別なスキルになるのである。

　自分のスキル，パーソナリティを活かすには，「同」と「異」のネットワークの両方の視点から考える。例えば，同世代と異世代，同業種と異業種，同言語と異言語である。「同」のネットワークでは同じ情報を共有できるし，「異」のネットワークでは自分が特別な存在になれる。例えば，コンピュータのスキルはコンピュータ会社にいれば当たり前だが，コンピュータのできる人がいないところでは特殊能力になる。

　スキルを高めることも大切だが，自分を活かすためのマッチングはそれ以上に大切だ。日本人というアイデンティティは世界から高い評価を得ている。日本のある地域性まで備えていれば，エキゾティシズムとして素晴らしい魅力になる。

アクションプラン

1) 英語を鍛える

日本語でも英語でも，日頃から積極的なコミュニケーションを心がける。笑顔で元気に挨拶する。海外に旅行してみる。国内では日常生活を英語環境に切り替える。例えば，本を日本語で読む代わりにオーディオブックで英訳版を聴く。海外の映画をDVDで見るときは音声を英語，字幕も英語に設定する。日本映画のDVDで英語音声がある場合はそれを試す。ネット上の音声，動画コンテンツ配信サービス（Podcast等）を活用して海外のニュースを聴く。FacebookやTrip Advisor等，有名な海外サイトを英語で使う。好きな洋書の原作，あるいは日本の本の英語版をオーディオブック（本タイトルの音声配信サービス。audible.com等で入手可能）で聞く。切符購入やコインロッカーを使う時に，英語表示があれば英語に切り替えて使う。デジカメや携帯電話，スマートフォン，タブレット端末などの言語設定を英語にする。パソコンのオペレーティングシステムを英語にする。インターネットで，旅情報，ニュース，博物館や美術館，映画情報，ウィキペディアなどを調べるときも，英語サイトをみる。

2) 人脈を築く

人との繋がりを大切にして，発展させる。人的ネットワークを補うものとして，メールや，Facebookのようなソーシャルメディアを利用する。お盆休みや年末年始の季節の便りを出す。友人や仕事関係の人の名刺をもらいっぱなしにせず，連絡先や会った日，話した内容などのプロフィールを管理して，次に会ったときに話題を持ち出せるようにする。

3) 日本文化を学ぶ

日本人のアイデンティティを見直し，大切にする。文化や歴史，地域の魅力に関心を持ち，尋ねられれば自分の言葉で答えられるようにする。NHK「トラッドジャパン」等，日本文化を日本人の視点から英語で紹介するコンテンツを活用する。

【参考文献】

コッポラ，ソフィア（監督）(2003)．ロスト・イン・トランスレーション
　従来のフジヤマ，ゲイシャでイメージされるステレオタイプの日本観とは違う，現代的で軽妙な観点から"トーキョー"を撮る。日本を観光で訪れる外国人客の多くが見ている映画のひとつ。

江口裕之・ヴァーナム-アットキン，ステュウット (2011)．英語で伝えたいふつうの日本　DHC出版
　「日本酒と焼酎は，どう違うの？」「海藻はおいしいの？」。歌舞伎，舞妓，茶道ではなく，等身大の日本人の「ふつう」がテーマ。外国人が不思議に思う，日本人の日常についてのダイアローグ30編！　日本人の日常に隠れた，なにげないNIPPONらしさを英語で話そう！（amazon.co.jp紹介文より）

村上春樹 (1987)．ノルウェイの森　講談社
村上春樹 (1988)．ダンス・ダンス・ダンス　講談社
村上春樹 (1990)．遠い太鼓　講談社
村上春樹 (2002)．海辺のカフカ　新潮社
　それぞれ，英語を始めとした外国語版も多く，日本好きで日本を訪れる若年層に広く読まれている。旅の楽しみを味わえる内容や会話が多いため，英語版のオーディオブック（audible.com）も楽しめる。

【略歴】

上智大学外国語学部英語学科卒業。富士電機ITソリューション株式会社に5年間勤務。英語通訳案内士の国家資格を2002年取得後，フリーランスで観光・企業通訳，大学や地方自治体等の講演（ツーリズム，異文化コミュニケーション，実務英語等）を行う。2008年より2011年，社団法人

日本観光通訳協会理事を経て常務理事。2011年より，BandPro Film & Digital 社（本社：ロサンゼルス・バーバンク）の日本市場担当。ウェブサイト：http://deartravelers.com

2-2-9

開発コンサルタント

豊田雅朝

分野概要

　　開発コンサルタントとは，開発援助の分野において，助言や提言，事業の調整やプレゼンテーション，報告書作成などを行う専門職である。業務内容は多岐にわたり，案件形成，案件監理，事後評価，援助機関との調整など様々である。開発コンサルタントには，コンサルティング企業職員が多いが，個人として業務を請け負う者もいる。開発コンサルティング企業には，教育案件や評価案件などの専門的強みを持つ分野特化型と，沢山の人員をかかえ大規模な案件形成なども担当する総合型の企業がある。業務形態は，現地駐在型から長期や短期の現地出張型があり，国内では資料や提案書・報告書の作成などがある。給与形態は，業務従事分だけを受け取る歩合制から毎月の固定制まで様々である。開発コンサルタントに求められるスキルや専門性は時代とともに変化する。仕事を通じて新しい事を常に学んでいかないと時代遅れになる。こうした厳しさの半面，経験と実力を積みさえすれば自身の希望する働きかた（キャリア）をデザインできる面白みがある。

　　開発コンサルタントの業務は，日本のODA予算が大幅に増額された80年代後半から90年代に質量ともに急激に増加した。現在では，ODAに関わる仕事だけでなく，民間企業からの委託業務も行うことが多い。例えば，現地でのサービス提供やインフラ建設，商品の生産・販売に関するコンサルティング業務である。最近，新聞やニュースでよく見かけるのは，マイクロファイナンス[1]やフェアトレード[2]，BOPビジネス[3]と言った途上国対象のビジネス用語である。途上国といえば，以前は人道支援の対象国であり，安価な労働力を求める生産拠点でしかなかった。しかし現在では大幅な成長が見込まれる新興市場となり，専門的な人材を育てる教育や研修の場にもなってきている。開発コンサルタントの業務にも時代のトレンドがある。世界の援助業界の流れには，ひも付き援助の是正（アンタイド化）[4]，人間の安全保障[5]，ミレニアム開発目標[6]など，その時代のテーマやトレンドがある。また，日本の援助業界の流れとしては，ODA総額が世界一の時代から，現在の財政難からくる減額の流れがあり，援助機関（ドナー）内での影響力の低下や民間資金活用の必要性向上など，日本の国際情勢の中での

---

1) 小口融資や貯蓄，保険等の金融サービスを受ける機会を与えることで貧困層の所得向上を目指す，低所得者および零細企業向けの小規模金融システム。
2) フェアトレード：単に資金援助するのではなく，地元の産業と公正な条件で貿易を行うことで，その自立を支援しようという運動。
3) Base of the Pyramid の略。世界の所得別人口構成の中で，最も収入が低い所得層を指す言葉で，約40億人がここに該当すると言われる。BOPビジネスは，市場規模が約5兆ドルにも上ると言われるこの層をターゲットとしている。
4) ひも付き援助の是正（アンタイド化）：ひも付き援助とは，援助プロジェクトに用いる資材や役務等の調達先を援助供与国に限定する援助形式。「タイド援助」とも呼ばれる。ひも付き援助の是正（アンタイド化）とは，資材や役務等の調達先を援助供与国に限定しない援助形式。援助のアンタイド化は先進国側での市場開放であり，プロジェクト用資材や役務提供への途上国企業の参入を促進する効果がある。
5) 武力紛争，暴力，貧困，環境破壊，HIV/エイズを含む感染症など，世界の人々が直面する広範で深刻な脅威に対して，人間を主体とする安全保障視点からより包括的で効果的に対処していこうとする考え方。
6) ミレニアム開発目標（Millennium Development Goals: MDGs）：国連が制定した開発分野における国際社会共通の目標。極度の貧困と飢餓の撲滅など，2015年までに達成すべき8つの目標と数値を定めている。

立ち位置やビジネス環境の変化の影響も多く受けている。また，2008年にJICA（国際協力機構）とJBIC（国際協力銀行）の円借款部門が統合し新JICAが誕生したことは，有償と無償の援助方式が一体化され，案件やかかわる人材が相互作用を生むような取組みも始まり，日本の開発援助業務に大きな影響を与えている。

　開発コンサルタントの仕事の面白さは，現場に近い場所で働き，開発援助に直接携われることである。相手国政府や実施機関，現地住民，アカデミアなど様々な人と働くことになるので，物事の多面性をみることができる。途上国援助の仕事というと綺麗な側面が強調されがちであるが，実際の現場では政治やビジネスの様々な衝突や駆け引きがある。その状況の中で自身の専門性や知識・経験を活かし，より良い成果を出すために取組めることはこの仕事のやりがいの一つだと思う。また，一つの組織で直線的にキャリアを積むのではなく，様々な業務を通じてらせん状にキャリアを積んでいくのも，これからの時代にあった働き方である。

　開発援助の仕事をしたいが，経験の積みかたが分からないという意見を良く聞く。開発コンサルタントという職種は一般の民間業務と違い，実務経験のない新卒者はほとんど採用されない。開発コンサルタントになるためには，まず自身の得意な分野，専門性を一つ磨き，それを突破口として関連業務を経験していく必要がある。キャリア構築の過程では，自分の経歴や興味関心を再確認するとともに，開発コンサルティング業界が今後必要な人材・分野は何かという視点も持ちたいものである。開発コンサルタントの仕事は時代とともに変わっていく。「日本人の自分が10年後，20年後に活躍できる地域や専門性は何か」を考える必要がある。開発援助の様々なトレンドを想定しつつ，自身のキャリアを不確実性の中でデザインする能力が求められる。

　開発援助は，これまでの政府やNGOへの依存型ではなく，民間資本や企業活動との連携型が増えるであろう。例えば，韓国は民間企業が海外進出する際に，ODAや政府機関を積極的に活用して成果を上げている。日本においても国際ビジネスにおける官民連携が叫ばれており，国策として取り組む必要性に迫られている。途上国への経済支援は，人道的観点だけでなく，グローバル化された経済や環境問題など共通の利害関係も意識する必要がある。今の大学生が社会で活躍する時代には，国際的な人の移動が更に進み，同じ業務を中国やASEANの若者と取り合う時代になる。日本や日本人の特性を生かした国際競争力を身に着けていく時代が目の前にある。このような時代の変化をチャンスととらえ，今自分は何ができるかを考え，夢と構想力を持って自分のキャリアを見出していただきたい。

キャリアパス

　著者は大学卒業後，青年海外協力隊に参加し，フィリピン・セブ島の音楽学校で音楽教育と学校運営に3年間携わった。職種は音楽（チェロ）で，フィリピンの子どもたちへの個人指導とオーケストラ活動の支援が主な業務であった。フィリピンではクラシック音楽の楽器調達は容易でなく，音楽教育に対する社会的認知度も低い。そのため，コンサートなどを通じてクラシック音楽を広めることから始め，学校側に働きかけて子供用チェロの輸入や資金集めを行った。大学を卒業したばかりで経験も浅い筆者が，現地で生活や仕事を経験したことは，開発コンサルタントとしてのルーツになる幸運な体験だった。多くを教えてくれたフィリピンへの恩返しのために，将来，開発援助の仕事に携わりたいと考えた。チェロという特技によって協力隊への道が開け，フィリピンでの経験によって開発コンサルタントへの想いが芽生えた。自身の決めたこと，出会ったものを大切にしていけば，道に繋がるのである。

　協力隊終了後は，ニューキャッスル大学大学院（イギリス）開発経営学修士課程，アジア経済

研究所開発スクール（千葉）開発経済学ディプロマ課程，Asian Institute of Management（フィリピン）開発経営学修士課程で，開発分野を4年間勉強した。3つのアカデミアでは，勉学だけでなく，世界中からの学友と知り合ったことが大きな財産であった。そのネットワークが現在の業務においても非常に役立っている。筆者の場合は先進国の大学院より途上国の大学院で開発学を学んだことの方が得るものが多かった。その後，JBICの専門調査員として，ベトナムとスリランカに対する円借款事業の審査や調達部門の業務を3年間経験した。そこでは，橋梁や港湾建設，企業家育成ローンなど新規案件の形成・審査を担当し，2か月に一度は現地へ出張し相手国政府や関係機関との折衝を行った。それまで未経験であった組織としての実務を援助機関で担当したことは非常に大きかった。また，様々な人や組織と協調して海外政府機関，国内関連機関・企業と交渉するやり方も学んだ。

　その後2年間，北海道大学国際戦略本部の特任准教授として，大学における開発プロジェクトの体制整備と国際協力の講義を担当した。具体的には，大学生と教員をフィリピンやスリランカに引率し，アカデミアと開発援助の連携を図る仕事を行い，開発援助での実務経験をどう教育機関に取り入れるか工夫した。フィリピンにスタディツアーに行った学生は，帰国後，国際協力サークルを結成し，途上国でのボランティア活動，フェアトレードやイベントによる学内での寄付金集めを現在も続けている。その後は開発コンサルタントとして，ベトナムやフィリピンで政府開発援助事業や民間研修事業に関わった。2011年現在，JICA専門家としてアゼルバイジャンで円借款事業の案件監理を行っている。

　開発コンサルタントという職種は，様々な経験と専門知識，多様な業務内容が求められるため，一般的なキャリアパスを示すのは容易ではない。他の開発コンサルタントを見てもキャリアパスは様々である。しかし，自分の専門性から開発援助の仕事に関わるようになり，業務経験の中で専門とする地域や分野を確立していった例が多い。筆者の場合は，途上国でチェロを教え，オーケストラをつくる仕事から国際開発のキャリアをスタートさせたが，青年海外協力隊の経験や人脈すべてが現在の自分に繋がっている。チャンスを次の道に繋げ経験から学び続けることは，開発コンサルタントに求められる資質の一つである。チャンスをいかに活かすかを考え，行動して欲しい。途上国には環境の厳しさから夢を実現できない多くの若者がいる。日本の大学生の恵まれた立場を自覚して，理想に向かって一歩踏み出す気概を持ってもらいたい。

議論

1) 語学力の必要性

　英語は国際公用語であり，どのような国で働くのであれ必須と言える。交渉，情報収集，情報伝達において，まずは一定の英語力が必要である。またTOEICやTOEFLといった資格としての英語のスコアのみならず，実践で使える英語力が必要である。

　スピーキングに関しては，自身の考えを簡潔に伝える能力が求められる。お互いの考えの前提が違うなか，限られた時間で，相手に自分の考えを正確に伝えられるかどうかが問われる。英語を話さないといけない環境に自身を置いてみよう。必死になって話した時にこそより言語の上達があるのだから。

　リスニングに関しては，流暢なネイティブ英語だけでなく，お国訛りのノンネイティブ英語に接する機会も多い。インド英語，中国英語，フィリピン英語など，ノンネイティブ英語には特有な発声や発音があり，母国語特有の考え方のロジックがある。そのようなノンネイティブ英語に一定量接すればクセが分かり，次回はかなり聞き取りやすくなる。

ライティングは非常に大切なスキルである。会話と違い書類として残るので，正確さ，明確さが求められる。文章は量を書くことで鍛えられるため，メールやソーシャルメディアを利用し，まずは外国語を自然に書ける練習をお勧めする。また，文章を書くときにはロジックを良く考え，相手の立場に立ったライティングを日ごろから心がけることが上達の近道である。多くの場面で難しい構文や文法を使うは必要ないので，わかりやすいシンプルな文章をかけるスキルが求められる。

なぜ外国語学習が必要であり，どのような外国語を習得すれば自身のキャリアに活かせるのかを真剣に考えて欲しい。英語学習に際しては，漠然とした勉強ではなく，英語を必要とする場面を具体的にイメージして勉強すれば吸収力が高まる。語学修得にはある程度の量のインプットが不可欠であるため，学生時代に明確な達成目標を持ち，最低でも毎日一時間続けることを勧めたい。キャンパスにいる外国人との会話でも良い。英字新聞を購読しても良い。インターネットで英語のニュースを見てもよい。日々の生活の中で習慣として外国語を学べる機会は数多くある。社会に出て仕事を始めてしまうと，まとまった勉強ができない。時間がある大学時代の今こそが良い機会である。

英語だけではなく，現在成長が著しい中国やロシア，トルコなどの地域経済大国の言語習得も，チャンス拡大に繋がるであろう。マイナーな言語は活用の場は少ないが，使いこなせる人も少ないためチャンスも多い。

2） コミュニケーション能力

グローバル時代の様々な国際的仕事また開発援助の分野においても，異文化間のコミュニケーション能力は必須である。異なる背景を持つものが意思疎通して一緒に仕事をするためには，相手を理解できる知識と想像力はもとより，相手の個性や文化に対する配慮と好奇心も必要である。仕事相手や相手国の良さを発見する姿勢があれば，それは相手にも通じるものである。外国では，日本の歴史や政治・経済・文化を質問されることが多い。それは日本や日本人をアピールして，良い信頼関係を築く絶好のチャンスである。日本人は一般的に調整能力が高く，議論の場に日本人がいると話がまとまることが多い。「発言しない日本人」「何を考えているかわからない日本人」だけが日本人の特性ではない。日本人は空気を読みながら関係性を築くのが得意である。はっきりとした自己主張が必要な場面も多いが，日本人が持っているバランス感覚や柔らかいコミュニケーションスタイルは異文化の中でプラスに作用する。

3） 修士号の取得

国際コンサルタントとして修士号を持つことは望ましい。修士号は必須ではないが，持っていればコンサルタント業務の応札において一定の影響はある。ただし，コンサルタント業務は範囲が広いため，修士号の専門分野は問われないことが多い。実際，開発コンサルタントの修士号は，経済学，経営学，言語学，国際政治学，地域学など多種であり，請け負う業務内容と一致していないことが多い。

開発コンサルタントを目指すのであれば，海外での学位取得をお勧めする。取得に関しては様々なパターンがある。海外の大学院では入学条件として実務経験を求めるところも多いため，大学卒業後，企業に就職して経験を積み，資金を貯めたうえで進学を検討するのも良いであろう。筆者の場合は協力隊活動を実務経験として大学院に願書を出した。海外の大学では社会活動やボランティア活動なども実務業務としてカウントされる場合が多い。開発コンサルタントを目指すのであれば，日本や欧米の大学院だけでなく，途上国の大学院進学も十分検討する価

値がある。タイ，フィリピン，インドなどの大学院は生活や学業面での苦労はあるが，その時に培った人脈やそこで身に付けた生活感覚はその後非常に役に立つ。

アクションプラン

1) 行動の重要性

開発援助に関心のある者は，学生の間に関心のある分野や地域で，まず何らかの行動を起こしてもらいたい。開発援助は教室での座学ではなく体感して覚えることが多いからである。一人での行動が難しければ，興味を共有できる友人と組めば良い。例えば，途上国の生産者と連絡をとり，産品を輸入して大学生協で販売したり，チャリティイベントなどで資金を集めて現地に役立つ取組みをすれば，将来自分自身が働く際の貴重な財産になる。また，キャンパスにいる留学生への生活や勉強面のサポートを企画・実施するなど，身のまわりでできることは実は非常に多い。仕事というものは上手く行かないこともある。若い時の失敗はできるだけ早くした方が今後に活かせる。

2) 語学の習得

海外で働きたいと思うなら，意思伝達ができないと何も始まらないため，語学は必要最低限のツールである。語学学習は個人のレベルにあった方法を選び，ある一定の毎日の積み重ねが必要である。持続的に勉強する工夫を心がけてモチベーションを保ち，楽しみながら，お金をかけずに勉強する方法を見つけて欲しい。語学は使うことによって上達するので，インプットした言葉を使用する実践の場を意識的に持つ。海外に行けば語学や知識を学べるが，海外にいかなくても，大学キャンパスやインターネットを利用して，日々の生活の中で国際協力の感覚を学べる。それは日々の意欲と心がけ次第である。

【参考文献】

エドワーズ，マイケル（著）畑島宏之他（訳）(2006)．フューチャー・ポジティブ　開発援助の大転換　日本評論社
　これまでの開発援助における失敗とどのようなパラダイムシフトが必要か示している。今後の開発援助のトレンドを考えるうえでも貴重な文献である。

国際開発ジャーナル社（2011）．国際協力ガイド2013　国際開発ジャーナル社
　開発援助の仕事に関する入門書。援助機関や開発コンサルタントの紹介，キャリアパスの実例，開発学を学べる大学院のリストなど，幅広い情報が載せられている。

C.K. プラハラード（著）スカイライトコンサルティング（訳）(2005)．ネクスト・マーケット，貧困層を顧客に変える次世代ビジネス戦略　英治出版
　インドやアフリカなど社会の底辺層（BOP）が可能性に溢れていることを，各国の事例に基づき説明。ODAのみならず民間資本や企業活動が途上国援助にとって大切と気付かせてくれる本。

サックス，ジェフリー（著）野中邦子（訳）(2009)．地球全体を幸福にする経済学　過密化する世界とグローバルゴール　早川書房
　開発経済学の権威サックス氏の著書で，各国の事例を参照に分かりやすく書かれている。ミレニアム開発目標の現状と課題も詳しく述べられている。

【略歴】

立命館大学産業社会学部卒業後，青年海外協力隊員としてフィリピンで活動（職種：音楽）。ニューキャッスル大学経営学修士（イギリス），アジア経済研究所開発スクール，アジア経営大学院開発経営学修士（フィリピン）で学んだのち，国際協力銀行専門調査員，北海道大学国際戦略本部特任准教授。その後，開発コンサルタント（所属：合同会社適材適所）として開発援助や途上

国での研修業務に関与し，現在はアゼルバイジャンでJICA専門家（有償資金協力専門家）として勤務。

2-2-10

開発輸入ビジネス

佐々木敏行

分野概要

1）貿易の歴史

　かつて金と塩が等価で交換されていた時代があった。とんぼ玉と奴隷が交換されたことさえもあった。その時代や社会通念によって現在とはかけ離れた価値観によって物の交換，つまり「交易」がなされていたのである。そもそも交易とは何であろうかと考えるに，つまりは等価の価値の交換，言い換えれば互いに合点のいく形で物と物，金銭と物，あるいは無形の何かを交換する行為なのであるが，それを外国と行う場合に「貿易」と呼び，その際，商品を送り出すことを「輸出」受け入れることを「輸入」と呼ぶことになっている。貿易は異なる国の間で行われる商品の売買であり，それにより互いに利益を生み出すことが重要なのはいうまでもないが，それを通じて行われる異文化と異文化の交流，異なる慣習や言語の交わりによって互いに生じる変化にこそ貿易というビジネスの醍醐味がある。異文化に触れ，その怪しさや非日常に違和感や畏怖，あるいは畏敬などを感じながらもその距離を縮め，差異を埋め，時には取り込み，自らの世界観といった観念を作り上げていくことで互いの文化の多様性を生み，それに歌や芸術，文学などといったものも交わりながら，貿易は発展してきたのである。ただ良いことばかりでもなく，遠距離貿易がペストを媒介し蔓延させたことで，中世ヨーロッパや東方地域の人口を半減させ所謂「暗黒時代」の引き金となったこともまた疑いようのない事実である。アダム・スミスの謂うように，人間には「ある物を別の物と取り替え，引換え，やりとりする性向」が本質的に備わっているのかもしれないが，ただの物質面での「交換」に過ぎないのであれば，古来人々が生命を賭してまでそれに臨む価値もなかったのではないか。豊かに生きるために，あるいは生存競争に生き残るため，盛んに余所の文化を取り入れては変化を遂げてきたのではないかと考えられるのである。

　サハラ砂漠では，古来，世界遺産トンブクトゥとタウデニ岩塩鉱の間を「隊商」と呼ばれるラクダのキャラバンが，毎年 2400km もの距離を 6ヵ月かけて塩を運ぶ。タウデニでは今でも塩が貨幣の役割を果たす。こうした交易路には，バザールやスークが発生し，その側には「キャラバン・サライ」と呼ばれる隊商宿ができ，これがまた文化の交流点ともなる。「バザール」の原意は，「（物の）値段の決まる場所」で，元来バザールには定価はなく，商人達が互いに合点のいくところで値を決めてきたのである。「スーク」は市場を意味し，（語源は，送る，運ぶ，手渡すという意味の動詞）元来，キャラバン（隊商）の通る街外れに定期的に立つ交易の市を指し，それは祝祭の場でもあり，部族紛争のときも中立性が担保されていた。ほかにも塩，香辛料，乳香の交易路など地域により様々な交易路があり，またそれぞれに違ったバザールやスークが生まれたのである。また，砂漠では，長い道程に水が不可欠な為，オアシスとオアシスを繋ぐかたちで交易路が形成されていった。かようにかつては栄華を誇った数々の交易路や交易拠点も，便利な交通手段の発達とともに衰退していった。今もそうしたオアシスは，

賑やかであった当時の痕跡や遥か遠くの文化の足跡を残しながらひっそりと砂塵の彼方に佇むのである。

2）貿易という仕事

　皆が「貿易」という「仕事」に持つイメージとはどういったものであろうか。飛行機を乗り継ぎ，華麗に世界を飛び回るビジネスマンであろうか。昔ながらの汽船は想像しまいが，船で遥か遠くの海の向こうへと渡る商人の姿を想いうかべるだろうか。実際には，ここまで交通手段やインターネットが発達した現在の日本では，世界の国々と容易につながることができるため，あらゆる業態が商社，小売，卸，メーカーの区別なく世界と貿易を行っている。さらにインターネットの飛躍的な普及により格段に手続きそのものは簡略化され，個人による小口の輸入もまた格段に容易になっている。

　輸入にも様々な形態があるが，1963年国連貿易開発会議で「開発輸入」という概念が提唱された。これは先進国が，開発途上国に資本や技術を供与し，輸入国の仕様，需要に合うように開発し，その生産物を輸入するものであるが，途上国にとっては，未開発の資源を生かすことができるうえ，様々な技術やノウハウも習得でき，雇用の創出，収入基盤の創出につながる。一方，輸入者側は原材料や人件費などのコストが軽減でき，自国のマーケットに合った製品を安価で購入できるなどのメリットがある。

　海外で既に製造あるいは販売されている既製品を輸入する場合は，海外の見本市に足を運んでそれを発掘するか，あるいはインターネットで検索しe-mailでコンタクトをとるなどしたのち，自国へ輸入，販売するという手順を踏むのが一般的だろう。「商品開発」の手間が省けるメリットがある半面，その仕様のどこかが自国の市場に合っていなくても，意匠や権利等の点で改良が難しいなどのデメリットもある。加えて，容易に輸入できるということは，競合他社もまた同様に容易に輸入できてしまうという点にも留意しておきたい。

　一方，開発輸入の場合は，最初から自国のマーケット需要を考慮したうえで一から作っていけるので，そういった意味では意に沿った形での輸入販売形態となるはずだが，実際には文化，商習慣等の違いからなかなか思ったとおりに事が運ばない場合が多く，存外デメリットばかりが強調されることになりやすい。具体的には，品質が均一でない，サンプルと本製品が異なる，納期が守られない，連絡が容易でない，政変，天変地異の影響を受けやすいなどリスク要件を挙げればキリがない。しかし開発輸入の場合は，こうした不利な条件にばかり着目していては，埒が明かないし，第一に神経が持たない。先述のとおり，貿易には，文化と文化の差異を埋める作業が不可欠なのである。反対に，知られていないがゆえの新規性，市場での自由度などのメリットに極力注目し，現時点で確保されている優位性や利点を最大限に伸ばす方が余程気が楽になるし，また得策でもある。

　貿易に携わる立場からその魅力について挙げるとすれば，やはり「異文化との遭遇」だろう。異質なものに適応する努力をしているうちに，自らの世界観が広がったり，価値観に変化が生じていることに気がつく場合がある。異なる文化と習慣を持つ相手との間には問題ばかり起きるのは当然で，それを解決する能力や姿勢も自ずと養われるというのも有益な点である。実際に貿易という仕事は楽しい。職業としては，「是非やってごらんなさい」とお薦めしたい。ビジネスとして世界を旅することは，自由気ままな「旅行」とはまた違う。金銭，報酬，生活の糧が絡むため，現地の人との関わりようもまた違った真剣味を帯びてくるし，それに伴う目標，体験，感動の質もまた違ってくる。筆者の場合，両方とも経験しているが，これを「仕事」としていられることを幸せに思う。

写真1　ウガンダでの商材発掘と植生調査
野山やジャングルをひたすら歩く。Bussi 島で 2011 年 10 月撮影

写真2　ウガンダでの商品開発会議
忌憚のない意見を出し合い可能性を引き出す。2011 年 8 月撮影

キャリアパス

貿易をはじめるに当たって

　そもそも筆者が貿易を生業とし始めたきっかけといえば，2002 年「塩の販売自由化」であった。100 年近くもの間，我が国では塩の販売については，専売制が敷かれ，専売公社が一手に担っていたのである。それがようやく開放されることになった。それまでは，別に商社に籍を置いていた訳でもなく，多少なりとも貿易経験があった訳でもない。英語が特別堪能な訳でもなく，ビジネス経験はおろか就職さえしたことがなかった。

　20 代前半～半ばは専ら「夢見る自由人」として世界をただ当てもなく放浪していた。それも海外旅行などという上品なものではなく，(今は死語かもしれないが)「ヒッピー」のようなものでしかなかった。誰の役にも立っていないし，貢献していないという意味では社会の一員でさえなかった。ただ，現地の生活にどっぷりハマっていたお陰で，その土地その土地の文化にまみれ，吸収しながら適度に順応していく「能力」を身につけていったことは間違いない。

「大事なことが何か」をおぼろげながら認識し始めたのもこの頃だった。水と空気と塩がなければ人は生きていけないと実感したのもヒマラヤの山間を漂っていた頃の話だ。つまり貿易を始めるに当たって皆が必要と思いこんでいる要件を，ひとつも満たしていなかったということになる。

　「いつか貿易を始めたい」という人のなかに，特段の「決心」や「大義名分」「十分な条件」が揃わなければ始められないという人をよく見かけるが，これではいつまで経ってもその日は近づかない。「いつかやる」と言ってやった人を見たことがない。「失敗したらどうしよう」という考えから一歩も前へ踏み出せない人もよくいる。圧倒的に多いのは「できない理由」を見つけて並べ立てるケース。途上国の人達から見れば，「できる条件しかない」人たちが「できない理由」を一生懸命見つけては「できないことを正当化」するのは不可解であり，滑稽でしかない。この国では，仮に失敗したところで「餓死」することもないわけだから，そんなに終末観に浸ることもないのだ。何も「簡単だ」と言っている訳ではないし，そうとも思っていない。想定しうるリスクに可能な限りの対策を打つことが必要なのは言うまでもないが，「難しく考えすぎる」必要はない。「やってもいないのに」「できない理由」を並べ立て「可能性を遮断」することに何の意味があろうか。

　筆者の例を挙げれば「貿易をやろう」という思いが先行した訳ではなく，「塩の販売自由化」という当時の筆者にとっては画期的な出来事が貿易を始めるきっかけになったにすぎない。遥か異国の彼方で「有難く」使っていた赤味がかった岩塩を口にしながら，「何故この塩が日本にはないのか？」というかねてより湧いていた疑問が，「輸入自由化」によって「彼の地から運んできたいが…」「どうやって運ぶ？」「わからない…」「わからないからやってみながら覚えるしかないか…」という思考回路に合せて身体を動かしたと記憶している。大抵の場合は60％から精々70％も条件が揃えば着手し始めて，残りの「不可知」な部分は事を進めていきながら解決していくことにしている。貿易において「不測の事態」などは当たり前のことでしかなく，「問題解決能力」こそが求められるスキルなのである。くれぐれも起こりうる事態を事前に100％予測しようなどとは思わないことだ。時間の無駄である。

　未経験者が貿易を始めるにしても，幸いにして今はインターネット時代である。事の真偽はどうあれ，調べれば調べるほど短時間に膨大な情報を集められる。筆者のような未経験者が貿易を始められたのも，インターネットの情報網に拠るところが大きかった。大航海時代のように命懸けで海を渡り，時には争い，略奪しながら貿易をする必要などない。砂漠のキャラバンのように砂嵐のなか飢えと渇きに喘ぎながら物を運ぶ必要もない。伝えたいことは瞬時に伝わるし，荷物は船会社が運んでくれる。相手が先進国の場合，手続きだけならパソコン一台で部屋に居ながらにして世界と繋がり，代金決済を完了し，通関を依頼し，荷物を受け取ることができる。これだけをとっても現在は貿易を始めやすい時代なのである。

議論

1) 貿易相手とのコミュニケーション

　欠くべからざるは，貿易相手とのコミュニケーションである。最近就職希望の面接をするたびによく感じるのがこのコミュニケーション能力の欠如だ。多くの場合，感じ方が浅いうえに表現が弱い。遠い国のよく知らない相手とビジネスをする場合，できるだけ多くを深く感じ取り，可能な限りの表現力を駆使し，相手に最大限伝わるように最も効果的な表現をする必要がある。できるだけ多くという意味では，メールや電話での連絡や互いに顔を合わせる機会は積極的に持ちたい。何度も話し，何度も顔を合わせ，目標，体験，感動といったものを共有する

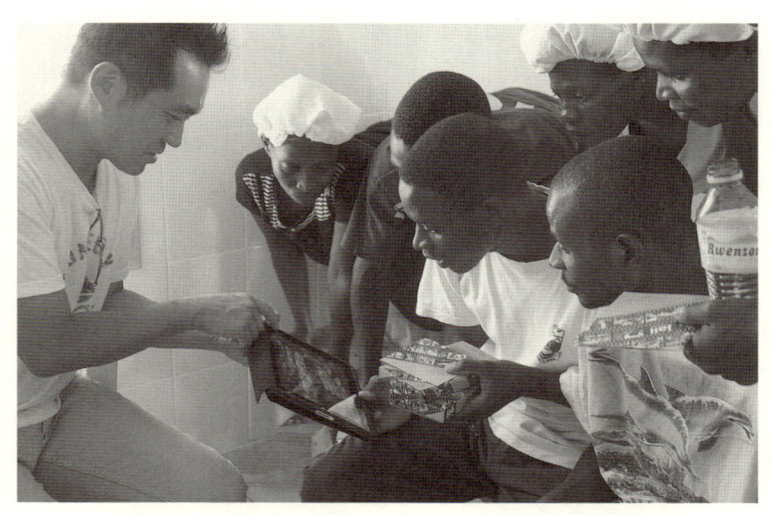

写真3 ウガンダの生産者への対日市場参入の成果報告
一同驚き，そして沸く。Jali 村にて 2011 年 7 月撮影

ほどに「結びつき」が強まる。これについては，洋の東西を問わず，今も昔も変わらない。この「結びつき」が，何かトラブルが生じた場合に互いを繋ぎとめる拠り所になる場合もある。筆者の場合は何度も現地へ足を運んでは，様々な場面で喜びや怒りを投げかけ，感動や思いを共有するようにしている。

2）貿易における結果責任

よく耳にするのは「貿易って大変じゃないですか？」という問いかけだが，貿易の実務自体はそれほど大変でもない。「サンプルと違った物が届いた」「代金を前払いしたけど返事がない」「納期が遅れた」などというトラブルは何処でも何度でも起きるし，それこそが文化，習慣の違いの所以なのである。時間をかけながら理解し，解決していくよりほかはないし，諦めさえしなければ何とかなる場合が少なくない。むしろ多くの時間と労力，エネルギーを要するのは，現地との折衝もさることながら，何よりも輸入したものを「売る」ことなのである。「売る」ことにより現金を得なければ，次の輸入はない。一回だけ輸入して「貿易したつもり」になって終わるだけである。途上国相手の開発輸入であればなおさらで，開発への投資分を回収できなければ，さらなる開発にも手が及ばない。

フェアトレードも然りである。多くの場合，現地生産者グループに足りないのは「資力」である。繰り返し生産し，販売することによってこそ，生産者グループの財政基盤は安定化する。輸入者が売ることができずに次からの注文が途絶えれば，現地の期待を裏切る結果となる。フェアトレードビジネスを標榜しつつも，国際協力の名の元に「売れない作品」を生産者に作らせてしまい，現地の日本市場への過度な期待とは裏腹に「良い事」をした気になって終わってしまう例も枚挙に暇がない。要するに開発輸入ビジネスに必要にして不可欠な要素は「売る」ことである。「売る」ために「輸入」し，輸入するために「作る」のであり，「作る」ために現地生産者に対して「技術指導」するのである。これが何故か「技術指導」が目的となってしまい，本末転倒しているケースをよく見かける。「良い事をしたつもり」に付き合わされる「本気」の生産者はたまったものではない。場合によっては，職を変え，私財を投げ打ち，一族郎党まで巻き込んでいる生産者だってある。「頑張ったけど売れませんでした」では済まない。「任期が終わったのでやめます。あとは自力で頑張ってください」も一方的過ぎて納得が

いかない。現地生産者は「売れる」ように期待し，頑張っているのである。非営利団体が現地の産品を開発輸入する場合にも中途半端な事例をよく見かける。「お金を稼ぐ」ことに肯定的ではない「善意の人」は「売るのは苦手」という。「商品」である以上「商い」が前提であり，「売って稼ぐこと」が「継続」「発展」の大前提となる。言うまでもなく「良い人」であることと「人にものを売らない人」はイコールではない。「観念的な善」が災いする解りやすい例といえよう。

こうしたことから開発輸入の場合，現地で産品を発掘する場合には必ずマーケットの方に意識が向いている必要がある。例えば日本市場で売る場合には，パッケージデザイン，ネーミング，販売チャンネルなどをある程度具体的に想定しながら商品開発をしていく。顕在的にも潜在的にも市場のニーズがないのに，「いいものだから」という理由だけで開発を進めていったところで徒労に終わるだけだ。言うまでもなく「結果」が大事なのである。単に自分の「国際協力の経験を積む」ことが目的ならば，現地生産者の期待値を過度に上げないこと，いたずらに振り回さないこと，提言をしたならば，その範囲内では責任を持って結果を出すよう努めたいものである。

シミュレーション

国際キャリア合宿セミナーで筆者が担当する分科会では，開発輸入ビジネスのシミュレーションを行う。仮想ビジネスモデルではあるがかなり実践的である。まずインターネットで世界中から商材を発掘する。勿論，実際には商材も生産者の顔や産地も見ずに決めることなどないが，情報を精査し，絞り込んでいく作業はとても大切であるし，その過程で知識も蓄えられていくものである。商材発掘が先かビジネスモデル作りが先かは，ケースバイケースだが，各々のスタイルで構わない。この際ビジネスのコンセプトを明確にし，少々の躓きがあろうともぶれない軸となる理念を設定する。アントレプレナーにとって重要なことである。次にマーケティング・リサーチを行い，それをもとにビジネスの数字，規模など具体的な目標を設定する。次に自らの持てる知識とセンスをフルに発揮し，あるいは様々なツールを使って商品開発を試み，さらにプロモーションの企画を打ち出し，このビジネスで収益が出せるようにシミュレーションを行い，最終的に残った利益をどう還元するかを考察する。やっている内容は，企業で実際にやっていることそのものなので，参加者とりわけ学生達にとっては，未知の思考パターンであり，当然四苦八苦する。それでも参加者のプレゼンテーションのなかには，かなり有望な案件もある。

二日間の作業を終えた皆の感想は，大抵「儲けるって大変ですね」ということだ。そう，それがわかるだけでも参加した意味がある。実際には，もっと時間も労力も費用もかかるのは言うまでもないが，限られた時間内でこのようにシミュレーションを行うことは決して無駄にはならない。普段使わない感覚や思考回路を刺激し，多くの課題に気付くであろうし，能力開発にもつながる。

質問で多いのは，「一般的な路線から外れて不安じゃなかったですか」「海外と仕事をしてつらいことは何でしたか」という悲観的なものである。「キャリアパスを築くために今何をする必要がありますか」という積極的，肯定的な質問はあまりないが，そういった質問がある場合には，直ぐに「あてもなく異文化圏を彷徨ってきなさい」という。入社の面接にくる学生にも同じことをいう。つまり「できなかったらどうしよう」「大変だったら嫌だな」という不安よりも「今の自分に何ができるか」を主体的に考え，行動していく良いきっかけとなるのを期待してのことである。生きていくうえで「不確定要素」があったり，「確信がない」などという

写真4　パレスチナにおける対日市場参入のプロモーション・セミナー
2009年9月撮影

ことは当たり前であり，それを少しでも確かなものにしていく努力や能力が問われるのである。史上，あるいは地上稀にみるほど「恵まれた」境遇にいる「日本の若者」には，どんどん「挑戦」してほしい。失うものなど大してないのだから。

アクションプラン

1)「発熱」し「自噴」する

　貿易とりわけ途上国相手の開発輸入を志す者にとっての要件を挙げてみよう。これは資質ではない。努力次第である程度身につけられる。貿易に限ったことではなく，ビジネス全般に言えることでもある。

　まずは何をおいても「熱」である。筆者が経営する会社では絶対必要条件とされる。何かを達成しようとする時，周りや相手が自分ほどには熱意がないとしよう。そうすると次第に自分の熱意も奪われていく。途上国とのビジネスにおいては，「熱」がないどころか，冷水をかけられることさえ少なくない。だから自分だけは「発熱体」であり続けることが必要なのである。周りがどんなに冷めていようが，自らが熱を発し続けることにより，次第に周囲も温まってくる。筆者の場合は，スタッフに対してとにかく「感動しろ」と言う。人よりも多くを感じ取り，

それを熱く表現するのだ。「暑苦しい奴」と思われようが，とにかく感動した分だけ熱っぽく表現する。言葉でも文章でもデザインでも，その感動が伝わってはじめて「そこに居合わせなかった第三者（消費者など）」が動くのである。

もっと言えば，周りが「不毛」な場合は，「自噴」し続けることが大切だ。泉のように湧き続けるのである。「オアシス」は周りが不毛であろうとも滾々と湧き出す泉が草木を育み，過酷な環境下にあっても生き物が生活できる空間を作り出してきた。筆者は「オアシス」を何度も見てきたし，そこから商品を作りだしてもきた。「オアシス」を見るたびに，湧き続ける泉のようでありたいと心の底から思うのである。

次に「諦めない」ことだ。諦めさえしなければ何とかできる場合は多い。途上国との開発輸入ビジネスなど「止めても仕方がない」と思うことばかり起こる。それをいちいち憂いていたら埒が明かない。「これだけやって駄目だったんだから仕方がない」という言い訳を予め用意したり，早々に持ち出すくらいなら，はじめから途上国とのビジネスなどやらない方がいい。その程度の覚悟に付き合わされる現地生産者はたまったものではないからである。ともに困難を乗り越えて協同してビジネスを作り上げていく過程で信頼関係が築かれていくのである。それが面倒であればもっと簡単な輸入方法を選択すればいいだけの話である。

2）信義を守る

自分で決めて公言したことについては，都合が悪くなろうが，気が変ろうが何としてもやりぬく習慣が必要だ。これには，発言について慎重になる効果と責任感が備わるという二重の利得がある。一見不合理なようだが，効果は抜群だ。殊に途上国相手のビジネスにおいては，途上国のパートナーはこちらの発言を敏感に，時には過大に受け止める傾向がある。発言どおりに実行すれば「言ったことはやるヤツ」となり，信頼関係も生まれようが，逆もまた然りである。

3）挑戦する

「何もせずに何とかなる」などと甘い事をいうつもりは毛頭ないし，それほど楽観論者でもない。ただ失敗を恐れず，苦労を厭わず果敢に挑戦して欲しいと思うのである。繰り返すが，現代日本の若者のように，食べる・着る・住むを自由に選択し，親兄弟の世話も強いられず，生きる死ぬの問題にも直面していない人たちなど，世界人口のほんの一握りでしかない「類い稀なる存在」なのだ。自ら選べる「困難」など「何とかする」という気概で克服し，道を切り拓いていく。こうした若者がこれからの日本には一人でも多く必要なのだと痛感しているのは，筆者だけではないはずだ。

土台，文化や習慣の異なる人間とのビジネスである以上，貿易は容易いことではないが，仕事を通じて異文化に触れて価値観，世界観をひろげ，志次第では国際貢献にも繋がる，という実にやり甲斐のあるワクワクする仕事なのである。これを読んだ人のうち一人でも多くの人が，世界を股にかけ，国と国との架け橋となり，世界を舞台に活躍していくことを願っている。

【参考文献】

バーンスタイン，ウィリアム（著）鬼澤　忍（訳）(2010)．華麗なる交易—貿易は世界をどう変えたか　日本経済新聞出版社
　生き生きとした描写を駆使し，壮大な交易の歴史をひもときながら，現在および未来への問題を提起する傑作。貿易を始める人必読の書である。

博報堂買物研究所（2007）．買物欲マーケティング―「売る」を「買う」から考える　ダイヤモンド社
　マーケティングについては，この本が実におもしろい。「売る」「買う」からマーケティングを考える実践的な書。プロダクトデザインについても，多数書籍は出ているが，実際の売場で数多くの商品を見て考察する方が余程参考になる。

大須賀　祐（2009）．輸入ビジネス儲けの法則　現代書林
　貿易実務については手軽かつ分かりやすい。事典のような貿易実務書は，実務と並行しなければどこから読んだらいいの分からず飽きてしまうのでお薦めしない。

プレジデント書籍編集部（2010）．プロフェッショナルマネージャー・ノート　プレジデント社
　経営については，まずこの本をお薦めする。共感しもっと読みたい場合には，ハロルド・ジェニーン（著）柳井　正（訳）（2004）．プロフェッショナルマネージャー　プレジデント社がお薦め。

山口絵里子（2007）．裸でも生きる―25歳女性起業家の号泣戦記　講談社
　起業を目指す場合にお薦め。「25歳女性起業家の号泣戦記」と副題にあるように「諦めないアントレプレナー」の見本のような著者の実体験には開発輸入の大切な要素が沢山散りばめられている。

【略歴】
1965年札幌生まれ。20代前半は海外放浪，異文化を見聞し，世界には皆が知らない素晴らしいものがまだまだ沢山あることを実感。27歳で起業。日本初のカーナビゲーション用GPSデータを作成。2003年塩の輸入販売自由化を機に，貿易業に業態転換，以降途上国を中心に開発輸入を行い，Natural, Organic, Fair, Cultural, Sustainable, Valuable, Satisfactoryなどをコンセプトに各地の文化やストーリーを織り込んだスタイリッシュな商品開発を実践。現在14カ国と貿易，25カ国の商品を取り扱う。社業のほかJICA，JETRO，FASID等で，開発輸入（エジプト，パレスチナ，ヨルダン，カンボジア），プロダクトデザイン，マーケティングに関する講演やコンサルティングを行う。株式会社FAR EAST代表取締役，NPO法人日本ジブチ友好協会代表理事。

2-2-11

観光まちづくり

中島洋行
大野邦雄

分野概要

1) 観光の現状

日本政府観光局の統計[1]によると，平成22年度に日本を訪れた外国人旅行者数は861万人で，これは世界で29番目にあたる。ちなみに外国人旅行者数が最も多い国はフランスで，平成22年度は7,680万人がフランスを訪れている。

日本を訪れる外国人旅行者で一番多いのはアジア地域からで，全体の75.8％を占める。アジアを国別にみると，ベスト3は上位から韓国，中国，台湾の順で，この3カ国でアジア全体の78.4％を占め，世界全体の59.5％を占める[2]。

観光産業の経済効果をみると，平成21年度の国内における年間の旅行消費額は22.1兆円で，直接の雇用創出効果は211万人と推計されている[3]。この消費がもたらす生産波及効果は48.0兆円，雇用誘発効果は406万人，それぞれ国内生産額の4.9％，総就業者数の6.3％に相当すると推計されている（図1）。

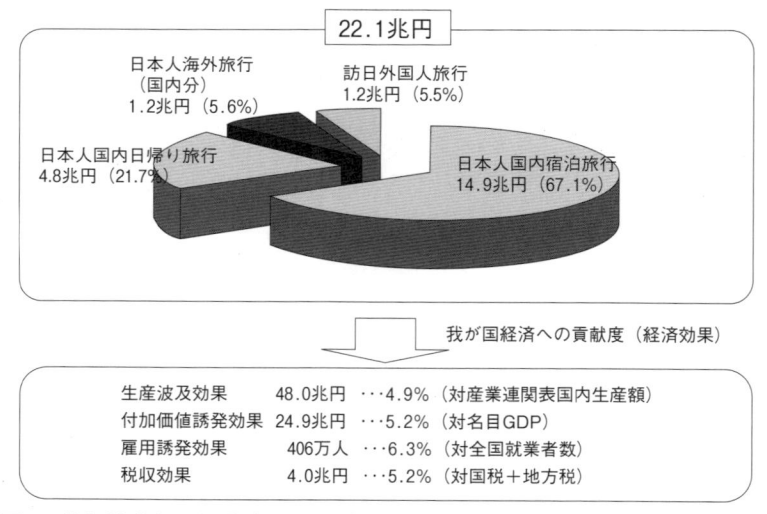

図1 旅行消費額と経済波及効果（平成21年度）（観光庁ホームページより）

旅行消費額 22.1兆円
- 日本人海外旅行（国内分） 1.2兆円（5.6％）
- 訪日外国人旅行 1.2兆円（5.5％）
- 日本人国内日帰り旅行 4.8兆円（21.7％）
- 日本人国内宿泊旅行 14.9兆円（67.1％）

我が国経済への貢献度（経済効果）
- 生産波及効果　　48.0兆円　…4.9％（対産業連関表国内生産額）
- 付加価値誘発効果　24.9兆円　…5.2％（対名目GDP）
- 雇用誘発効果　　406万人　…6.3％（対全国就業者数）
- 税収効果　　　　4.0兆円　…5.2％（対国税＋地方税）

---

1) 日本政府観光局ホームページ　世界の国際観光の動向
（http://www.jnto.go.jp/jpn/tourism_data/global_tourism_trends.html）
2) 観光白書（平成23年度版）p.149.
3) 観光白書（平成23年度版）pp.64-66.

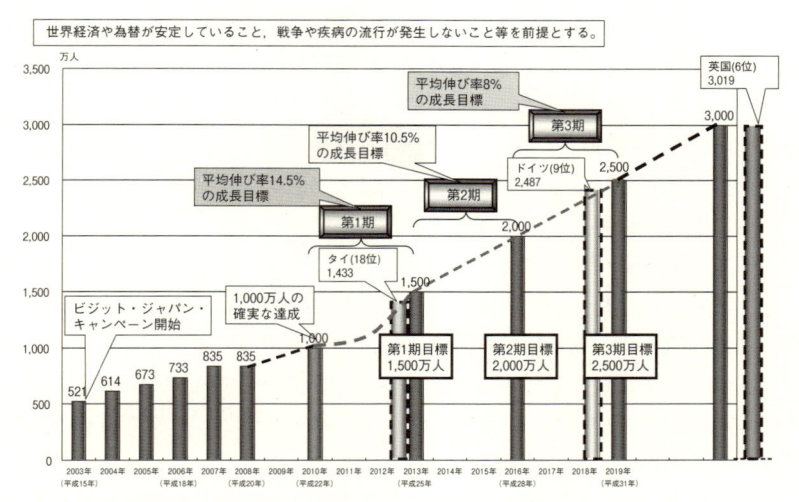

図2 訪日外国人3000万人へのロードマップ（観光庁ホームページより）

2）日本の観光政策

　2003年1月，第156回国会の施政方針演説において，当時の小泉首相は日本を訪れる外国人旅行者を2010年までに倍増させる目標を掲げた。これにより，我が国は「観光立国」に向けて大きく舵が切られ，ビジット・ジャパン・キャンペーンへとつながっていった。

　2007年6月には観光立国推進基本計画が策定され，2010年までに訪日外国人旅行者数を1,000万人に，国内における観光旅行消費額を30兆円にするなどの目標と，達成のために必要な施策等を定めている[4]。

　2008年10月には観光庁が設置され，我が国における観光立国を総合的かつ計画的に推進する体制が整った。観光庁は訪日外国人3,000万人へのロードマップを示している（図2）。

　このように我が国は，観光を21世紀の主要産業と位置付け，大きく動き出したが，観光立国推進基本計画に掲げられた2010年までに訪日外国人旅行者数を1,000万人にする目標は実際には861万人に終わった。

　観光産業は各国も力をいれる有望な産業分野である。実は観光産業は，総務省統計局の定める日本標準産業分類には分類されていない。観光産業といっても，農林業や漁業，運輸業，宿泊業，サービス業など様々な産業が関連しているので，独立した産業として分類できないのである。このように，すそ野の広いのが観光産業の特徴である。

3）観光まちづくり

　従来，観光は，壮大な景観や荘厳・華麗な文化財など，いわゆる名所旧跡を巡って非日常的な体験を楽しむのが主流であったが，近年では素朴でも地域独自の自然景観や生活に根差した地域文化など，そこでなくては味わえない地域独自の魅力を体験する「着地型観光」が脚光を浴びている。

　着地型観光とは，地元の情報に詳しい旅行業者が企画する観光旅行のことで，従来型の観光に比べ，地元の旅行業者や関連業者の利益が確保できる。さらに，地元の魅力を高めるための既存観光資源のブラッシュアップや，新たな観光資源の発掘に努めることでまちづくりの一助にもなる。

4）観光白書白書（平成23年度版）p.1.
5）古民家「大木邸」（http://okitei.jp/）

例えば、栃木県那須烏山市下境地区では、長年放置されていた古民家を利用して街づくりが行われている。築100年の茅葺き屋根の古民家「大木邸[5]」は40年間使用されていなかったが、一部を改装して2010年にオープンした。大きな梁や柱、囲炉裏、土間、釜戸、五右衛門風呂が昔そのままに残されており、昔の暮らしを体験する宿泊施設や収穫祭・コンサートなどの文化活動拠点として利用されている。最近は大手旅行会社とタイアップしてツアーコースやイベント会場として活用され、過疎化のまちの活性化に役立っている。

このように着地型観光はまちづくりと結び付いていき、今世紀初め頃から「観光まちづくり」という言葉が使われ始めた。観光まちづくりは、観光立国推進基本計画の中で、地域の民間組織や地方公共団体、観光関係者をはじめ、農林水産業関係者や地域住民等の関係者が幅広く連携して地域の観光資源を活用し、地域の特性を生かして行う知恵と工夫に富んだ取組みという意味で説明されている[6]。観光まちづくりは観光を核とした街ぐるみの地域振興活動であり、主体は観光関連業者や自治体あるいは観光協会、商工会などである。最初から観光目的でなくとも、「住んでいて良かった」と思えるまちづくりを住民主体で目指すことで、地域外の興味をひき、結果的に観光に結びつく活動もある[7]。

住民の視点からまちづくり行っている例として、観光庁ホームページ[8]や『観光まちづくりと地域資源活用[9]』に日本各地の取組みが数多く紹介されている。

栃木県の例では2006年7月に発足した「那須烏山市まちづくり研究会」がある。この研究会は、那須烏山市、那須烏山商工会、那須烏山市民、栃木県内5大学・1高専で構成される。研究会の発足は、那須烏山市や商工会がまちの活性化を大学側に依頼したことが発端であった。この研究会の活動として行われた、足利工業大学(福島二朗准教授)による「鯉のぼり祭り」は年中行事として定着し、作新学院大学(前橋明朗教授)による空き店舗利用の「市民カフェ」は市民に憩いの場を提供している。ともに新聞報道などにより、市外からも人が訪れるようになった。

観光まちづくりには、「地域情報」と効率的な活動推進のための「分析・管理手法」の知識が求められる。

地域情報 地域情報には、人材・気質・風習・風土などの「地域特性」と、自然・文化(食文化を含む)・歴史・産業・特産品などの「観光資源」が含まれる。地域情報には、専門家が編纂した郷土史[10]、市井の研究家による研究書[11]、自治体の統計情報[12]などがある。

分析・管理手法 観光まちづくりを推進するうえで必ずしも必須ではないが、課題抽出、問題解決方法の整理、プロジェクトの進行管理に有効である。分析手法としてはSWOT分析、管理手法としてはガントチャート、問題解決のツールにはKJ法などがある。

---

6) 国土交通省 (2007) 観光立国推進基本計画 (平成19年6月) p.10.
7) 総合観光学会 (2010). 観光まちづくりと地域資源活用 同文館出版 p.ii.
8) 地域いきいき観光まちづくり (http://www.mlit.go.jp/kankocho/shisaku/kankochi/ikiiki.html)
9) 総合観光学会 (2010). 観光まちづくりと地域資源活用同文館出版
10) 栃木県の郷土史リスト (http://www.humikura.com/kyo/31kyodo.html)
11) 柴田宜久 (2005). 明治維新と日光─戊辰戦争そして日光県の誕生 随想舎 など
12) 栃木県統計年鑑(栃木県庁HP) など
13) 住民参加でまちの企画から運営・管理まで行う、まちづくりの総合技術コンサルティング企業。(http://www.sho-wa.co.jp/index.html)
14) まちづくりと観光のあり方や観光地のあるべき姿を研究し、まちづくりに関するアドバイザーの派遣、調査研究、コーディネートなどを行っている。(http://www.travelnews.co.jp/machiken/)

キャリアパス

　観光まちづくりに関係する専門組織として，地方自治体の観光関連部門がある。例えば，大分県別府市と宇佐市の観光まちづくり課，尾鷲市・熊野市・紀北町・御浜町・紀宝町・三重県で構成する東紀州観光まちづくり公社，東京都目黒区のめぐろ観光まちづくり協会などがある。

　まちづくりに関連するコンサルタント会社には，昭和株式会社[13]，まちづくり観光研究所[14]などがある。日本交通公社や都市計画協会[15]では，地域からの委託を受けて観光まちづくりに関連した事業も行っている。日本都市計画家協会[16]は，地域委託を受け，まちづくりの登録専門家を派遣している。

　観光に関連のある大学には，立教大学観光学部，和歌山大学観光学部，琉球大学観光産業科学部があり，そこで研究者を目指す道もある。観光まちづくりを学ぶ機会としては，観光庁主催の観光カリスマ塾[17]がある。この塾では，地域のリーダーとして観光地づくりに成功した「観光カリスマ」の協力によって，講義，現場体験，受講生によるワークショップを集中的に行い，地域の観光振興を担う人材を育成している。

　ボランティアとして，自分の地域の観光まちづくりに関与する一般市民も多い。栃木県の例としては，栃木市「栃木・蔵の街かど映画祭実行委員会」，宇都宮市「うつのみや花火大会実行委員会」がある。まちに賑わいを取り戻したい若者を中心に実行委員会が結成され，企画，資金調達，実施のすべてをボランティアで行っている。那須烏山市「那須氏研究会」では，郷土史を掘り起こして，まちの活性化に繋げるべく，古文書の読み解きや現地検証など有志による地道な活動を行っている。

　観光まちづくりに関係する職業は多岐にわたるが，一般的には，特別な専門職資格を必要としない[18]。観光まちづくりに関連する公認資格としては，日本観光協会の観光サービスコンサルタント，日本観光文化検定協会の観光コーディネータなどがあるが，観光まちづくりを主体としているものではない。

　以上述べてきたように，観光まちづくりに従事するための標準的なキャリアパスはない。観光まちづくりには，構想・企画立案力はもとより，自治体・市民・観光業者・商工会・関連産業従事者など，地域コミュニティと協働するための折衝力やプロデュース力などの能力形成が重要となってくる。また，地元を熟知することは勿論，地元に人一倍の愛着心を持つことが肝要である。

シミュレーション

　観光まちづくりには理論と実践が重要である。前述したように，日本ではビジット・ジャパン・キャンペーンでの訪日外国人旅行者数の目標が一度も達成されていない。そこで，観光庁職員の立場にたって，ビジット・ジャパン・キャンペーンの目標を達成するために具体的に何をすればよいか考えてみよう。

---

15) http://www.tokeikyou.or.jp/
16) まちづくりやに都市や地域のあり方に関心を持つ人が参加する，まちづくりで社会貢献を目指す特定非営利活動法人。(http://jsurp.net/xoops/)
17) 観光庁ホームページ　観光立国推進基本計画　p.28.
　　(http://www.mlit.go.jp/common/000059069.pdf)
18) ただし，日本交通公社や民間シンクタンクなどでコンサルタント業務に従事する場合など，一部の職業・職場では，民間団体の公認資格を必要とする場合もあり得る。

1）ビジョンと戦略

ビジョン（vision）とは，あるべき理想像を意味する。この場合，あるべき理想像は"外国人観光客が多数訪れる日本"である。ビジョンは抽象的で曖昧であるから，具体化が求められる。ビジョンを具体化させたものが戦略である。

戦略（strategy）はもともと軍事用語であり，戦争に勝つために個々の作戦を統合したものである。個々の作戦を戦術（tactics）といい，戦略は戦争に勝つという目標のもとに，個々の戦術が有機的に結合された状態である。したがって，共通の目的をもった複数の戦術を束にしたものが戦略と考えられる。

戦略と戦術は，企業などのマネージメントにおいてもさかんに活用されている。ここでは戦略を「組織目的の達成に必要な個々の戦術を有機的に結合することによって，組織目的を達成するための具体的方策を明らかにしたもの」であると定義する。

2）SWOT 分析

戦略を策定するためには，現状分析が不可欠である。現状分析に役立つツールがSWOT分析である。SWOT分析のS・W・O・Tとは，下記4単語の頭文字である。SWOT分析では，組織を4つの視点から分析する。

- 強み（Strength）……………戦略目標の達成に向けて優れている部分 ｜内的要因
- 弱み（Weakness）……………戦略目標の達成に向けて劣っている部分 ｜
- 機会（Opportunity）…………戦略目標の達成を助ける要因 ｜外的要因
- 脅威（Threat）………………戦略目標の達成を妨げる要因 ｜

「強み」と「機会」，「弱み」と「脅威」は類似しているようにみえるが，実際にはまったく異なる。「強み」と「弱み」は組織の内的要因によって生じるため，管理可能である。それに対して，「機会」と「脅威」は組織の外的要因によって生じるため，管理不能である。例えば，100m走で10秒を切るという目標を立てた場合，効果的な筋肉トレーニングと走る際の追い風は，ともに目標の達成に貢献する。ここで，前者は「強み」であるが，後者は「機会」である。筋肉トレーニングは自己の意思で行うので管理可能であるが，タイミング良く追風を吹かせることはできないので管理不能である。

SWOT分析による現状分析が行われたならば，それに基づいて策定される戦略は次のような特性を持つことが望ましい。

表1　日本の観光のSWOT分析

強み	・「わび」と「さび」を備えた固有の文化 ・治安の良さ
弱み	・物価の高さ ・日本語という言葉の壁（日本語を話せる外国人観光客と英語以外の言語に精通する日本人は共に少ない）
機会	・四季がある ・アジア諸国の生活水準向上による旅行需要への期待
脅威	・地震が多い ・最近の急激な円高

---

19) Balance Score Card のカタカナ表記は，日本では論者により「バランス・スコアカード」「バランススコアカード」「バランスト・スコアカード」などのように多様な形態があるが，本稿では最も一般的な表記である「バランス・スコアカード」を使うことにする。

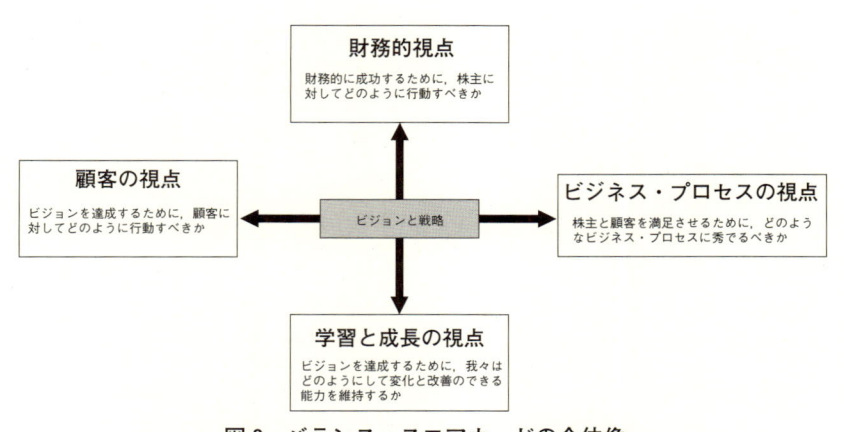

```
                    ┌──────────────┐
                    │  財務的視点   │
                    │財務的に成功するために，株主に │
                    │対してどのように行動すべきか│
                    └──────────────┘
                           ↑
┌──────────────┐           │           ┌──────────────────┐
│  顧客の視点   │           │           │ビジネス・プロセスの視点│
│ビジョンを達成するために，顧客に │←── ビジョンと戦略 ──→│株主と顧客を満足させるために，どのよう│
│対してどのように行動すべきか│           │なビジネス・プロセスに秀でるべきか│
└──────────────┘           │           └──────────────────┘
                           ↓
                    ┌──────────────┐
                    │ 学習と成長の視点 │
                    │ビジョンを達成するために，我々は│
                    │どのようにして変化と改善のできる│
                    │能力を維持するか │
                    └──────────────┘
```

図3　バランス・スコアカードの全体像

出所：Kaplan and Norton（1996.）．p.9　吉川訳（1997）．p.30.

・強みを活かす
・弱みを克服する
・機会を活用する
・脅威を回避する

　ここまでの議論をふまえて，観光という側面から日本に関するSWOT分析を行うと表1のようになる。

　上記のSWOT分析の結果から，「日本に来れば他国では体験できない固有の文化的体験ができることをアピールすることによって，外国人観光客を増加させて，国内の観光産業の活性化と経済成長を実現する」という戦略を策定する。

3) バランス・スコアカード

　戦略は策定するだけではなく，確実に実行しなければならない。戦略を実行するのに有用なツールがバランス・スコアカード（Balanced Scorecard）[19]である。バランス・スコアカードは，ハーバードビジネススクール教授Robert S. Kaplanとアメリカで長年コンサルティング業務を行ってきたDavid P. Nortonが1990年代後半に開発した戦略マネージメントのためのツールである。今日では世界中の営利組織と非営利組織でさかんに活用されている[20]。

　バランス・スコアカードでは，図3のように財務・顧客・ビジネスプロセス・学習と成長の4つの視点を定めて，これらのバランスを取りながら戦略で定めた目標の達成に向けて組織をマネージメントする。戦略の実行に向けて，従来は財務的な視点，すなわち財務的な業績評価指標（例えば売上や利益など）が最も重視されてきたが，バランス・スコアカードでは財務的な業績評価指標だけではなく非財務的な業績評価指標も重視する。特に重要視すべき非財務的業績評価指標として，「顧客」「ビジネスプロセス」「学習と成長」に関連した業績評価指標（例えば，顧客満足度，品質改善率，教育訓練プログラムの実施件数など）を挙げているのがバランス・スコアカードの特徴である。

　バランス・スコアカードでは単純に4つの視点に属する業績評価指標を列挙しているわけ

---

[20] バランス・スコアカードが世界の様々な組織で普及するにつれて，バランス・スコアカードに関する文献も数多く発行されている。バランス・スコアカードの入門書で，かつ具体的な記述がされている文献として，本文で引用している吉川（2001），吉川訳（1997）以外に，伊藤・上宮（2001）と櫻井（2008）を挙げておくので参照されたい。前者は実務家の立場から，後者は研究者の立場から，それぞれバランス・スコアカードについて検討している。

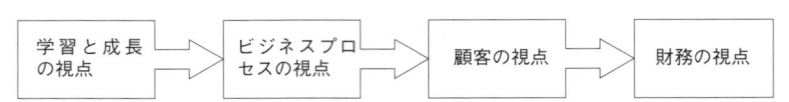

図4 バランス・スコアカードにおける4つの視点間の因果関係

学習と成長の視点 → ビジネスプロセスの視点 → 顧客の視点 → 財務の視点

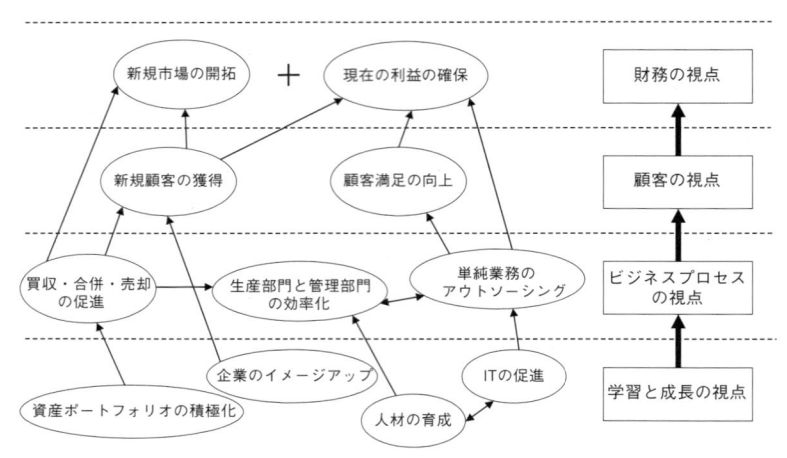

図5 ある企業の戦略マップ

出所：吉川（2001）p.51. 一部修正

ではなく，これらの4つの視点間に存在する因果関係を重視する。具体的には，財務の視点を最終的なゴールとして図4に示すような因果関係が想定されている。すなわち，営利組織の最終的な目標（経営成績の向上）を達成するためには，顧客の満足や信頼を勝ち取ることが重要であり，そのためには，ビジネスのやり方を改善する必要がある。ビジネスのやり方を改善するためには，従業員自らが学習し，自己を成長させることが不可欠である。したがって，図5のように「学習と成長の視点」を出発点として「財務の視点」に至る一連の因果関係を想定できる。バランス・スコアカードは，財務的成功の背景には非財務的側面での成功があることを明らかにし，利益や売上などの財務指標だけに注目するのではなく，財務指標では表現できない項目（非財務的業績評価指標）を重視することが重要であることを示している。

ただし，バランス・スコアカードでは，財務・顧客・ビジネスプロセス・学習と成長の4つの視点から考えるのが基本形ではあるが，必ずしもこれにこだわる必要はない。財務的業績評価指標と非財務的業績評価指標のバランスが取れており，かつそれらに因果関係が認められれば，実行しようとする戦略の内容に応じて視点を自由に設定できる。

上記の因果関係に基づいて，戦略実行に向けた具体的行動を示したものを戦略マップという。戦略マップを作成すると，戦略実行にあたり実践すべきことが可視化できる。図5は，ある営利企業（企業名は公表されていない）の収益拡大戦略に対して作成された戦略マップの例である。

4）外国人観光客誘致の戦略マップ

このシミュレーションで定めた戦略について戦略マップを描くと，図6のようになる。なお，策定しようとしている戦略の性格に合わせて4つの視点は変えてある。

日本固有の文化的体験をアピールによって外国人観光客の増加による経済成長をもたらすためには，準備作業が必要になる。まず，「事前調査と分析の視点」において，外国人観光客と

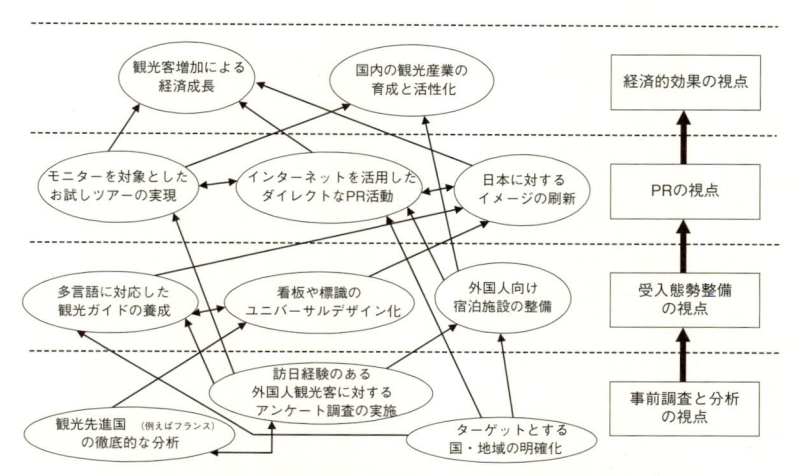

図6 外国人観光客を増加させるための戦略マップ

いった場合，特にどの国と地域を対象にするかを明確にする。また，訪日経験のある外国人観光客から日本訪問で良かった点と改善すべき点を聞き出すことで，日本人が考えるイメージと外国人が持つイメージのギャップを埋める作業を行う。このようなアンケート調査は，成田空港や関西国際空港で日本を出国する外国人観光客に対して行えばより効果的であろう。日本は残念ながら観光先進国ではないわけだから，ベンチマークによって観光先進国の事例を徹底的に分析することも不可欠であろう。

こうした分析結果に基づいて，日本側の受入態勢を整備する必要がある。看板や標識のユニバーサルデザイン化は進みつつあるが，日本語の案内標識しかない観光地もまだ目立つ。多様な言語に対応できるスタッフを配置したり，外国人の多様な生活様式に対応した宿泊施設の整備も一つの対応策になる。

国内の受入態勢が整備されたならば，外国人観光客への効果的なPRが次の課題となる。せっかく受入の準備を進めても，それを効果的にPRできなければ宝の持ち腐れである。インターネットによる情報検索が日常的になりつつある現代では，インターネットを活用したPRは大きな武器になる。従来のようなガイドブック中心のPRでは文字情報と写真を一方的に発信するだけであったが，インターネットを活用すれば動画なども織り交ぜ，より自由な形で情報発信できる。特に日本固有の文化的体験の素晴らしさを効果的に伝えるためには動画によるPRは強力な武器になる。メール等での質問による双方向コミュニケーションも外国人観光客が知りたい情報をピンポイントに提供できることから効果が期待できる。また，外国人モニターを募集して実際に日本を旅行してもらい，その成果をインターネットや口コミで発信してもらうことも効果的であろう。

このような一連のプロセスを戦略マップによって可視化することで，外国人観光客を増加させて国内の観光産業の活性化と経済成長を果たすという戦略を実現するための道筋がより明らかになる。

アクションプラン

観光まちづくりに携わるためのアクションプランの例を挙げる。

1) 就業直行型

学校（高校，大学，専門学校）を卒業した後，地方自治体に就職し，観光行政を司る部門に配置を希望する。

2) 就業遅延型

観光まちづくりとは無関係な職業に就きながら，観光まちづくりに関する勉強で知識や体験を積み，中途退職あるいは定年退職後に観光まちづくりに関連する職業に就く。

3) 専門家型

在学時代（高校，大学，専門学校）に観光まちづくりに関する勉強や体験をする。卒業後，民間企業等での実務経験を経て，観光まちづくりコンサルタントとして起業する。

4) ボランティア型

定職をもったまま，あるいは退職後に，ボランティアとして地域の観光まちづくりに携わる。

議論

経済便益と暮らし易さのトレードオフ　観光まちづくりの理想は，観光客によってまちが潤うとともに，住民にとっても住みやすい持続的なまちづくりである。しかし，観光客が騒音を出す，住民の家を勝手に覗き見する，ゴミをまき散らすなど，まちの生活環境が脅かされる場合も想定される。また，観光関連業者が建設した施設がまちの景観や自然環境を損ったり，観光客増加に伴う交通量増加が住民の安全性を脅かす場合も想定される。

まちが潤うのと住民の暮らし易さの間には，往々にしてトレードオフの関係が成立する。どちらを優先するかは，その人の立ち位置によって判断が異なる。観光まちづくりに従事する者にとって，双方の調和を保つまちづくりが問われることになる。

【参考文献・参考資料】

今井成男他（2009）．観光概論　ジェイティービー能力開発

伊藤一彦・上宮克己（2011）．小さな会社にも活用できるバランス・スコアカードの創り方（新訂3版）同文館

観光庁（編）（2011）．平成23年度版観光白書

Kaplan, R. S., & Norton, D. P. (1996). *The Balanced Scorecard: Translating Strategy into Action*. Boston, MA: Harvard Business School Press. （吉川武男（訳）（1997）．バランス・スコアカード―新しい経営指標による企業変革―　生産性出版）

西村幸雄（2010）．観光まちづくり　学芸出版社

櫻井通晴（2008）．バランスト・スコアカード―理論とケーススタディ―　同文館

佐々木一成（2011）．観光振興と魅力あるまちづくり　学芸出版社

髙橋光幸他（2010）．観光まちづくりと地域資源活用　総合観光学会

吉川武男（2001）．バランス・スコアカード入門―導入から運用まで―　生産性出版

国土交通省観光庁ホームページ（http://www.mlit.go.jp/kankocho）
日本政府観光局ホームページ（http://www.jnto.go.jp/jpn/index.html）
財務省貿易統計ホームページ（http://www.customs.go.jp/toukei/info/index.htm）
社団法人日本観光振興協会ホームページ（http://www.nihon-kankou.or.jp/home/）

一般社団法人日本旅行業協会ホームページ（http://www.jata-net.or.jp/）

【略歴】
中島洋行　作新学院大学で管理会計および原価計算などの会計学関連科目を担当。同大学内外の教員で組織する「観光まちづくり研究会」メンバー。2010年度「国際キャリア合宿セミナー」分科会「外国人観光客増加に向けた戦略策定」講師。作新学院大学経営学部准教授。明治大学大学院経営学研究科博士課程修了（経営学博士）。

大野邦雄　松下電器株式会社（現パナソニック）で松下幸之助氏について学んだ経験を作新学院大学での教育研究活動に活かす。栃木県内企業との産学官連携事業コーディネータ。自治体とりわけ那須烏山市と様々な観光まちづくり活動を進めている。作新学院大学特任教授。宇都宮市出身，電気通信大学卒。

2-2-12

企業の社会貢献：起業を通じて国際協力に関わるには

木原麻里

分野概要

　　現在，ビジネスを通じた国際協力が注目されています。ビジネスによる社会貢献の強みや意義とは何でしょうか。近い将来，あなた自身が起業の道を選択するとしたら，どのようなアプローチができるのでしょうか。

　　私は現在，国連ユニセフの日本国内委員会である公益財団法人日本ユニセフ協会の寄付金管理に携わり，多くの支援者や各種業者と毎日直接関わっています。何万人もの支援者から寄せられる資金は開発途上国の人たちの支えとなっています。かつて国際問題に興味を持ちはじめ，セミナーや活動報告会などに参加した際，小規模団体であるほど，強く熱い思いがある半面，寄付金集め（ファンドレイジング）が困難な状況にあることを思い知りました。私は自分が賛同できる支援団体を見つけ，ボランティアや寄付，直接勤務するなど，協力方法を様々模索しました。最終的には，支援団体に勤務しながら企業活動からの利益で継続的な協力することを考え，起業を決意しました。

　　貴方も，継続的で効果的な国際協力を実現すると同時に，自分の仕事と人生の意義や楽しさを見出せるビジネスモデルを提案し，将来のビジョンを描いてみませんか。

キャリアパス

　　「人のために即行動に移す」という考え方は，カトリック系の不二聖心女子中学校で，生徒自らが考えて集めた小額寄付を開発途上国の子ども支援団体に行ったり，阪神淡路大震災直後の上級生のボランティア活動を見て培われました。その後，聖心女子専門学校英語科から米国 Fordham University と University of Hawaii at Manoa へ進学し，ビジネス学科でマーケティング，マネージメント，アカウンティング等を学びました。

　　帰国後，当初自身が希望していた幾つかの企業にアプローチしましたが成功せず，偶然にも募集要項に関係なく電話した自分の「母校」である大手中学受験学習塾，株式会社日能研へ就職が決まりました。そこでは，教室運営のための事務作業，電話対応等の基本業務を始め，保護者会や相談会の開催，イベント運営，学習用プリント作成に携わり，一般的な仕事の基礎と仕事を通じた人とのコミュニケーションを学びました。

　　そんなある日，偶然にも「缶コーヒー1本分のお金が開発途上国の人たちへの大きな支援となる」というインターネット広告をみて，大きな衝撃を受けました。ミス1か所あるだけで何十枚もの生徒用プリントを廃棄する業務に違和感があった私は，「もっと私がやりたいこと，私にやれることがあるのではないか」と考えて退職し，ボランティア活動を行うことを決意しました。

　　開発途上国の問題のみならず，それら国々の人たちの現状を知るべく，報告会やセミナーに毎日通う生活を始めた私は，わずか3ヵ月で貯蓄が底をつき始めました。幸か不幸か，これ

まで苦労のなかったお金や生活の問題に初めて向き合うこととなり，私が行うべき国際協力の答えが出せぬまま，毎日の生活を確保するため，アルバイトでも契約職員でも，とにかく働きたいと国際協力団体への就職活動を始めました。しかし，職務経験2年の私を雇う団体はなく，家庭教師をしながら，国際協力に対する「答え」を見つけようとボランティアや報告会に通い続けました。次第に疲れとストレスが溜まり，CRIやレントゲンを取り続け，内科，産婦人科を渡り歩くも病名がわからず，突然襲う痛みと不安に耐えながら過ごす始末。ある日痛みを我慢できず，1歩歩くたびに襲う激痛に耐えながら地元の病院にたどり着き，そのロビーで倒れこみ1週間の入院となりました。診断はストレス性胃炎。点滴1本でひとまず激痛から解放される経験をし，そこでようやく「1本のワクチンの大切さ」を実感したのです。この経験は，開発途上国の現状をまだ実際に見たことのない私が，今でも使命感を持ち，支援活動を続けている原動力となっています。

　偶然は重なるもので，入院前に日本ユニセフ協会募金イベントのアルバイトスタッフ募集情報を聴いていましたが，退院直後に面接を受けて翌日合格の知らせをいただきました。契約は当初は募金イベント終了までしたが，その後個人支援者からの募金に携わるスタッフとなりました。毎日山のように来る支援者からの問合わせや募金登録取扱業務，募金プログラム改善のための集計・分析業務に追われました。繁忙のストレスから極度の肥満や疲労，栄養不足で体調を崩すなか，弊社が現在扱うこととなる健康食品に出会い，健康を回復すると同時に，健康維持には水と栄養が不可欠と気づきました。またその頃，ある団体職員から「歴史の浅い団体は募金集めに苦労するため，思うように活動できない」と改めて聞いたのです。その時，これまでの知識と経験そして想いが一気に自分の中でまとまり，健康食品の販売で水と栄養の大切さをお客様に知っていただくと同時に，売上の一部を「人々が元気に笑顔で生きられるよう懸命に活動している」と思える団体に継続的に寄付していくことを思い立ちました。これが私の起業までの道のりです。

シミュレーション

　企業すなわち経済活動を行う法人は，商品やサービスの販売で利益を生み出します。今日では，こうした活動を行う企業に対して，企業の社会的責任（CSR: Corporate Social Responsibility）が求められています。起業によって国際協力をするには，どのようにしたら良いのでしょうか。6つの観点から見ていきましょう。

1）国連ミレニアム開発目標から考える

　まず企業が取り組む社会的活動を，国連ミレニアム開発目標（MDGs: Millennium Developing Goals）における8分野から考える方法があります。8分野は以下のとおりです。

　①極度の貧困と飢餓の撲滅：2015年までに1日1ドル未満で生活する人口の割合を1990年の水準の半数に減少させる。低体重の5歳未満児やカロリー消費が最低限レベル未満の人口の割合を，1990年の水準の半数に減少させる。

　②普遍的初等教育の達成：初等教育における純就学率や15〜24歳の男女の識字率の観点を中心に，2015年までに，すべての子どもが男女の区別なく初等教育の全課程を修了できるようにする。

　③ジェンダー平等の推進と女性の地位向上：2015年までに可能な限り，初等・中等教育における男女格差を解消し，農業部門以外での女性賃金労働者の割合を増やす。

　④乳幼児死亡率の削減：5歳未満児死亡率を2015年までに，1990年水準の3分の1に削減

⑤妊産婦の健康の改善：2015年までに妊産婦死亡率を1990年水準の4分の1に削減する。

⑥HIV/エイズ/マラリア/その他の疾病の蔓延防止：薬やコンドームなどの知識とその使用によって，各種疾病の蔓延防止や発生率減少を図る。

⑦環境の持続可能性の確保：2015年までに，例えば，安全な飲料水を継続的に利用できない人々の割合を半減させる。

⑧開発のためのグローバルパートナーシップの推進：上記7目標の達成のため，例えば，製薬会社との協力による安価な医薬品の販売，遠隔地への緊急用携帯電話の導入など，官民パートナーシップを推進する。

2）寄付とは何かを知る

寄付のかたち　寄付には，日本で主流の釣銭をそっと差し出す「釣銭型寄付」，特定商品を買うと売上げの一部が寄付となる「選択型寄付」，そして欧米に見られる大きなお金を団体や人に託す「社会変革型寄付」の3種があります（特活「日本ファンドレイジング協会」鵜尾雅隆氏による）。日本では，「お心付け」や「お気持ち」としての寄付がまだ多いが，「1リットルの水を購入すると売り上げの一部がアフリカで10リットルの水になる」をキャッチフレーズにしたミネラルウォーターがきっかけとなり，ようやく日本も「選択型寄付」の社会に変わりつつあると言えるでしょう。

人は人に寄付をする　「寄付にはどうも抵抗がある」と感じる人の多くには，寄付先の団体や募金の使途に不安があることが挙げられます。一方，NPO側には，活動に共鳴してもらい安心して寄付金を託してもらえるよう広報活動が大きな課題となっています。社会問題に対してNPOが解決策を提示し，人々が「志金（しきん）」を提供することで社会が良くなり，人々がしあわせを感じられるようにすることが重要です。こうした社会貢献の良き連鎖は，人が人を信じ，託しあって，はじめて生まれるものです。

新聞から情報を集める　世界のおよそ20億人（2010年，国際電気通信連合（ITU）による）が利用するインターネットは，今や情報の発信・収集に欠かせないツールです。しかし，江戸時代から存在する新聞は，現在でも信頼性の高い情報源です。

日本経済新聞の朝刊の文字量は，400ページの文庫本1冊に相当すると言われます。新聞を手軽かつ有意義なツールとして活用するためには，興味のある業界，パートナーシップ先企業，興味のある国の情勢などを，見出しや"リード"（記事トップに書かれている概要）から，「追い続けたい記事」「読みたい記事」「重要な記事」「読まない記事」等で判断します。そして選んだ記事から，なぜ記事に書かれているような事実が起こっているのか，その意味を自らの目線で探り，今後の展開を予想してみましょう。

ニュースから得られるこれら一連の情報を，自分自身や所属団体・企業に置き換えて教訓を得て，いかに自らのビジネスチャンスに結び付けるかがカギとなります。社会的なニュースには，必ず各方面の「ひと」が介在します。あらゆる情報は「ひと」の手によって報道されます。同時に，報道されている「ひと」，それを取り巻く「ひと」もいます。そうした「ひと」と同じ目線に自立ち，その「ひと」たちの気持ちや思い，考え，欲するものが手に取るようにイメージでき，かつ客観的に見ていくことができるようになった時，ビジネスチャンス（非営利法人なら寄付収入の獲得など）がきっとあるでしょう。

3) 起業して何をやりたいか

　営利企業も非営利団体も同じと言える起業に必須な条件を，以下「企業」を中心に述べていきます。

パーソナルブランディング　就職活動をはじめ至るところで「貴方とはどんな人か」を話す機会は多いでしょう。実社会では，まずはじめに「○○株式会社の○○と申します」と，所属企業をまるで"自分自身"かのように紹介します。しかし起業家は，はじめは誰もが無名です。自分のプロフィールや，貴方の考え，実行してきたこと，将来取り組みたいことを語った時，相手が思わず「なるほど！それで？」と身を乗り出して聴きたがるような実績と体験をたとえ小さくとも積んで行くことが，貴方の「売り」につながるのです。

やってはいけないこと　「自分が嫌だと思うことは人にしちゃダメよ」。幼稚園の頃，貴方もきっと言われたでしょう。この基本は貴方が何歳になっても，人間社会が存在する限り変わらないでしょう。しかし，業務をするなかで「この商品を買ってください」「寄付をしてください」と熱い気持ちで語れば語るほど，「自分の言いたいことばかり言っている」「相手のことを考えないで，話や物事を進めている」と思われ，結果的に商品や団体の活動の良さをアピールできず，客や支援者は大半が静かに去って行きます。商品や団体の活動の良さを相手にわかるように，相手がとる反応からその人の意図するメッセージ感じ取ったり，考えたりしたうえで説明できないと，相手の気持ちとの温度差が生じます。その結果，関係に溝が生じ，支援者は離れていきます。当たり前と思われるかも知れませんが，業務に真剣になるほど，いつの間にかそうなる場合が多いのです。

思いつくままアイデアを書き出そう　自分のやりたいことを明確にする時，自分の強みや弱みを知ろうとする時，自分が好きなこと・嫌いなことを見直す時，自分が何を創り出せるか考えてみる時，とにかく思いつくまま紙に書き出してみましょう。MECE (Mutually Exclusive Collectively Exhaustive) という言葉は，「漏れなくダブリなく」を意味します。思いついた言葉を書き出し，言葉と言葉を線でつなげながら（マインドマップを作る），分類することで（フレームワークを作る），足りない情報，新しいアイデア，アイデアの重複等に気づくのです。「書き出さなくとも自分の考えくらい覚えている」「イメージするだけで十分だ」と思いませんでしたか。しかし，自らの考えを手で描くことで論理的思考・収束的思考を視覚化し，個人のことのみならず，企業戦略を見出すために，コンサルタントをはじめとする専門家も利用しているほど有効的な方法なのです。肩の力を抜いて気持ちをリラックスさせ，言葉の連想ゲームをするように気楽に楽しむことが，新しいアイデアを生み出すコツなのです。

4) 企業概要を考える

　自分がやりたいことを書き出したら，次は起業に必須な要素を盛り込んでみましょう。思いつくままに「夢をふくらませてみる」ことも大切ですが，時間や資金，場所の制約のなかで，どれほどのものが実現可能かを考えることなくして「夢」をカタチにはできません。この段階では，「今の自分」や「○年後の自分」が実際に何をどのようなかたちで起業していくのか，より現実的に考えを書き出すことが重要です。「あなたの夢」から以下を踏まえて事業プランを立ててみてください。きっと「あれも必要」「これも必要」と芋づる式にアイデアが生まれてくるはずです。

事業プランの 6W2H と国際協力活動
- WHY　　　　なぜこの事業をやるのか
- WHAT　　　どんな製品／サービス／業種にするのか
- WHERE　　　どのマーケットをねらうのか／物理的にどこで事業展開するのか
- WHOM　　　誰を対象にするのか
- WHO　　　　誰がやるのか／パートナーはいるのか
- WHEN　　　いつ始めるのか
- HOW MUCH　　資金はいくらか／売り上げ目標はいくらか
- HOW TO　　どんな方法で展開するのか
- TO WHOM　　誰へ支援するのか／支援対象はどこにするのか

　なお，ここでは企業としての表現を用いており，消費者への目線で例を挙げていますが，支援団体の立上げに関しても要点は同じです。ただし，支援団体の目線で案を挙げる際には，社会問題の解決のために協力したい「支援者」や，消費者に自社商品の価値を知ってもらい支持されることで利益をあげたい「企業」，そして両者を取り巻く日本や国際社会が抱える問題を「どのように解決に導くのか」という目線で考えを出してください。

5）事業内容を経営コンサルティングの観点から検討する

　事業概要が具体化したら，次は物やサービスの流れを具体化します。企業の場合には，「製造した商品がどのような環境やサービスのもとで販売され，消費者の手元に届くのか」は想像しやすいでしょう。一方，支援団体の事業を具体化する場合は，「支援金をどのようなルートで支援者から預かり，どのようなルートで支援地に届け，支援を必要する人たちのためにどのように活用するのか」，また，「それらの活動報告をどのような形式やルートで行うのか」を明確化できなければ支援金は集まらず，継続的な活動も困難となります。以下は，経営コンサルティングでよく用いられる分析方法です。これまで挙げてきた貴方のアイデアを，より多角的かつ詳細に見て行くことで，より具体的な行動を起こせるよう検討してみましょう。

4P分析　ものの販売のみならずファンドレイジングであっても，この4要素なくしては活動できません。「製品（Product & service）」の分析では，あなたの会社や団体が主に扱っていく商品やサービス，そのコンセプトを対象とします。支援団体の場合なら，支援プログラムがこれに相当します。また「価格（Pricing）」の分析では，事業は適正価格かを検討します。「利益」を生み出し事業を継続させる「販売」は，営利企業のみならず非営利団体にとっても重要です。どんなに良い支援プログラムを作ったとしても，月額100円の会費は手軽ですが，活動報告書を送る等の会員サービスは提供できないでしょう。月額10万円の会費は活動に十分な金額であっても，会員は十分には集まらないかも知れません。

　「場所／流通（Place/Channels）」の分析では，「どこで物を売るか」すなわち「部屋を借りて店舗を構えるのか」それとも「インターネット上に店舗を構えるのか」「イベントスペースを渡り歩く移動型にするのか」等を検討します。

　「販促（Promotion）」の分析では，「商品販売に対して，いかに効果的・効率的にアプローチするか」を検討します。

3C分析　自社と顧客そして競合企業を分析することにより，自社が置かれている状況を客観的にとらえ，「今後いかに競合他社と張り合いながら，顧客が満足する商品やサービスを提供

できるか」検討します。

「市場・顧客（Customer）」の分析では，ターゲット市場，顧客ニーズ，事業展開の機会と脅威を検討します。

「自社（Company）」の分析では，企業理念・目標，経営方針，現在の市場におけるポジション，いわゆる企業の強み（伸ばす点）と弱み（改善すべき点）を検討します。

「競合者（Competitor）」の分析では，競合他社の強み・弱みや動向，異業種・新規企業の参入などを検討します。

SWOT分析　中小企業診断士が活用する戦略策定方法です。3C分析をさらに細かく見ていく際に活用すれば，経営方針や戦略の見直しをより深い視点から図れます。

内部環境として，「Strength（強み）」（競合他社に比べて自社が強い点），「Weakness（弱み）」（競合他社に比べて自社が弱い点）を分析し，外部環境として，「Opportunity（機会）」（自社が売上げや企業好感度等を伸ばすにあたり良い機会となる環境），「Threat（脅威）」（自社が売上げや企業好感度等を伸ばすにあたり不利となる環境）を分析します。

5F分析　ファイブフォース分析と称されます。業界の競争環境を5つの要素（「競合の脅威」「新規参入業者の脅威」「代替品の脅威」「売り手の脅威」「買い手の脅威」）から分析・把握し，今後の業界動向を予測する手法です。SWOT分析の「脅威」となる内容をさらに詳細に分析して，有効な経営戦略を練るために用います。

7S分析　上記のような観点等から特定の戦略を練った際に，それらを効果的に実行しうるか否かを確認できます。7つの「S」は以下のとおりです。

・Strategy（戦略）　経営目標，競合他社との差別化，経営資源の分配等
・Structure（組織）機能別・事業部別組織，組織の階層の多さ少なさ等の組織形態の特徴
・System（社内システム）　管理会計や人事制度等
・Style（経営スタイル）　企業特有の文化
・Staff（人材）　社員の特性・能力
・Skill（スキル）　企業として蓄積されている能力
・Shared Value（価値観）　明示的もしくは暗黙に共有されている企業の価値観・存在意義・方向性

6）企業の成長は社員の人間力で決まる

企業（もしくは非営利団体）の活動内容が支持されて売り上げ（もしくは寄付金収入）が伸び，さらなる事業運営の原動力を生み出せるか否かは，そこで働く「人」の気持ちや信念，人間性によります。

貴方のアイデアをもとに企業（非営利団体）を立ち上げ，貴方がその代表となった際，社員（団体職員）から「この人と共に仕事をしていきたい」と思われる人間性の持ち主でなければ，他の人たちの協力を得られません。それは企業（非営利団体）の代表のみならず，役職から一般社員（一般職員），更には契約社員（アルバイト社員等）やボランティア職員まで同じです。社員（職員）という「協力者」と共に，お客様に良い製品やサービスを提供し続けていくうえで（できる限りの情報を提供して支援者に寄付をお願いするうえで），この要素は不可欠です。

会社や団体が大きくなればなるほど，小規模なイベントの企画から合併等の大きな出来事に

至るまで，数字や統計のみから今後の経営を判断しがちになります。しかし，事業はたくさんの人によって支えられ成り立っているのです。それぞれの人が尊重され「組織」の成長を共に考えられる人たちであるからこそ，困難な状況になっても互いに支えあい，組織としての「夢」の実現に努力していけるのです。

　どのような大きな企業や組織も，はじめは「こんな社会を作りたい」という代表や発起人の熱い思いから生まれるものです。この本をお読みの皆様もきっとそのような強い思いをお持ちと思います。ぜひ熱い思いを胸に，ご自身の夢を実現すべく，1歩1歩自らの足で歩み続けていただければと思います。皆さまのご健勝とご多幸をお祈りしています。

【参考文献】

石井光太（2009）．絶対貧困　光文社
　実際に足を運び生活者の目線で現状を記す。「開発途上国」の「真実」を知る1冊。

ニーチェ，フリードリヒ（著）　白取春彦（訳）（2010）．超訳ニーチェの言葉　ディスカヴァー・トゥエンティワン
　組織の魅力は「人」にある。肩書を外した「自分」を振り返り前進するツールとなる。

阪本順治（監督）（2008）．闇の子供たち（DVD）ジェネオン　エンタテインメント
　タイで行われている人身売買や臓器売買／児童買春をテーマとしたフィクション映画。上記問題や人間について考えさせられる。登場する新聞記者やNGO職員等の描写も勉強になる。

須藤実和（2009）．コンサルティング実践講座　ダイヤモンド社
　営利企業のみならず非営利団体も経営戦略なくして事業を続けられない。戦略的運営に不可欠な分析ツールを実践的経営の視点から分かりやすく紹介。

【略歴】

聖心女子専門学校英語科を経て，米国 Fordham University, University of Hawaii at Manoa で実践的なビジネスとマネージメントのスキルを習得。大手中学受験学習塾，株式会社日能研で教室スタッフを担当。国際支援団体特別非営利活動法人ピースウィンズ・ジャパン，セーブ・ザ・チルドレン・ジャパンでのボランティア活動を経て，現在，国連ユニセフの日本国内委員会である公益財団法人日本ユニセフ協会で支援者に関する業務を行う傍ら，健康食品・化粧品販売会社株式会社 H-D Project を設立し，栄養面から CSR 活動を実践。

2-2-13

企業で取り組む社会キャンペーン：エイズ対策を中心として

吉田智子

分野概要

　企業で取り組むエイズ対策には2種類あります。一つは社内向けの教育・研修活動。もう一つは，社会貢献活動としての活動です。私はエイズ対策において企業の果たしうる役割に着目し，サンスターという企業の内外で，エイズ啓発を実施してきました。その経験から，社会的キャンペーンのあり方とその社会的意義について考えます。

　社会的キャンペーンには明確な目的と目標が必要です。そのためには，問題の所在とその背景，過去の成功例や失敗例，現在同じ取組があるかどうかなど，幅広い検討が必要です。何もかも自分たちだけで解決できません。大きな社会問題の中から，自分たちの人的・金銭的・時間的な資源に見合う問題を選び，効果的に実施する方法を考えます。影響力のあるキャンペーンには，それに見合う資源と多くの人の協力が必要です。当初の想定どおりに進むことは稀なので，常に設定した目的と目標に立ち返り，時には見直しながら，少しずつ歩を進めていくことが重要です。

　サンスターでは，社員への理解促進のための社内キャンペーンと，より広い対象に向けた社会貢献活動としての社会キャンペーンを実施してきました。この二つの目的は，どちらもエイズに関心の薄い一般の人に向けた啓発キャンペーンである点で共通しています。職場は啓発の場所として優れており，社会貢献活動としての社会キャンペーンでは企業の社会的知名度を活かせるメリットがあります。

　いまだにエイズへの理解が進まないなかで，企業がエイズ対策に関わることは容易ではありません。一企業ができることには限界もありますが，それも含めて，企業による社会的キャンペーンのあり方を考えます。

キャリアパス

　私がエイズというテーマに出会ったのは，あるミュージカルとの出会いがきっかけでした。大学では国際関係学を専攻し，好奇心に任せて政治学，経済学，社会学，人類学と様々な授業を受けましたが，3年生になって，卒論のテーマを絞りきれず悩んでいたときに，夏休みに訪れたニューヨークで出会ったのが，ブロードウェイ・ミュージカル『RENT』でした。この物語の中で主人公が直面するテーマのひとつがエイズの問題でした。音楽のかっこよさや生命力あふれる役者たちの表現にも直感的に惹かれたのですが，当時，大学の外で取り組んでいた演劇で，ターミナルケアをテーマにした題材を探していたこともあり，作品に関する資料を買い集めて帰国しました。

　エイズは開発援助や南北問題の大きなトピックでありながら，日本にいる自分たちにも起こりうる病気ですし，ジェンダーや性教育の問題でもあります。大学の卒業論文では，1980年

代から 1990 年代初頭にかけてのエイズに関する米国の社会運動の文献研究を行い，卒業後すぐにニューヨーク大学大学院に進学しました。当時は国際機関等で働きたいと思っていたので，公衆衛生学の修士号を取得できる学科を選びました。

大学院では，地域保健プロジェクトの企画・運営・評価の手法やソーシャル・マーケティング，NPO 運営などを学びました。大学の外では，アジア・太平洋地域出身者のためのエイズ啓発団体（APICHA: Asian Pacific Islanders Coalition on HIV/AIDS）や大学病院付属の非営利団体でインターンを経験しました。また，大学キャンパス内での飲酒・薬物対策ボランティア，南アフリカ共和国エイズ裁判をめぐる国際キャンペーン事務局への参加，薬物使用者の HIV 等感染予防に取り組む Harm Reduction Coalition での研修を通じて，社会啓発の多様な概念と手法を学びました。

私の学科では，修士論文の代わりに専門的なインターンシップを求めていたので，カンボジアの国際移民機関（IOM）に 3 ヵ月間インターンとして受け入れていただきました。IOM カンボジアがエイズ・プロジェクトを立ち上げるための初期調査として，カンボジア国内で実施されている国や国際機関，他団体のプログラムのマッピング作業を担当しました。誰も取り組んでいない，優先順位の高いプロジェクトを見極める必要があったからです。省庁や病院，国際機関から国際 NGO まで，エイズ対策担当者にインタビューし，首都プノンペンだけでなく，第二の都市バッタンバンやタイとの国境の町ポイペト，首都近くの売春村など，幅広く見ることができました。こうして，エイズの現状と国家レベルの対策，個別の地域やグループに対する対策から課題まで，体系的に把握することができ，各機関・団体が果たす役割も実地で理解できました。この経験は，その後，日本でエイズ対策を考えるうえでも役立っています。

カンボジアでの経験は貴重なものでしたが，米国，カンボジアでのエイズ対策を学ぶなかで，日本のエイズ対策にも関心を抱くようになりました。乱暴な言い方をすれば，途上国には国際社会の関心がありますが，日本のことは日本人以外，関心を持つことはないのです。ニューヨークで国際的な社会運動に関わるなかで，G7 の一員である日本が国際社会の中で存在感を示すことの重要性も感じていました。当初の目標であった国際機関での仕事も，カンボジアで少しは経験できたので，大学院卒業を機に帰国し，日本で働きながらエイズ対策に関わることにしました。帰国前にサンスターへの就職が決まっており，帰国後は，すぐにサンスターで働き始めました。同時に，「日本のサラリーマンが，働きながら NGO 活動するようになったら，会社も日本も面白くなる」と考えていたので，エイズ啓発のための若者向け電話相談を行う NGO でボランティアをしたり，ニューヨークで参加していた国際キャンペーンの日本での活動立ち上げや世界エイズ・結核・マラリア対策基金の活動にも参加しました。また，厚生労働省補助金による研究班に参加し，若者向けエイズ啓発活動の調査・分析や若者向け再発防止対策プログラムの研究にも携わりました。2006 年には当時大学生だった仲間と若者向けのエイズ啓発キャンペーン「RESPECT」を立ち上げ，カフェイベント，CM 作りや街頭アンケートによる啓発活動やインタビュー結果のウェブ掲載を行いました。

こうして週末などを利用した活動を続けていましたが，若者向けの啓発活動とともに，大人向け啓発活動の必要性を感じるようになりました。若者の間で HIV など性感染症は増えていますが，学校や家庭での性教育は不十分で，「若者の問題行動」のみが批判されることが多かったのです。私自身，若者向け啓発活動をおこなってきましたが，年齢を重ねるにつれ大人の立場から若者が置かれた環境を改善したいと思うようになりました。若者が主体的に性の健康を考えるために，性の健康やエイズについて差別や偏見なく理解する場を大人のために作ることが必要と考えたのです。また，近年，医療の進歩によって通常の生活を送る HIV 陽性者

写真1　サンスターの「レッドリボン・オブジェ」
エイズ啓発イベントの会場や街頭に展示して，エイズ啓発を呼びかける。小さな赤いリボンを集めて大きなレッドリボンを作るという企画になっており，これまでに延べ8,000人以上が参加している。高さ2m。

が増えていることで，職場でのHIV陽性者の人権や雇用上の配慮が注目を集めるようになっていました。

　そう考えると，最も近くにある場は自分の職場です。サンスターは「常に人々の健康と生活文化の向上に奉仕する」という社是のもと，各国に社員がいるので，エイズという世界で最も注目されている保健テーマに着目しても不思議ではありません。しかし，社会的に理解の進まない病気への取り組みを決めたサンスターの決定は，英断でした。

　こう書くと，身近な場では容易に活動が始められると考えるでしょうが，身近な人に伝えることこそ難しい場合もあります。企業で言えば，直接の事業領域ではない分野への抵抗感はもちろん，忙しい社員の時間を仕事に役立つわけではない教育・研修に割いてもらうのは容易ではありません。エイズに対する根強い偏見も存在します。ボランティア活動では，同じ目標を持った仲間が集まって相談し，励ましあいながら活動を進めることができます。日本企業でエイズに取り組む難しさは，日本社会でエイズに取り組む難しさと重なります。

　会社でエイズに取り組むにあたっては，二つの目標を掲げました。一つは社内でエイズに対する理解度を上げること，もう1つは社会でエイズ対策に取り組む方々への支援です。どちらも，エイズに関心の薄い一般の大人に向けた啓発活動であり，サンスターの「企業の社会的責任（CSR）」としての活動です（写真1）。

　社内の理解度を上げることは，HIV陽性者が安心して仕事ができる職場作りと陽性者の経済基盤確保のために重要です。若い社員はもちろん親世代の社員にも，感染予防だけではなくエイズを理解する機会になります。社員向け教育は表に出ない地味な活動ですが，最もやりがいを感じる活動です。忙しい社員が時間を割いて研修に参加し，エイズに対する積極的理解の姿勢を示してくれると大きな達成感があります。実際に研修で感じるのは，「体系的に学ぶ機会がないから，知らないだけなのだ」「悪気があって誤解しているわけではない」ということです。もちろん研修を経ても，「やはりHIV陽性者を受け入れるのは難しい」という感想を書く社員もいます。私はそれで良いと思っています。知識を得てきちんと向き合う経験をしたう

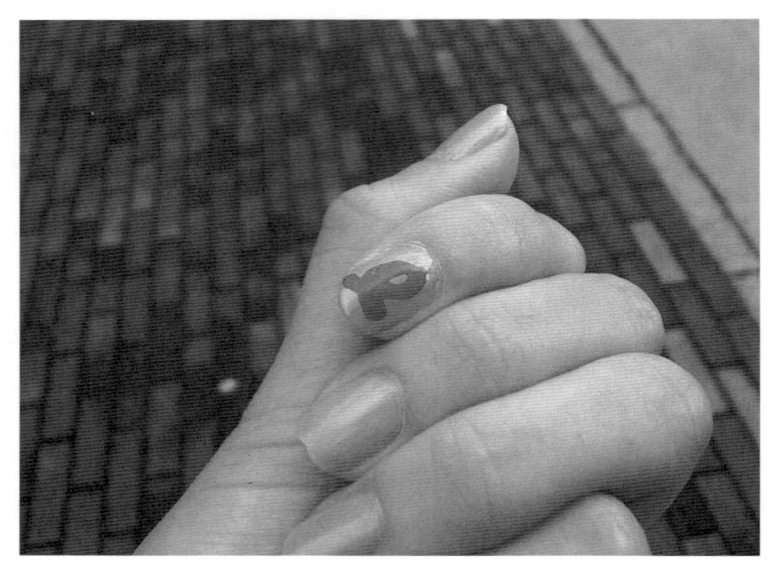

写真2 レッドリボンを描いたネイルアートの写真とメッセージの募集
サンスター主催キャンペーン『ネイルにレッドリボンを』では，一般の方からレッドリボンを描いたネイルアートの写真とメッセージを募集した。2009年から延べ500枚以上が投稿された。これは，2010年に投稿された1枚。

　えでの判断ですから，それ以上強制できません。私が研修でお願いするのは，知識を得てもらうこと，そして職場では誤解が原因のエイズに対する差別や偏見は許されないという共有ルールを守ることです。必要以上に個人の価値観に踏み込まない態度は，社員向け研修プログラムで考え出した私の結論です。

　社会貢献活動では，エイズ対策に取り組む方々への支援として，2005～2006年にかけて，国際会議の支援や街頭キャンペーンを行い，2007年からは，「HIVとともに生きる方々を応援する」という活動方針を打ち出しました。この活動方針のもとになったのは，4カ国6人の女性のHIV陽性者の方々に，日常生活や日々の想いについてエッセイを書いていただくWeb企画「Live Positive」でした。治療ができ普通に生活できる病気になった今だからこそ，人生にある"生きづらさ"の一つとしてHIV感染を捉え直してみようという発想で，HIV陽性の女性と一緒に企画しました。病気そのもの，感染そのものにフォーカスするのではなく，HIVとともに生きる人の言葉に耳を傾けてもらうことで，一般の女性の間に共感の輪を広げたいと考えたのです。幸いにして大きな反響があり，彼女たちの言葉をパネルにしてイベントで紹介したり，女性向けポータルサイト「カフェグローブ」とイベントを共催したりと，思いがけない広がりが生まれました。

　こうした活動の延長線上に生まれた企画が，2009年に特定非営利活動法人「シェア＝国際保健協力市民の会」と一緒に立ち上げた『ネイルにレッドリボンを』です。これは，エイズ啓発のシンボルマークである「レッドリボン」をネイルに描き，身近な人とエイズについて話すきっかけにしたり，また，HIVとともに生きる人々への支援の気持ちを見える形で表現したりしようという，草の根・参加型のキャンペーンです（写真2）。

　エイズ対策＝予防啓発と考えるのであれば，女性の陽性者は少ないので，ターゲットとしての優先順位は低くなります。しかし，治療できる病気になった今，新規感染を予防すると同時に，エイズやHIV陽性者への誤解や社会的偏見を解いていくことが，HIV陽性者が生きやすい社会を作ることになります。そこで，『ネイルにレッドリボンを』では，あえてエイズへの

偏見が残っている30代以上の女性をターゲットに，日本でのエイズ問題とは，「身近な人に理解されない病気であり続けていることだ」というメッセージを発信しています。年間1,000人以上の新規感染が起こっている日本では，身近にHIVとともに生きる人がいる現実になりつつあるのです。誰も「身近な誰かを差別や偏見で傷つけている」とは思っていないものです。エイズは「私たち」の問題ではなく，「彼ら」の問題だと思っている -- そのことに気づいてもらうのが，このキャンペーンの目的です。

『ネイルにレッドリボンを』キャンペーンのツールとしてネイルアートを選んだ理由は，自分の言葉で発信するきっかけになる，身近な人に伝えたり，支援の気持ちをさりげなく表したりするきっかけになる，誰もが自分の意思で取り組める，などでした。もちろん，支援の気持ちを「見える化」することも重要です。TV広告や車内ポスターに比べると極めて小さなメディアですが，身近な人から聞くからこそ心に残ることがあります。ファッションアイテムの一つだからこそ，気負わず参加できます。実際にイベントなどで実施すると，描くこと自体の楽しさや華やぎに加えて，描いている間にエイズの話ができるので，啓発のきっかけを作るツールとしても有効です。国や自治体がおこなう大規模なキャンペーンではなく，継続的に少しずつ輪を広げていくこうした活動も，一つの社会キャンペーンのあり方ではないでしょうか。

私の会社での活動は，自分自身の関心と経験を会社の仕事の中に落とし込んで実現するという，かなり稀な事例だと思います。しかし，グローバルなこの世界では，日常の中にも国際協力や社会貢献の芽があり，現場もあると思いますので，参考にしていただければ幸いです。自分なりの信念を大切に，視野を広く持って新たな道を作っていってください。

シミュレーション

実際にエイズ啓発キャンペーン作りを体験してみましょう。キャンペーンは作る（設計）だけではなく，実際に実施しながら改善・発展させ，最終的に結果をまとめる（評価）必要があります。成果を出すためにも，戦略にもとづいたキャンペーン作りが必要です。

「キャンペーン」はあくまで手法ですので，本来は，現状の課題分析と手法の選択から始まりますが，ここでは，キャンペーンが必要という前提で話を進めます。

1) 目的を明確にする

キャンペーンを実施するためには，その問題をよく把握する必要があります。①どのような問題があるのか，②誰を対象にどんな対策がおこなわれているのか（＝まだ実施されていないことは何か），③過去の成功・失敗事例はあるか，をよく理解する必要があります。

例えば，公的な統計情報や発表資料とともに，その問題に詳しい専門家や先駆的な活動をしているNGOを調べてヒアリングするなど，様々な角度から考えて理解を深めます。また，成功事例と並んで，活動の背景にある苦労や失敗事例は大いに参考になります。特に，失敗事例は報告書などの記録に残りにくいので，意識的にヒアリングすると良いでしょう。

2) 目標を設定する

取り組むべき課題が見えたら，具体的に「誰」に「どうしてほしいのか」を考えます。例えば，「〇〇市の女子大生」に「HIV/エイズの正確な知識を得てもらう」といった形です。

課題によって伝えるべき対象者が変わり，対象者を決めることで伝えるべき内容や方法が変わります。

「どうしてほしいのか？」は，何かを「知ってもらう」場合もあれば，「知ってさらに行動を

起こしてもらう」場合もあります。一般によく知られている課題であれば，「行動を起こす」ことが目標になります。課題は数多く存在するので，優先順位をつけて，自分たちができる範囲のことを目標に設定しましょう。

「誰」に関しては，「日本全国」でも，「クラスメイト全員」といった小グループでもかまいません。ただし，大きなグループを設定するほどその構成員は多様になり，伝える内容や伝え方，そのための手段などが複雑になります。すべての人を網羅する大キャンペーンは時間やお金が莫大となり，実質的に難しいので，自分たちの力で到達できる"ターゲット"を決めて進める方が賢明です。同趣旨のキャンペーンが他にないかも，検討すべきポイントです。

目標は，達成期限を決めるとともに，成果を客観的に測定するために，できれば数値化しておきます。例えばイベントを開催したら，参加人数を確認して終了時にアンケートを取ります。インターネットのウェブサイトを作ったら，アクセス数や書き込み件数や内容をまとめます。このように成果を測りながら進めることで，目標達成度の評価や計画見直しができます。自主的活動では途中で息切れすることがあります。数値化によってゴールを"見える化"しておくとペース配分がしやすくなります。無理のない目標設定はもちろん必要です。

3）ターゲットとなる人々の属性を考える

"ターゲット"を決めたら，その特徴を考えます。年齢，性別，職業，行動範囲，興味のあること，趣味，人気のあるタレントや音楽，よく見るウェブサイトや雑誌など，様々な切り口で考えます。特に重要なのは「大切にしている価値観」と結び付けることです。ターゲットとなる人々の価値観と関連づけたメッセージを発信すれば，興味を持ってもらえる可能性が高まります。

例えば「○○市の女子大生」を考えた場合，年齢は20歳の前後2～3歳，性別は女性，職業は大学生です。人気のある場所は，カフェ，カラオケボックス，居酒屋，美術館，クラブ，スポーツジム，図書館などが考えられます。大切にしている価値観は，「自分らしく生きたい」「自立したい」「友達や恋人といい関係を築いていきたい」などでしょうか。

こうした情報を得るには，客観的な調査の結果があると良いのですが，なかなか自分たちが知りたいことにぴったり合う調査結果はありません。その場合は聞きたいことをアンケート形式にまとめ，対象となる人たちに回答してもらいます。対象者が"ピア"（共通点を持つ仲間）であれば，アンケート項目を挙げやすいのですが，自分たちと全く違う属性の場合は，対象となる何人かにヒアリングしてからアンケート項目を考えます。

4）企画を立てる

すでに検討したターゲット情報をもとに，具体的な計画を立てていきます。設定した期限の中で目標を達成するには「どのような活動をどのくらいの頻度で展開すればいいか」を考えます。目標が高すぎると感じたら，ここで少し見直しましょう。

イベントを実施する場合，ターゲットに来てもらうことが最も重要です。そのため「どんな会場でやるか」「どのように告知するか」「どんな人に出演してもらうか」「入場料は取るか（いくらか）」などを検討します。女子大生向けイベントの場合，ターゲットを女性限定にする方法と，女性を第1ターゲット，男性を第2ターゲットとしてどちらも楽しめるイベントにする方法があります。それによって，会場の種類，ビラやチラシの内容やデザイン，配布場所，出演者，入場料などが変わってきます。女子大生の中でも，イベント内容に特に関心のある一部の人を対象にするのと，広く人を集めるのでは，イベントの中身も変わります。

ウェブサイトを立ち上げる場合はイベント開催よりも容易ですが，多くの人に見てもらうためには，告知，デザインや内容の良さ，継続的更新が必要です。今は SNS（社会的ネットワークをインターネット上で構築するサービス：mixi，モバイル向けの GREE，Facebook など）があるので，お金をかけずにできることが増えています。

　キャンペーンの一貫性も重要です。例えば，キャンペーンのテーマを伝える「コア・メッセージ」やロゴを繰り返し使うことで，ターゲットとする人たちのなかに浸透していきます。また，計画を立てる際には，自分たちの人的つながりに目を向けましょう。自分たちの周りで発信力のある人はいませんか？ イベント会場になりそうなカフェを運営している知り合いはいませんか？ デザインが得意な友達はいませんか？ 協力者の興味や関心，得意分野が多様であるほど，広いターゲットに届きます。

議論

　ここでは，エイズ・キャンペーンにおける代表的な論点を挙げます。

1）どのように継続させるか

　若者によるキャンペーンは，立案者の環境変化によって継続性が失われます。例えば主要メンバーが卒業して就職すると活動自体がなくなります。ピアとして若者同士で啓発しあう活動には高い効果もあるため，若者の主体的な活動から得られるノウハウの継承が課題となります。

2）予防が先か，治療が先か

　予防啓発は重要ですが，強調しすぎると HIV 陽性者を責める印象を与えます。「エイズ撲滅」は，HIV を体内に持つ陽性者を撲滅する印象を与えます。「こども産むことができるように」なども，HIV とともに生きながら親になっている多くの人々を傷つける言葉でもあります。HIV とともに生きている人たちの声を反映したエイズ啓発が，世界的に重要視されています。

【参考文献】
荒木美奈子（1992）．女たちの大地—「開発援助」フィールドノート　築地書館
　　アフリカの開発援助の現場で働くリアリティが誠実に記されており，著者の姿勢から学ぶことは多い。
林　達雄（2005）．エイズとの闘い　世界を変えた人々の声　岩波書店
　　勇気ある人が世界を変えていく。国際エイズキャンペーンの具体例を学びながら，日本に生きる自分の役割についても考え直すことができる。私がニューヨークで関わった南アフリカの HIV 陽性者支援キャンペーンを現地側から見た本でもある。
サンスター「Live Positive」（2007, 2011）．「ネイルにレッドリボンを」（2009）．サンスター HP　(http://jp.sunstar.com)
　　4 ヵ国 6 名の女性 HIV 陽性者によるエッセイ集。当事者の声に素直に耳を傾けると，自分の中にある誤解や偏見に気づきます。キャンペーンの事例として参考にしてください。
吉田智子（2007）．注射器を交換する理由　YouTube で視聴可能
　　(http://www.youtube.com/watch?v=QViOjzqxguU)
　　「薬物依存の是非を問うのではなく，健康被害を減らすために行動しよう」という「ハーム・リダクション」の考えを紹介するために制作した短編映画。薬物問題以外のテーマにも応用可能です。

【略歴】
　　日本コカ・コーラ株式会社社長室 コミュニティ・コネクションズグループ勤務。津田塾大学学芸学部国際関係学科卒業後，ニューヨーク大学大学院で公衆衛生学修士号（Master of Public Health,

国際地域保健教育専攻）を取得し，国際移民機関（IOM）カンボジア事務所でのインターンを経て帰国。2001年からサンスター株式会社広報室勤務の傍ら，国際的エイズキャンペーンや日本初のエイズ・ユースフォーラム立ち上げなど，国内外のエイズ対策に関わり，2005年から"企業とエイズ"に関する社内外活動に取り組む。2011年12月退職，現職で引き続き，企業の社会貢献活動に従事している。

2-2-14

映画とその「表現」：企画から国際発表まで

益子昌一

分野概要

　映画監督を辞書で調べると，「映画の，実際の創作・演出面での最高責任者。全スタッフの統率，俳優の演技指導，フィルムの編集，録音など，細部に至るまで関与する」（『大辞林』）とあります。つまり，映画監督とは，映画のクオリティに関する決定権を持ち，そのクオリティに全責任を負う専門家と言えるでしょう。

　しかしながら，監督の独断ですべてが決まるわけではありません。各専門技術スタッフはもちろん，出演している役者，そして当然，映画ビジネスの一切を統轄するプロデューサーなど，多くの意見に耳を傾けるのも監督の仕事です。映画制作という共同作業の中で，一つ一つ判断し，調整し，決断していくのが監督であり，最終的に作品そのものを背負うのです。そして，クオリティの側面だけでなく，現代においては，映画ビジネスの一端をも担っています。

　監督は，実際に撮影が行われる前の企画作りの段階から，その映画に深くコミットしなければなりません。映画制作の最高責任者の一人として，その映画が社会に発するテーマやメッセージに関する自覚が必要だからです。映画がメディアとして，社会にわずかでも影響力を持つ以上，監督はその映画の企画そのものを深く理解しなければならないのです。ただ「演出しました」というだけでは，あまりにも無責任な表現行為になります。映画のクオリティばかりでなく，その影響をも考慮に入れる義務が監督にはあります。

　映画の企画から撮影，PR活動，公開，二次利用（DVDやテレビ放映等），そして海外での事業展開に至るまで，映画監督は，創り出す映画のすべてに関わります。数百人のスタッフが関わり，数千万，時に数億の資金が動く映画プロジェクトの中で，その責務を果たすことは，プレッシャーやストレスとの闘いです。しかし，監督には表現したいという強い想いがあります。その強い想いが，監督という立場を支え，監督の力になるのです。映画が完成した時の達成感や充実感を，関わった全スタッフおよびキャストと分かち合えるのは監督です。映画公開前，逃げ出したくなるほどの緊張感に身震いするのも監督です。興業成績や作品の評価と直面し，矢面に立たされるのも監督です。それでも監督は，映画を撮り続け表現したいと，貪欲なまでに想い続けるのです。映画監督とは，そういうものです。

キャリアパス

　映画のみならず，小説でも，音楽でも，何かを「表現すること」において，最も必要とされることは，ある「本質的なメッセージ」や「本質的なテーマ」です。表現したものが例え極めて個人的なものであっても，そこに我々人間にとっての本質が描かれていればよいのです。作品は国や文化，言語の違いを超越し，共感と共通理解を生む普遍的な国際言語となります。

　僕がそれに気付き，僕なりに探し始め，表現しようと努力できるようになったのは，日本の大学を卒業し，アメリカに留学してからのことでした。

日本での学生時代,「映画を作りたい」と,ただ漠然と思いながら,僕は日々を過ごしていました。大学三年生になり,就職活動を意識し始めた頃,ある根本的な疑問と直面しました。

映画で何を表現したいのか？

表現することへのモチベーションを,表現したいテーマを,僕は自分の中に見付けられませんでした。数え切れないほど映画は観ていました。それなりに批評的な見方もできました。しかし,何かを表現しようとしてこなかった。

映画が好きだから,映画に携わる仕事に就きたいと希望することは,とても簡単で正直なことでした。しかし,「どんな映画が作りたいのか」自問自答した時,僕は明確にその答えを提示できなかった。表現したいと渇望するばかりで,何も見えていなかったのです。

まず,見付けなければならないのは「自分自身」だと思いました。そこに自分にとって本質的な何かがあると感じてはいました。しかしそれは,濃い霧の向こうにぼんやりと浮かんでいるだけでした。見えそうで見えず,掴めそうで掴めない,そんな「自分自身」でした。

霧の中の自分自身を発見したと同時に,また別の疑問が生じました。

なぜ,映画を作りたいのか？

映画制作のあらゆる事に対する「なぜ？」です。なぜ,僕は映画を作りたいのか。なぜ,表現したいのか。なぜ,この映画は面白いのか。なぜ,この映画は悲しくて,この映画はこんなにもロマンチックなのか。なぜ,この映画は時代を超え,こんなにも多くの人々に観られているのか。

そうした「なぜ？」を抱えたまま,僕は海を渡り,ニューヨーク大学（NYU）大学院メディア・エコロジー学科に入学しました。NYUには,マーチン・スコセッシやジム・ジャームッシュ,スパイク・リー等の有名な映画監督を輩出した映画学科もありました。あえてメディア・エコロジー学科を選んだのには,僕なりの理由がありました。

"The Medium is the Message."

あるメディアがメッセージとなり社会に浸透し,人間のコミュニケーションに影響を及ぼすと同時に,社会や我々の概念をも変えていく。そうした理念を元に,様々な事象を学際的な見地に立ち分析を試みる。この学問は,「なぜ？」に対するアプローチを提示してくれるのではないかと,僕は考えました。

ある映画の面白さを深く分析すれば,歴史的,文化的,経済的,政治的,技術的な背景など,そこには様々な理由が挙げられるでしょう。しかし,面白い映画を創出しようとする時,その面白さを事前に分析できていない限り,それは不可能です。そう考えた時,映画の歴史やその表現方法の変遷,演出論や撮影その他の技術およびその変遷を学ぶよりも,映画を取り囲む環境をどう理解するかを学ぶ方が,「なぜ？」に対するアプローチには必要と考えました。

ここで言う映画を取り囲む環境とは,その映画が生み出された理由が存在する環境のことです。社会と言ってもいいかもしれません。多くの人や企業が関わり,それなりの資金を必要とする映画には,制作理由が存在するはずです。映画として描くべきテーマがあった。映画として描くべき社会的問題があった。その理由は映画によって様々だとは言え,その映画を取り囲む環境（もしくは社会）に,映画にすべき理由があったはずです。その理由は同時に,人々の興味や関心を引く面白さに繋がっているはずです。

つまり,ある映画を取り囲む環境（もしくは社会）に,その映画の面白さの理由が内包されているのならば,その環境を理解できない限りは,その面白さを創出することも見付けることもできない。だとするならば,面白い映画を創りたいと望む自分にとって,映画を取り囲む環境（もしくは社会）の分析を学ぶことが,最も重要で不可欠と思ったのです。

メディア・エコロジーは，そんな僕に，あらゆる物事に対して「なぜ？」と掘り下げる感覚を与えてくれました。誰かが，何かを，決めつけたことに対して，「なぜ？」と分析する感覚。自分が感じたことに，「なぜ？」を投げ続ける感覚。

　「なぜ？」を繰り返すと，ある本質を発見あるいは再発見します。時にそれは，ある感情だったり価値観だったりします。「なぜ？」の繰り返しは，物語に必要な「本質的な」メッセージやテーマを生み，多くの共感に支えられる作品の「普遍性」へと繋がっていくのです。

　映画における「普遍性」を理解するために，非常に役立った経験が他にもありました。それは，ニューヨーク近代美術館（MoMA）フィルム・アンド・ビデオ部でのインターンシップでした。

　MoMA での仕事は，制作された映画をクリティカルに観賞し，批評し，選び抜いて上映することでした。仕事としての観賞以外に，MoMA の世界一を誇る所蔵作品の中から，滅多に観ることのできない貴重な作品を自由に選び，観賞することもできました。世界的に有名な名作，映画史的には重要でも一般には知られていない実験的作品等，時間の許す限り観ました。現代美術研究の中心と言える MoMA の作品への評価，学芸員たちの見識に触れることで，僕は映画における「普遍性」の必要性を深く理解できたと同時に，更に強い創作意欲を持つようになったのです。

　MoMA でのインターンシップを終了した僕は，大学院卒業と同時に，二つのことをしました。一つは，日本の映画会社に就職を希望する手紙を送ること。もう一つは，友情をテーマとする小説『時間泥棒』（2006 年八溝カラスの名で SDP より出版）を書き始めたのです。

　1996 年，アメリカから日本に戻り，松竹（株）でサラリーマンとしてのキャリアをスタートさせました。入社してすぐに映画制作の仕事には就けませんでしたが，社員としての仕事に追われながらも，映画の企画を作っては提案し，自分なりの創作活動を続けていました。そんな折り，初めて書いた小説『時間泥棒』が，新人文学賞の最終候補作に残りました。この評価は，僕に脚本を書くチャンスをもたらすとともに，僕から表現への躊躇を取り去ってくれたのです。

　1996 年から 1998 年の二年間，松竹と言う組織の中で，僕はただがむしゃらに書き続けました。時には小説を，時には脚本を。寝る間も惜しんで，書きたいテーマを書きたいように。しかし，書いても書いても，映画企画として認められる作品は生まれませんでした。そこにはいろんな原因がありました。

　書き手としての技量不足もその一つですが，最も高い壁は，松竹が欲した企画と僕が求めた企画との違いでした。株式会社としての松竹は，あくまでビジネスとして期待どおりの収益をもたらす映画企画を求め，僕は，個人的な創作意欲を満足させる映画企画を求めていました。簡単に言えば，マーケットに対する意識の違いです。当時の僕は，マーケットを意識した創作は大衆に媚び諂うことだと，頑なに拒否していました。マーケットへの媚び諂いは，安易な共感を生むかもしれないが，今までにない新しい価値観は生み出せないとすら思っていました。組織と僕の間の溝は大きく，1998 年 12 月松竹を退社しました。

　1999 年，僕はフリーのプロデューサーという立場でキャリアを再スタートさせました。業界ではほぼ無名で，組織の後ろ盾すらない僕にとって，映画のプロデュース活動は多難を極めました。企画書と脚本を携え，映画配給会社や映像企画製作会社を回る日々。プレゼンテーションどころか，企画書と脚本の提出だけで終わってしまうこともありました。牢固な城塞の門を開こうと，情熱だけで挑んでいくようなものでした。

　紆余曲折あって完成したプロデューサーとして初の作品が，映画『ひまわり』（行定勲監督）

でした。2000年公開のこの作品は，第5回釜山国際映画祭で国際批評家連盟賞を受賞し，フリーの僕にとって名刺代わりとなる作品になったのです。フリーになったこの12年間で，プロデューサー，脚本家，あるいは監督として，映画13本（ドラマ3本含む），小説5作品を創りました。どんなテーマを，どんなメッセージで，どう表現すればいいのか。国内外を問わず一人でも多くの人に伝えるために，試行錯誤の繰り返しでした。

映画制作で常に強く意識していたのは，ほとんど作品に関する情報のない状況下で作品のクオリティだけが純粋に評価される，国際映画祭への出品でした。

国も文化も言葉も違う人々に，自分たちの作品はどう伝わるのか。自分たちの作品には，世界の人々に訴えかけられるだけの普遍性があるのか。言い換えると，国際的に通用する表現力を自分が持っているかどうか，自分なりに判断できるのが，国際映画祭の場だったのです。

映画が完成したら，開催時期の合う映画祭に応募し，その映画祭の選考委員に作品を観てもらいます。選考委員が来日している場合は，国内の指定された試写室で作品を上映し，海外にいる場合は，指定されたメディア（DVD等）に本編を変換して送ります。世界中からエントリーされる作品の中から自分の作品が選出されなければ，映画祭への出品は適いません。

ベルリン国際映画祭，釜山国際映画祭，モントリオール世界映画祭など，小さいものも含めれば15カ国以上の国際映画祭に出品してきました。いくつかの大きな映画祭から招待を受け，実際に映画祭に参加しました。

国際映画祭は，世界中から集まってきた監督をはじめ映画関係者とコミュニケーションを図れる唯一の場であり，自分の作品に対する国際的評価を経験として実感できる場でもあります。国際映画祭に参加し作品の評価を受けることで，表現者としての自分自身を知り，磨くことができる。それは表現者にとって，とても重要で貴重な体験となります。

創作活動の一方で，企画の成り立ちやプロジェクトの規模に関係なく，作品を世に送り出す度に強く感じてきたことがあります。それは，マーケットを意識することに嫌悪感すら抱いていた，以前の自分自身の否定でした。

"映画を創る行為は，コミュニケーションそのものだ。"

僕はこのことを，実体験を通して強く意識するようになりました。映画とは，送り手である制作者と受け手である観客とのTwo-wayコミュニケーションです。Two-wayとは，映画を世に送り出した時，人々がその映画を観に行ってくれることです。つまり，映画とは，多数の人々に観てもらって初めて成立するコミュニケーション活動なのです。ただ制作して公開しただけでは，受け手のいないメッセージを流しているに過ぎないのです。

ではどうすれば，One-wayではないTwo-wayの映画制作を追求できるのか？

闇雲に物語を創出し，映画化しただけでは，One-wayコミュニケーションに陥ります。そこで重要なのは，先に述べた「映画を取り囲む環境（もしくは社会）」をしっかりと見据えることです。社会におけるその映画の面白さを充分に分析し，テーマ，メッセージ，ターゲット等を企画段階から明確化する。

つまり，面白い物語や斬新なアイディア，興味深いテーマやメッセージを，映画として成立するように導くことが必要です。それがあって始めて，国際的にも通用する表現に繋がっていくのです。

シミュレーション

映画企画には，必要不可欠な四要素があります。

1） 企画意図の明確化
　　・必要性の認識（"今"この企画が求められる理由）
　　・面白さの提示（"今"この企画が面白がられる理由）
　　・価値観の提示（"今"描かれるべき新しい価値観の提案）

2） テーマの明確化
　　・メッセージの強化（映画が訴えるメッセージの明確化を促す）
　　・映画制作全体の指針（全スタッフ，キャストが共有すべきベクトルであり，脚本，撮影，PR に至るまでの一貫した指針）
　　・普遍性の発見（この映画あるいは物語の「核心」を露わにする）

3） ターゲットの明確化
　　・Two-way Communication の成立（受け手の認識）
　　・企画の方向性（受け手を意識した物語作りや PR 展開）
　　・収益確保

4） ストーリーの明確化
　企画書の中では，興味共感を呼び起こすような物語を，短い文章（1 行〜3 行程度）で表現することを要求されます。複雑な内容の物語の場合は，プロット（A4 用紙で 3〜5 枚程度）とかシノプシス（A4 用紙で 7〜10 枚程度）と呼ばれる少し長めの文章が添付されます。ストーリーは，企画書で提示した企画意図，テーマ，ターゲットと密接に関わっていなければなりません。

　以上の四要素を理解したうえで，映画の企画書を作ります。しかし，企画書の形式には，決まりやフォーマットはありません。企画をどう表現するかは自由です。文字だけで書かれた企画書もあれば，イラストや写真を多用する企画書もあります。膨大なマーケティング・データやプロモーション・プランを付け加えるものもあります。映像を添付するのも有効な手段です。
　企画作りの過程を経て，映画の設計図としての脚本が書かれ，実際の撮影と仕上げ作業（編集等）の後に，映画は完成します。
　では，映画の企画はどのように作られるのでしょうか。ここでは，原作（小説や漫画等）を映画化する企画ではなく，オリジナルな映画の企画に焦点をあてます。
　企画作りには，大きく二つのアプローチ，すなわち①ストーリー先行型アプローチ，②テーマ先行型アプローチがあります。以下に，二つのアプローチの特徴と陥りやすい問題点を指摘します。

1） ストーリー先行型アプローチ
　映画にしたいオリジナルのストーリーやアイディアが先にある場合のアプローチです。そのストーリーやアイディアに込められた本質を見抜き，テーマ，メッセージ，ターゲット等を明確化することによって，個人的な着想に普遍性を与えていく作業と言えるでしょう。
　企画化を進めるなかで，オリジナルのストーリーやアイディアの修正や変更を余儀なくされることもあります。またこのアプローチには，ストーリーの細部や思い浮かんだアイディアに執着するばかりに，その映画で伝えるべきテーマもしくはメッセージが曖昧なものになり，企

画から本来の強さが失われる危険性があります。

　ストーリーの細部はもちろん重要で，時に，それが映画の面白さになっている場合もあります。しかし，企画作りの段階でストーリーの細部を表現するのは不可能です。企画には，テーマやメッセージが伝わるストーリーがなくてはならないのです。

2) テーマ先行型アプローチ

　描きたいテーマや訴えたい問題意識が先にある場合のアプローチです。ストーリー先行型アプローチとの違いは，そこに具体的なストーリーやアイディアがないことです。具体例を挙げると，格差社会，人種差別，反戦などの社会的な強い問題意識を持ち，それを映画で表現したいが，ストーリーやアイディアがない状況での企画作りです。

　このアプローチは，テーマやメッセージ，問題意識を前面に押し出すため，社会に与えるインパクトは強くなります。それゆえ，人々に与える影響を，企画段階でできる限り深く考察しなければなりません。アンフェアーなメッセージは，時に，偏見を生み出します。政治的プロパガンダ映画はその最たる例です。しかし，できる限りフェアーな視点で捉えたテーマとメッセージを企画に流し込み，それに適したストーリーを創り上げるならば，とても力強く説得力のある企画になるはずです。

　実社会では，数え切れない映画企画が作られますが，取捨選択されて映画化されています。映画の企画はどう吟味，判断されるのか？

　ここでは，企画された映画の内容に限って議論を進め，ビジネス面は省略します。

　企画提案を受ける側は，その企画が内容的に面白いか，面白くないかを判断します。この判断には，極めて客観的な考察が要求されるのですが，判断する側の主観や趣味趣向など，どうしても拭いきれないフィルターが存在します。

　近年のヒット映画『おくりびと』（松竹配給　2008年，2008年度アカデミー賞で外国語映画賞を受賞）を例に挙げます。「納棺師の映画なんて暗そうで観たくない。」だから「この企画は面白くない。」と判断するか。もしくは，「"死（死後も含め）"への不安や恐怖は，人間誰しも抱えている。そこに，人間の本質的な感情を切りとった普遍的なドラマを感じる。」だから「この企画は面白い。」と判断するか。

　この例からわかるように，企画の良し悪しは，企画を受ける側が「その企画からどれだけの可能性を感じ取れるか」の問題です。何がその可能性に繋がるのでしょうか。それは，テーマやメッセージであったり，ストーリー，役者，監督であったり，ケース・バイ・ケースです。しかし，一つだけ明白な要因があります。それは作品から感じ取れる「普遍性」です。普遍性は共感を呼び，共感から感動が生まれるからです。

　普遍性とは人間にとって「本質的なもの」を意味します。すなわち，人間として当然わき起こるある種の感情や，ある事象に対して文化や言語を超越してあまねく認められる人類共通の価値観です。

　個人的産物であるアイディアを，普遍性を持った表現へと繋げなければならない。それが企画作りで最も大切であり，それができた時，その企画は国際的にも通用する説得力をもつはずです。

議論

　現代の映画制作，特に企画展開において，避けることのできない議論があります。「この映

写真1 『さまよう刃』の宣伝ポスター

監督・脚本：益子昌一，2009年，東映，出演：寺尾聰，竹野内豊，伊東四郎ほか。原作：東野圭吾（2004）．『さまよう刃』 朝日新聞社

画はヒットするのか？」です。

　どれだけ崇高なテーマを扱った企画でも，どんなに興味深いストーリーの企画だとしても，それが映画化されるとは限りません。素晴らしい映画になると容易に想像できる企画でも，映画化されないことがあります。例え，企画書の中でターゲットが明確化され，そのニーズを裏付けるマーケティングのデータや，ターゲットに向けたプロモーション・プランがあったとしてもです。そこには常に，ヒットするかどうかわからないという，答えのない疑問がついて回るからです。

　良い映画になるだろうけれど，ヒットを期待するのは難しい。これは，経済活動としての映画制作において，映画制作者たちが抱える矛盾と言えるでしょう。映画を志す者なら，歴史に残る名作を創りたいと思うのは当然のことです。しかも，興行的成功を収めなければならない。そこには保証などないのです。企画者も企画を受ける側も，常にその矛盾と闘っているのです。

　ヒットを約束された映画などありません。ヒット映画を生み出す方程式もありません。

　ベストセラーの小説や漫画の映画化，すでに支持を得ているテレビドラマやアニメの映画化，有名監督や人気のある役者の起用は，ヒットしないかもしれないという不安要素を減らすための有効な手段です。映画の出資者に対しても，説得力を持つでしょう。現に，不況長引く今の日本映画界では，このような企画が多く見受けられます。あってしかるべき，理に適った映画企画なのです。

　ではどのようにしてオリジナルな映画企画を成立させるのか。

　自主映画以外ほとんどの映画は，その企画段階で映画化するかどうか判断されます。企画段階でできる限りの努力をしなければなりません。企画内容（企画意図，テーマ，ターゲット，ストーリー）の強化はもちろん，キャスティングやスタッフィングも重要です。企画内容＋スタッフ＋キャスト等の組み合わせを模索し，可能ならマーケット調査資料やプロモーション展

開案なども組み込み，説得力のある企画を作る。企画書だけでなく，脚本を作り，企画の具体性を高め，映画制作者として情熱あるビジョンを提示するのです。

情熱とビジョンが問題の解決になるわけではありません。情熱とビジョンは，企画判断において，ネガティブな要素を消し去り，ポジティブな姿勢を生み出す力となります。「ヒットするのか？」ではなく「ヒットさせよう」という意識になるのです。

「この映画はヒットするのか？」映画制作を続ける限り，まるで自分の影みたいについてくるこの問いに対し，映画監督として僕は自分に言い聞かせる。「映画の本質は，商売ではなく，人に感動を伝えることだ」と。

アクション・プラン

国際的な舞台も視野に入れ，映画で伝えよう，映画を創出しようとするなら，国や文化，言語の違いを超越できる「表現」をしなければなりません。そのために必要なアクション・プランとはどのようなものか。それは，あらゆる事への「なぜ？」です。

世界で起きる様々な事象や心を動かされた出来事を，"クリティカル"に，"クリエイティブ"に観察し，分析し続けることです。「なぜ？」を自分自身の中で繰り返すのです。そして，具体的な行動をしてもらいたい。

「なぜ？」から生まれた問題意識をもとに，映画の企画を作ってみる。もしくは，「なぜ？」を繰り返すなかで描きたいと思ったテーマを，ストーリーにしてみる。

映画を志すならば，どんな形であれ，まずは「表現」してみるべきです。表現しないことには，何も伝わりません。映画というメディアを通すことで，自らが発したメッセージが，世界中の人々に届く可能性だってあるのです。表現することが映画作りの醍醐味なのです。

【参考文献】

メディア・エコロジカルな視点のヒントに

マクルーハン，マーシャル（著）栗原　裕・河本仲聖（訳）(1989)．メディア論―人間の拡張の諸相―　みすず書房
　現代の多様なメディアの本質と機能を理解し，それらがどう文化と社会に影響を与えているかを考察。
プラトン（著）　藤沢令夫（訳）(1967)．パイドロス　岩波書店
　真実そのものの把握なしには，真実らしく語ることさえ本来的には不可能であると立証。
ポストマン，ニール（著）　GS研究会（訳）(1994)．技術vs人間―ハイテク社会の危険　新樹社
　技術の構造が，人間の文化や知的環境にもたらす影響を分析。

映画表現の幅，バラエティを理解するために

ウィアー，ピーター（監督）『今を生きる』(Touchstone Pictures　1989年)
ダルデンヌ兄弟（監督）『イゴールの約束』(Les Films du Fleuve　1996年)
小津安二郎（監督）『東京物語』(松竹　1953年)
黒澤　明（監督）『七人の侍』(東宝　1954年)

【略歴】

1968年栃木県生まれ。ニューヨーク大学大学院メディア・エコロジー専攻で修士号取得後，ニューヨーク近代美術館（MoMA）のインターンシップを経て，1996年松竹に入社。1998年退社後，脚本・演出家へ。『ひまわり』(2000年・プロデュース)，『贅沢な骨』(2001年・プロデュース／オリジナル脚本)，『閉じる日』(2001年・オリジナル脚本)，『きょうのできごと』(2003年・脚本) など，多くの行定勲監督作品のプロデュース・脚本を手掛ける。2008年，オリジナル映画『むずかしい恋』で初監督。2009年，監督・脚本第2作『さまよう刃』(東野圭吾原作・寺尾聰主演／東映配給) は，モントリオール世界映画祭出品後，全国公開。その他，『ワンピースを重ねる

君の…』（リンダ・パブリッシャーズ），『時間泥棒』（SDP 出版，著者名：八溝カラス），『指先の花』（小学館）などの執筆小説がある。

第3章　グローバルキャリアのためのインターンシップ

大野邦雄

1. インターンシップの意義

　　インターンシップとは，一般的には，学生が企業等において実習・研修的な就業体験をする制度のことであるが，関係者間で共通した認識・定義が確立しているわけではなく，「経済構造の変革と創造のための行動計画[1]」および「教育改革プログラム[2]」においては，学生が在学中に自らの専攻，将来のキャリアに関連した就業体験を行うこととして幅広くとらえられている[3]。

　　労働省（当時）は，インターンシップ参加の意義を，企業・学校・学生の3つに分類し提示している[4]。

　　企業にとっての意義は，
- 学校との接点が増えることにより企業等の人材育成や学校教育に対する要望等を学校や学生に伝えることができる。
- 学校との連携関係を確立し，情報交流を進める機会となる。
- 学生の就業意識や実務能力の向上，職場に対する理解を促進することにより，学生を実践的な人材として育成することにつながる。
- 学校や学生，社会に対して存在をアピールでき，長い目で見ると人材確保の面で企業自身のメリットとなる。特に中小企業にとっては，広く学生や学校等から理解され，認知される好機となる。

学校にとっての意義は，
- 職業指導と関連させることにより，学生に職業適性や職業生活設計について考える多様な機会を与え，職業選択への主体的かつ積極的取組みを促すことができる。
- 学生が実際的な職業知識や経験を得て，専門能力・実務能力を向上させることにより，学校の人材育成に対する社会的評価が高まる。
- カリキュラムの魅力を高めることにより，学生の学習意欲を喚起するとともに，入学希望者に対してアピールできる。
- 産業界等との連携を深め，企業等の最新の情報や人材に対するニーズを把握できる。

学生にとっての意義は，

---

[1] 1997年5月閣議決定
[2] 1997年1月策定　橋本内閣（当時）「改革と想像」～6つの改革の内の一つ
[3] 文部省・通商産業省・労働省「インターンシップの推進に当たっての基本的考え方」1997年9月
[4] 労働省「インターンシップ等学生の就業体験のあり方に関する研究会報告」1998年3月

- 実際の仕事や職場の状況を知り，自己の職業適性や職業生活設計など職業選択について深く考える契機となる。
- 専門知識についての実務能力を高めるとともに，学習意欲に対する刺激を得られる。
- 就職活動の方向性と方法についての基礎的な理解が得られる。
- 就職後の職業生活に対する適応力を高めることができる。

2. インターンシップの実施体制

「地域の大学連携による学生の国際キャリア開発プログラム」（以下，本プログラム）では，インターンシップの意義を踏まえ，キャリアをグローバルに展開する目的で国内外でのインターンシップを行っている。

なお，インターンシップは，企業や団体での就業体験に限らず，スタディーツアーや既存の研修への参加など，さまざまな形式で実施している。たとえば，受入先の既存の研修にONした形で行う場合もある。このように，受入先や実習内容により，以下に示す必要書類や手続きにおいても柔軟性をもたせて運営している。

本プログラムにおける国内および海外のインターンシップは，それぞれ「国際キャリア実習Ⅰ」「国際キャリア実習Ⅱ」という名の「大学コンソーシアムとちぎ[5]」連携科目として，県内の18校に提供されている。「大学コンソーシアムとちぎ」加盟校の学生は，公開講座として受講できるシステムになっている。双方とも開講時期は限定せず，受講は随時受け付けている。

1）対象者

「国際キャリア実習Ⅰ」「国際キャリア実習Ⅱ」とも，「大学コンソーシアムとちぎ」加盟校の学生は受講できるが，県外の学生も希望すれば，インターンシップ受入先を紹介している。

2）単位認定

本プログラムの構成校である宇都宮大学，作新学院大学，白鷗大学（以下，連携3大学）の学生は，「国際キャリア実習Ⅰ」あるいは「国際キャリア実習Ⅱ」を受講し，受講時間などの所定の条件を満たした場合，受け入れ大学からの通知に基づき，所属大学の学則等により単位（2単位）が認定される。

3）担当校

連携する3大学の内，作新学院大学が担当校として，インターンシップに関する書式の整備，受入先・受講生の把握，実習手引書の作成，実習結果の取りまとめなどを行っている。

4）特任教員と事務職員

連携する3大学には，特任教員と事務員がそれぞれ1名ずつ配属されている[6]。特任教員は所属する大学の協力教員と連携を図り，受入先の開拓（調査・調整・協定締結），学生への指導，受入先との調整（時期・期間・内容・条件）を行っている。事務職員は特任教員を補佐し，広報や会計などの事務処理を行っている。

---

[5] 相互の連携・交流および地域社会貢献を目的とする栃木県下19大学等高等教育機関による連合組織。
[6] 「地域の大学連携による学生の国際キャリア開発プログラム」は，文部科学省助成金「大学教育充実のための戦略的大学連携支援プログラム」（平成21年度～平成23年度）に採択された。この助成金によって，事業運営にあたる特任教員と事務職員が雇用されている。

3. インターンシップの実施手順

1) 受入先の開拓

受入先は，連携3大学がそれぞれの特色を生かし，国際協力，国際ビジネス，観光まちづくり，国際理解の分野において，特任教員と協力教員の個々の人的ネットワークを通じて開拓している。インターンシップの受入先は，平成23年11月末現在，国内27ヵ所，海外37ヵ所の合計64ヵ所となる。

2) 協定の締結

受入先を開拓した後，インターンシップを実施するに当たり，基本的には受入先と協定書を締結している。協定書は，実習期間，実習中の指導・監督内容，学生の守秘義務，契約期間などの基本的な条件を備えており，受入先の状況に合わせて個別に作成している。言語については，海外インターンシップの場合，英語もしくは相手国の言語で協定書を作成している。

3) 学生の申込方法

連携3大学の学生は，それぞれ在籍する大学に履修届を提出すると共に，在籍する大学の特任教員を通じて作新学院大学に申込書を提出する。

学生から在籍大学に履修届が提出されると，大学側は「大学コンソーシアムとちぎ」連携講座へ履修登録する。

一方，申込書が受理された後，当該受入先を開拓した特任教員は申込者と面談を行う。その際，インターンシップに対する姿勢や考えを聞き取るなどして，インターンシップを行う適否を判断すると共に，心構えや，マナーなどを指導する。次に，受入先との調整を行い，インターンシップ内容，期間，時期等を決定する。国内の場合，受入先が望めば，特任教員は申込者と受入先の面談を設定する。

4) 必要書類

インターンシップの実施に当たっては，連携3大学のインターンシップ受講生（以下，受講生），受入先，特任教員それぞれに必要な書類を作成する。

受講生が作成する書類には，つぎのものがある。
　①参加申込書
　②履歴書
　③志望動機調査票
　④実習計画書
　⑤誓約書
　⑥海外実習に関する覚書（海外のインターンシップの場合）
　⑦実習記録（中間期）（インターンシップ期間が1ヵ月を超える場合）
　⑧実習最終報告書

受入先が作成する書類には，つぎのものがある。
　①実習評価表（受入先用）
　②インターンシップ修了証書

特任教員が作成する書類としては，つぎのものがある。
　①覚書

②実習評価票（教員用）

　受講生が作成する書類は，宇都宮大学と白鷗大学の学生の場合，在籍する大学の特任教員を通じてインターンシップ担当校である作新学院大学へ提出する。作新学院大学は提出されたすべての書類を一元保管する。
　受講生の作成する書類の内，②履歴書，③志望動機調査票，④実習計画書，⑤誓約書は，受入先にコピーを提出する。
　また，宇都宮大学と白鷗大学の学生が，作新学院大学が開拓した受入先でインターンシップを行った場合は，受入先が作成する①実習評価表（受入先用），②インターンシップ修了証書は，それぞれの特任教員に原本を送付し，コピーを作新学院大学が保管する。

5）保険の加入

　受講生は，「学生教育研究災害損害保険（インターンシップ活動賠償責任保険の補償を含む）」に入っていることを前提とする。この保険が本インターンシップの条件に該当しない場合は，それに代わる保険に入ることが条件である。海外インターンシップの場合は，渡航前に海外旅行傷害保険に加入する等の措置を取らねばならない。連携3大学の特任教員はインターンシップの申し込みがあった段階，あるいは面談の段階で学生に保険加入の有無・種類を確認し，加入していない場合，あるいは加入していても当該インターンシップには保険が該当しない場合は，インターンシップ受講までに加入するよう指導する。

6）成績評価

　受入先は，インターンシップ終了後，実習評価表（受入先用）に記入し，受入先を開拓した特任教員に提出する。
　実習評価表（受入先用）を受理した特任教員はコピーを自己保管すると共に，1部を担当校である作新学院大学に送付する。
　実習評価表（受入先用）の原本は，受講生の在籍する大学の特任教員に送付され，当該特任教員はそれをもとに，実習評価表（教員用）に評価を記入する。

7）修了証書

　受入先から「インターンシップ修了証書」を発行してもらい，特任教員がインターンシップ受講生に授与する。

インターンシップ
修　了　証　書

〇〇〇〇大学
　〇〇〇〇　殿

あなたは那須烏山観光協会において、「地域の大学連携による学生の国際キャリア開発プログラム」との間で定めた所定の実習を修了したことを証します

　　期間　平成23年8月15日〜8月24日

平成23年8月26日

那須烏山観光協会
　会長　福田弘平　　　　［印］

This is to certify that

受講生氏名
of
所属大学名

has successfully completed Internship Program
from August 15 to 24
at Nasukarasuyama Tourist Agency
by request of
the International Career Development Program for
the Student by Inter-University Cooperation,
Tochigi Prefecture, Japan.

2011 August 26

―――――――――――

KOUHEI　FUKUDA
CHAIRPERSON
NASUKARASUYAMA TOURIST AGENCY

資 料 編

資料1　国際キャリア合宿セミナーの講師と分科会（年度別）

	講師名	ポスト（当時）
2004年	岡村　恭子	国連児童基金（ユニセフ）駐日事務所　アシスタント・プログラム・オフィサー
	筧　克彦	東京国際センター次長
	矢島　亮一	特定非営利活動法人　自然塾寺子屋　理事長
	浅野　恵子	ワールド・ビジョン・ジャパン　海外事業部開発援助事業課　プログラム・オフィサー
	寺尾　明人	（社）日本ユネスコ協会連盟　教育文化事業部長
	立山　桂司	アイ・シー・ネット株式会社ジェネラル・マネージャー
	小松　諄悦	独立行政法人　国際交流基金日本研究・知的交流部長
	関口　明子	（社）国際日本語普及協会　常務理事
	柳澤　秀夫	NHK　解説主幹
2005年	柳澤　秀夫	NHK　解説主幹
	矢島　亮一	特定非営利活動法人　自然塾寺子屋　理事長
	佐久間　勝彦	聖心女子大学文学部教授
	伊藤　解子	（社）シャンティ国際ボランティア会
	石井　雅子	日興シティグループ証券会社
	川上　千春	（社）日本ユネスコ協会連盟　広報室長
	岡村　恭子	国連児童基金（UNICEF）駐日事務所アシスタント・プログラム・オフィサー
	早乙女　賢二	キヤノン株式会社
2006年	榎原　美樹	NHK報道局アジアセンター
	河浪　秀次	日本工営株式会社　首都圏事業部環境部
	小野田　若菜	フリーランス　通訳・翻訳
	吉田　ユリノ	シャプラニール理事
	須藤　淳	JTB関東
	古澤　真理子	日本ユネスコ協会
	中井　恒二郎	国連世界食糧計画
	結城　史隆	白鷗大学教育学部教授
2007年	平本　秀樹	読売新聞社
	結城　史隆	白鷗大学教育学部教授
	重田　康博	宇都宮大学国際学部教授
	波木　恵美	鬼怒川グランドホテル夢の季
	川上　千春	日本ユネスコ協会連盟
	上月　光	国連難民高等弁務官駐日事務所
	村上　吉文	国際交流基金日本語国際センター講師
	池田　栄治	株式会社日本総合研究所
	神馬　征峰	東京大学大学院教授

2008年	阪本　公美子	宇都宮大学国際学部准教授
	重田　康博	宇都宮大学国際学部教授
	結城　史隆	白鷗大学教育学部教授
	中野　民夫	株式会社博報堂　ディレクター
	石井　博之	国際医療福祉大学保健医療学部講師
	高宮　暖子	社団法人日本観光通訳協会理事
	高須　花子	フェアトレードカンパニー株式会社
	平井　英明	宇都宮大学農学部准教授
2009年	小坂　順一郎	国連難民高等弁務官駐日事務所
	佐伯　美苗	日本国際ボランティアセンター
	結城　史隆	白鷗大学教育学部教授，青年海外協力隊技術顧問（村落開発普及担当）
	佐々木　敏行	株式会社FAR EAST　代表取締役
	石井　博之	国際医療福祉大学講師
	金田　晃一	武田薬品工業（株）CSRコーポレートブランディング　シニアマネジャー
	澤登　早苗	恵泉女学園大学大学院准教授
	新海　美保	（株）国際開発ジャーナル社，「国際協力ガイド」編集長
2010年基礎	高嶋　由美子	国連UNHCR協会（認定NPO法人）事務局長
	壽賀　一仁	あいあいネット（いりあい・よりあい・まなびあいネットワーク）理事
	石井　博之	国際医療福祉大学理学療法学科　講師
	眞貝　沙羅	白鷗大学教育学部特任講師
	村上　吉文	国際交流基金日本語教育上級専門家
	大崎　敦司	ジャーナリスト，元朝日新聞記者，「SAMAFA」主宰
	大野　邦雄	作新学院大学経営学部特任教授
	佐々木　敏行	株式会社FAR EAST　代表取締役
	池田　栄治	（株）富士ゼロックス総合教育研究所　シニアコンサルタント
2010年特論	米川　正子	宇都宮大学国際学部特任准教授
	大崎　麻子	開発政策・ジェンダー専門家
	奥本　京子	大阪女学院大学国際・英語学部准教授
	豊田　雅朝	開発コンサルタント
	中島　洋行	作新学院大学経営学部准教授
	吉田　智子	サンスター株式会社　広報室
	水谷　伸吉	一般社団法人more trees事務局長
	白川　千尋	国立民族学博物館先端人類科学研究部准教授
2010 英語 I	Masako Yonekawa	Associate Professor，Utsunomiya University
	Albie Sharp	Associate Professor，Ritsumeikan University
	Bernard Timothy Appau	Community Coordinator of Asian Rural Institute（ARI）
	Atsuko Takamiya	Tour Guide-Interpreter
	Hitomi Hasumi	Representative of the Japanese office of Pacific Soybean & Grain / English teacher

2011 基礎	大野　邦雄	作新学院大学経営学部特任教授
	中島　洋行	作新学院大学経営学部准教授
	木原　麻里	株式会社 H-D Project　代表取締役
	木山　啓子	特定非営利活動法人ジェン理事・事務局長
	ウスビ　サコ	京都精華大学人文学部准教授
	佐々木　敏行	株式会社 FAR EAST　代表取締役
	中條　祐一	足利工業大学工学部自然エネルギー・環境学系教授
	西沢　良史	足利工業大学工学部　自然エネルギー・環境学系助教
	福田　わかな	白鷗大学教育学部特任講師
	益子　昌一	映画監督
2011 特論	太田　美帆	玉川大学文学部比較文化学科助教
	大津　司郎	フリージャーナリスト
	小田　兼利	日本ポリグル株式会社　代表取締役会長
	小貫　大輔	東海大学教養学部国際学科准教授
	ケンジ　ステファン　スズキ	『風のがっこう』（再生可能エネルギー研修センター）代表
	塚越　将童	株式会社東京フード　取締役部長
	米川　正子	宇都宮大学国際学部特任准教授
2011 英語 I	Azby Brown	Kanazawa Institute of Technology Future Design Institute
	Atsuko Takamiya	Japan Market Rep, Band Pro Film and Digital Inc
	Tosha Maggy	In charge of D.R. Congo project, Terra Renaissance
	Bernard Timothy Appau	Lecturer and Missionary Chaplain Asian Rural Institute
2011 英語 II	Kenji Stefan Suzuki	Director of「Kaze no Gakko」(The School for Renewable Energy)
	Jeffery C. Miller	Professor, Hakuoh University/Director, International Exchange Center
	Masako Yonekawa	Associate Professor, Utsunomiya University
	Roland Adjovi	Professor, Arcadia University, Tanzania

（注）基礎：「国際キャリア開発基礎」，特論：「国際キャリア開発特論」，英語Ｉ：「国際実務英語Ｉ」，英語Ⅱ：「国際実務英語Ⅱ」

資料2　国際キャリア合宿セミナーの参加者数（年度別）

年度	参加者数			開講科目数
	宇都宮大，白鴎大，作新学院大	その他大学等	合計	
2004	60	21	81	1
2005	61	24	85	1
2006	80	7	87	1
2007	109	20	129	1
2008	95	30	125	1
2009	94	31	125	1
2010	260	69	329	3
2011	242	103	345	4

注：「その他大学等」には，大学生，高校生，社会人が含まれる。2010年に「国際キャリア開発基礎」「国際キャリア開発特論」「国際実務英語Ⅰ」，2011年度にはこれに加え「国際実務英語Ⅱ」が開講された。なお，このプログラムでは，2010年度に国内インターンシップを行う「国際キャリア実習Ⅰ」，2011年度に海外インターンシップを行う「国際キャリア実習Ⅱ」がそれぞれ通年開講された。なお本プログラムは，2009年度より2011年度まで，文部科学省の助成金を受けた。

資料3　国内インターンシップ受入協力先（2011年度）

No.	分野	受入協力先	場所	テーマ・活動内容（例）
1	観光まちづくり	（合）福田製紙所	栃木県・那須烏山市	和紙漉の体験と，和紙を用いたペーパーアートを実習
2	観光まちづくり	AHV（アーティストホームヴィレッジ）	栃木県・壬生町	国際コンクール日本予選の企画立案やコンクールの運営補助。カザフスタンではコンクール本選での日本からの参加者のアテンドや文化施設を視察する
3	観光まちづくり	那須烏山市観光協会	栃木県・那須烏山市	市の歴史や観光資源を学び，伝統工芸の体験やタウンウォッチングを通じて観光隆盛を提言する
4	観光まちづくり	那須烏山市商工観光課	栃木県・那須烏山市	各職場の実務体験，並びに，観光隆盛のテーマ対して企画・立案を行うことで観光行政の一端を経験する
5	観光まちづくり	㈱JTB関東　法人営業宇都宮支店	栃木県・宇都宮市	実習内容：①大学マーケットの旅行市場調査，②大学マーケットの新規ツアープランの作成，③資料整理，エ法業務補助，データ入力
6	国際協力	宇都宮市清原地区市民センター	栃木県・宇都宮市	①清原地区外国人在住者など向けのブログ作成 ②宇都宮市（清原地区市民センター）のホームページ作成 ③清原地区住民へのアンケート結果の分析
7	国際協力	十日町地域おこし委員会/JEN（ジェン）	新潟県・十日町市池谷	村おこし，農業，食の安全保障，都市化，高齢化，自然との共生，草刈り，稲刈り，雪かき，盆踊り企画（地域おこしに関する調査や研究も可能）
8	国際協力	国連難民高等弁務官事務所（UNHCR）	東京都・渋谷区	難民に関する宣伝活動，イベント会場マネジメント，その他の職員のアシスト業務
9	国際協力	JEN（ジェン）	東京都・新宿区	宣伝活動，イベント会場マネジメント，その他の職員のアシスト業務
10	国際協力	ヒューマン・ライツ・ウォッチ（HRW）	東京都・千代田区	外交政策の調査，HRWが発表するニュースリリースの翻訳，イベントサポート，データベース管理など
11	国際協力	ヒューマン・ライツ・ナウ（HRN）	東京都・台東区	人権侵害に苦しむ地域に駆けつけて現地NGOと協力して事実調査を行い，世界にむけて報告し，人権状況の改善を訴える。平和構築における人権・法の支配の尊重の実現，現地NGOと連携したエンパワーメント型の法整備支援
12	国際協力	NPO法人自然塾寺子屋	群馬県・甘楽郡	地域活性化，農村開発，農業，青年海外協力隊：1）地域活性化事業　①農家ネットワーク組織と連携した農業活性化イベント（農活プロジェクト）の企画・広報・運営等のコーディネート，事務全般，②地域ブランドの普及イベントの企画・運営。地域ブランド商品のマーケティング，イベント出店企画・運営の補助等，2）青年海外協力隊　研修事業①農村開発研修のサブ・コーディネーターとしてスケジュール管理，研修所の運営，事務等，研修の運営，管理の補助など
13	国際協力	学校法人アジア学院	栃木県・那須塩原市	食と農，共生社会，自給自足，農業を通した国際協力：農場作業，給食作り，食品加工，事務補佐等（インターン希望者のニーズによって調整）
14	国際協力	NPO法人HANDS	東京都・文京区	途上国における保健活動，国内でできる国際協力活動，NPOの広報活動：海外プロジェクトの業務補佐，広報・マーケティング関連業務，庶務業務など
15	国際協力	NGO草の根援助運動	神奈川県・横浜市	国際協力関連イベント手伝いや広報などの業務補佐等
16	国際協力	JICA青年海外協力隊二本松訓練所	福島県・二本松市	JICAボランティアの派遣前訓練支援　青年海外協力隊派遣前訓練の業務補佐，国際協力関連の講義・実習への参加

17	国際協力	やしの実の会	茨城県・つくば市	フィリピン，セブ島のスラムにおける教育支援（奨学金プロジェクト等）／小・中学校等での国際理解ワークショップの実施／イベント参加
18	国際協力	独立行政法人国際協力機構 JICA	国内各事務所	一般業務補助もしくは配属先が設定した特定テーマに関する業務（補助）
19	国際協力・理解	宇都宮大学国際学部附属多文化公共圏センター	宇都宮大学国際学部	プロジェクトの広報活動（ブログ更新含む），他大学を拠点とする福島乳幼児ニーズ対応プロジェクト（FnnnP）や学生ボランティア団体（FnnnP Jr.）との連携，関連資料の作成・整理，関連イベントへの協力
20	国際協力・理解・ビジネス	宇都宮大学・国際学部・国際キャリア開発プログラム	宇都宮大，作新大，白鴎大，	プログラムの宣伝活動，会場設定とマネジメント，関連資料の作成
21	国際ビジネス	㈱中村製作所	栃木県・那須烏山市	海外工場との連携業務の実務体験。海外では研修期間を通じて，"世界の工場"と言われている中国の実情を肌で体験する
22	国際ビジネス	㈱上原園	栃木県栃木市	種苗関係の国際雑誌の翻訳，現場実習など
23	国際ビジネス	株式会社 FAR EAST	埼玉県・飯能市（本社）埼玉県・大宮市（イベント）東京都（東京ビッグサイト／インターナショナル・ギフトショー）	開発途上国との開発輸入ビジネスの現場と実際を知る
24	国際理解	小山市国際交流協会	栃木県・小山市	国際交流，地域の外国人問題を考える：地域の外国人を対象とした日本語教室でのボランティア活動，国際交流イベントの手伝い，広報等業務補佐など
25	国際理解	JICA 地球ひろば	東京都・渋谷区	展示コーナー（体験ゾーン）の見学，説明方法についての概説，ジュニア地球案内人として来訪者への応対，展示の説明，ワークショップの作成，国際協力に関する講義，国際協力関係者との交流プログラム
26	国際理解	公益財団法人栃木県国際交流協会	栃木県・宇都宮市	失職した外国人などを対象とした，再就職に向けての日本語講座での講師の補助，国際理解セミナー・国際交流イベントでの補助，多文化共生の地域づくり事業の補助，これらの広報業務の補助など。
27	国際理解	国際 NGO いっくら	栃木県・宇都宮市	いっくら主催事業（多文化共生，国際理解，日本語指導など）の企画・立案やアシスタント。その他，国際観光ガイドアシスタント，観光ガイド用資料作成など

注：国外インターンシップは「国際実務演習Ⅰ」（2単位）として実施。

資料4　国外インターンシップ受入協力先（2011年度）

No.	分野	受入協力先	場所	テーマ・活動内容（例）
1	観光まちづくり	AHV（アーティストホームヴィレッジ）	カザフスタン	国際コンクール日本予選の企画立案やコンクールの運営補助。カザフスタンではコンクール本選での日本からの参加者のアテンドや文化施設を視察する
2	観光まちづくり	JEIC（JTB Educational Institute of Canada）	カナダ	JTBカナダの各職場で観光事業の実務研修，並びに，観光ビジネスを視察しバンクーバーのまちづくりを視察する。 24年3月12日～26日（15日間）受入数は6名～15名まで
3	観光まちづくり	中国旅行社総社（大連）有限公司	中国・大連	中国観光業の＜百強旅行社＞の中の一社。観光事業の実務体験と日中相互の観光ツアーの企画立案，並びに，観光ビジネス現場の視察と実習を行う（案）
4	観光まちづくり	大連中山大酒店	中国・大連	大連政府認定の対外国人向け優良ホテル（4つ星）。接客や部屋のセッティングなど，ホテル業現場の実体験を行う（案）
5	観光まちづくり	広州雲峰大酒店	中国・広州	4つ星ホテル。接客や部屋のセッティングなど，ホテル業現場の実体験を行う（案）
6	国際協力	（特NPO）日本国際ボランティアセンター（JVC）	タイ	農業作業・順民参加を通しての村おこし・活性化
7	国際協力	① NGO Gawat Kalinga（GK） ② NGO Kanlungan sa ERMA Ministry, inc　③ NGO Options	フィリピン	ストリート・チルドレンへの教育や，スラムでの住宅改善・水道およびトイレの設置，学校建設などを通じ，都市貧困の現状を学ぶ
8	国際協力	NGO Philippine Rural Reconstruction Movement（PRRM）	フィリピン	漁村やコーヒー生産者を訪ね，農村開発・有機農業普及など，フィリピンの農村の現状を学ぶ
9	国際協力	NGO Batis Center for Women	フィリピン	海外移民労働者の家族や帰国者の訪問や，日比の間で生まれた子ども達と交流やNGOのユース・グループの研修やワークショップに参加
10	国際協力	① LUMANTI（NGO） ② CONCERN（NGO） ③マナブ養護学校（障害者施設） ③パタンCBR（養護施設）	ネパール	子どもや教員と接し，児童労働，子どもの権利，教育普及などの課題を考える。さらに，同世代の学生を訪ね，現地の人々と交流する
11	国際協力	（社）シャンティ国際ボランティア会（SVA）	タイ，カンボジア，ラオス，アフガニスタン，ミャンマー難民キャンプ	教育・文化分野での支援活動を行っている団体。受講希望者と相談のうえ，インターンシップ先をを斡旋
12	国際協力	EDF（Education Development Foundation）	タイ	車いすの提供や生活環境・通学就学環境改善など障害児支援活動等を行っているEDF活動のアシスト。場合により出張もある。現地には日本の民際センター（EDF-JAPAN）を通じて派遣される
13	国際協力	国際NGOウランバートルいっくら	モンゴル	ウランバートルいっくら主催の観光案内手伝い・講演補助など
14	国際協力	JICAモンゴル事務所	モンゴル	主催事業の手伝い，事務所の雑務など
15	国際協力	モンゴル日本人材開発センター	モンゴル	センター主催事業の市民講座である「日本語しゃべり場」「日本文化紹介」などのアシスタント
16	国際協力	シャンティ国際ボランティア会	カンボジア・プノンペン	スラム開発，巡回図書館，学校建設等，自分のテーマに合った活動を行うことができる。例えば，図書箱の整理，運びの手伝い，英語レポート・データの翻訳等。

17	国際協力	王立プノンペン大学カンボジア日本人材開発センター	カンボジア・プノンペン	毎年10月上旬1日開催される日本大学フェアの開催準備の手伝い，2月中旬3日間開催されるセンター創設記念フェスティバルの開催準備の手伝い，において翻訳，会議，ブース，HR作成準備を行う。毎年8月開催の日本語コースにおいて，カンボジアの学生が書く日本語のチェックを行う
18	国際協力	INTERRAC	イギリス・ロンドン	研修セミナーの準備，調査の実施，調査報告書作成手伝い，等社会経験と英語力が求められる。短期研修コースは有料でモニターと評価，インパクトアセスメント，パートナーキャパシティ・ビルディング，組織改革，組織開発，アドボカシー，ジェンダー分析と計画，戦略計画，トレイナー教育等のコースがある
19	国際協力	テラ・ルネッサンス	ウガンダ・グル，カンボジア	元子ども兵の社会復帰や，元子ども兵と地域社会の和解に関する調査やアドボカシーなど
20	国際協力	EAANSA（Eastern Africa Action Network on Small Arms）	ウガンダ・カンパラ（東・中部アフリカ13ヵ国にも展開している）	小型武器の不法流入に関する情報収集，調査，アドボカシーや企画作り，資金集め
21	国際協力	Refugee Law Project	ウガンダ・カンパラ（マケレ大学の法学部内）	難民，強制移動，人権，移動期正義などに関する研究，調査，研修など
22	国際協力	ICTR（International Criminal Tribunal for Rwanda）ルワンダ国際戦犯法廷	タンザニア・アルーシャ，オランダ・ハーグ，ルワンダ・キガリ	司法に関する調査，報告書の原案書きなど
23	国際協力	ソムニード・インディア（特定非営利活動法人ソムニード）	インド	コミュニティ開発とファシリテーションを学ぶ研修に参加
24	国際協力	ボゴダ市役所（どのNGOかは未定）	コロンビア	紛争からの復興支援の現場を訪ね，元兵士やその家族達の社会復帰のための起業や社会サービスなどの取り組みを学ぶ
25	国際協力・理解	非営利組織 REACH（Reconcilation Evangelism And Christian Healing for RWANDA	ルワンダ	①アカデミックな部分を学ぶ（論文の聞き取り調査など），②現場体験，③HPを更新・新規デザインなど，自分の得意・関心分野を考慮しながら，プログラムをつくることができる
26	国際協力・理解・ビジネス	Organic Solution Rwanda（株）	ルワンダ	ケニアでオリエンテーション後，ルワンダのキガリで環境・農業関連の事業活動に参加。テーマはコミュニティの自立を目指したビジネス
27	国際協力まちづくり	フロムジャパン	イギリス	学校やイベントで日本の文化やエコを伝える文化活動をしながら，英国の市民社会やまちづくり，国際協力の取組みを学ぶ
28	国際協力・開発援助	独立行政法人国際協力機構（JICA）	22年度の場合は23カ国	一般業務補助もしくは配属先が設定した特定テーマに関する業務（補助）
29	国際観光・理解	Volunteer Projects Overseas	ウガンダ・カンパラ，カムリ（北部），（西部）	教育や学校運営（カンパラ），地方の生活体験をし，食糧の安全保障・農業・衛生・栄養（北部）。持続的な観光業と環境保全（西部）
30	国際観光	JATA（Japan Tanzania Tours Ltd）	タンザニア・ダルエサラーム	総務といったオフィスワークだけでなく，日本人観光客の買い物にも添乗し，商人とスワヒリ語で値引きの手伝いもする

31	国際交流	モンゴル人文大学	モンゴル	アジア言語文化研究学部研究室で行う日本文化の紹介（折り紙，書道，まんが，着付けなど，一つでも日本文化を教えられること）その他，8：00から20：30まで研究室にて，担当教授，准教授の授業の手伝い
32	国際交流	私立　新モンゴル高校	モンゴル	小中高生に対する日本語授業のアシスタント。日本文化（遊びの文化：ビー玉，メンコ，ジャンケン，けん玉など）の紹介ができること
33	国際交流	私立　オユニトルガ学校	モンゴル	小中高生に対する日本語授業のアシスタント。日本文化（遊びの文化：ビー玉，メンコ，ジャンケン，けん玉など）の紹介ができること
34	国際ビジネス	大連中村精密部件工業有限公司	中国・大連	海外工場との連携業務の実務体験。海外では研修期間を通じて，"世界の工場"と言われている中国の実情を肌で体験する
35	国際理解	早川千晶氏（フリーライター・旅案内人）	ケニア	環境保護，民族の文化・伝統の尊厳，開発，都市化，移住，ODA（による負の影響）といったテーマでのスタディーツアー
36	国際理解	ヨークSTジョン大学グローバル教育センター	イギリス・ロンドン	毎年2月下旬に開催されているヨーク市のフェアレードシティの取り組みの一環である，フェアレード・フォー・ナイトのイベントの手伝いを行う
37	人材育成	Directory of Social Change (Information and Training for the Voluntary Sector)	イギリス・ロンドン	マーケティングはデーターベース管理・入力，出版部門は編集，調査，校正。ロンドン事務所かリバプール事務所

注：国外インターンシップは「国際実務演習Ⅱ」（2単位）として実施。

索　引

basic skills　105
basic technical knowledge　105
Cause-related Marketing（CRM: 慈善運動に関連したマーケティング）　113
community development　102
CSR（企業の社会的責任）　150, 151, 159
cultural understanding　105
food　106, 107
Global Students　28
JICA（国際協力機構）　66, 89, 126
lateral thinking　45
life　107
more trees　114
Mottainai　107
ODA　65, 89, 125
OEF（不朽の自由作戦）　81
out-of-the-box creativity　47
overcoming challenges　49
proactive　50
PBL（プロジェクト・ベースト・ラーニング）　29, 30
SWOT 分析　144, 155
UNHCR（国連難民高等弁務官事務所）　64, 83
Ustream　86
wasting food　107
WWF（世界自然保護基金）　110

ア行
アウトカム評価　20
アウトプット評価　20
アクティブラーニング　24
安全管理　51

イスラーム　79
イスラーム主義　79
異文化コミュニケーション　5, 6, 93, 120
異文化コミュニケーター　117
異文化体験　12, 27
異文化との照合　6
異文化との遭遇　132

異文化理解　7, 78, 93
違法伐採　110
イラク戦争　82
インターンシップ　17, 18, 29, 32, 175
インターンシップ活動賠償責任保険　178

映画における普遍性　167
英語　6, 117, 127
英語力　119
エイズ啓発　157
エシカル消費　113
エティック　92
エミック　92
エリート　17
エリート養成　17

思いやりの原理　43

カ行
カーボンオフセット　112
海外志向　9, 11
開発援助　126, 157
開発コンサルタント　125
開発輸入　131
「会話型」授業　28
価値観の伝播　17
カメラマン　76
観光　140
観光産業　140
観光庁　141
観光まちづくり　141
観光立国　141

企画（映画の）　169
企業の社会的責任（CSR）　151, 159
記者　76
寄付　152
寄付金集め　150
疑問を持つ　40
キャリア　3
キャリア教育　15, 40
キャリア教育の評価　20

キャリア形成　18, 39
キャリアモデル　19
クリティカル・シンキング　39
グローバル・コミュニケーション　28, 29
グローバルキャリア教育　15, 17
グローバルキャリア形成　39
グローバル採用枠　26
グローバル市民　69
グローバル社会　3
グローバル人材　3, 9, 10, 26
グローバル人材に求められる能力　5
グローバル・スチューデンツ　28
グローバルマインド　6, 7, 17, 18
グローバルマインドの育成　7

構造的平和　70
構造的暴力　70
行動や規範の模倣　17
合理的志向　40
語学力　5, 6, 127
5F 分析　155
国際協力機構（JICA）　66, 89, 126
国際報道　76
国連難民高等弁務官事務所（UNHCR）　64, 83
国連ボランティア　66
コミュニケーション（映画）　168
コミュニケーション力（コミュニケーション能力）　4, 5, 119, 128
コンサルティング　125
コンテクスト　6, 57

サ行
参加型授業　19
3C 分析　154
識字　92, 151
慈善運動に関連したマーケティング（CRM）　113
質問力　41
自分自身　166

ジャーナリスト　76
社会貢献活動　157
社会人基礎力　39
写真家　76
住民参加型開発　97
消極的平和　70
職業教育　16
職務分析　17
女性のキャリアと育児　19
人権　65
人工林　111
人材の二極化　11, 13
人種差別　66
人道支援　64
森林セラピー　115

ストーリー先行型アプローチ　169
スマートフォン　25, 118
SWOT 分析　144, 155

青年海外協力隊　19, 32, 66, 89, 126
戦争取材　76
戦争報道　76
戦略マップ　146

ソマリア内戦　82
ソマリア紛争　82
村落開発　95
村落開発普及員　95

タ行
大学院進学　128
退耕環林　109
対テロ戦争　81
ダルフール危機　82

チームワーク　39
チカラ　34
地球市民　69
着地型観光　141
チャレンジ　33
チャンス　33
直接的平和　70

ツイッター　86
通訳案内士　117

テーマ先行型アプローチ　170
テロとの戦い　81

トランセンド理論　70

ナ行
南北問題　157
難民　64

ネットワーキング　56

ハ行
ハーバード白熱教室　28
バランス・スコアカード　145

ビジット・ジャパン・キャンペーン　141
ビジョン　31, 33
非同質的コミュニケーション　6
非暴力介入　69
非暴力平和隊　72
表現すること　165
開かれた心　43

ファシリテーション　5
ファンドレイジング　114
フェイスブック　25
不朽の自由作戦（OEF）　81
フリーター　15, 19
ブレイクスルー　33
ブログ　86
プロジェクト・ベースト・ラーニング（PBL）　29, 30
文化的平和　70
文化的文脈　6
文化的暴力　70
紛争転換　69

平和　69
平和学　69, 76

貿易　131
暴力　69
ホスピタリティ　119

マ行
マネジメント　114

マネジメント力　31

民主主義　65

メディア・エコロジー　167

木材自給率　112
目的分析　34
問題解決力（問題解決能力）　119, 134
問題分析　34
文部行政　16

ヤ行
焼畑　110

ユニセフ　150
夢　33

4P 分析　154

ラ行
ライフステージ　19

リスク　33
リスク・スコーピング　53
リスク・マッピング　54
リスク分析　52
リスクマネジメント　51
リスクマネジメントサイクル　52
リベリア内戦　77

レッドリボン　159

労働行政　16
労働市場　16
労働市場でのマッチング　16, 18
ローカルコミュニケーション　28

ワ行
ワークショップ　19, 29
ワークショップ型分科会　17

編者紹介

友松篤信（ともまつ・あつのぶ）
1978 年　名古屋大学大学院農学研究科修了　農学博士
現在　宇都宮大学国際学部教授

グローバルキャリア教育
グローバル人材の育成

2012 年 3 月 20 日　初版第 1 刷発行　（定価はカヴァーに表示してあります）

　　　　　　編　者　友松篤信
　　　　　　発行者　中西健夫
　　　　　　発行所　株式会社ナカニシヤ出版
　　　〒606-8161　京都市左京区一乗寺木ノ本町 15 番地
　　　　　　　　　　Telephone　075-723-0111
　　　　　　　　　　Facsimile　 075-723-0095
　　　　　　　Website　http://www.nakanishiya.co.jp/
　　　　　　　Email　 iihon-ippai@nakanishiya.co.jp
　　　　　　　　　郵便振替　01030-0-13128

装幀＝白沢　正／印刷・製本＝亜細亜印刷株式会社
Copyright © 2012 by Atsunobu Tomomatsu
Printed in Japan.
ISBN 978-4-7795-0646-8　C0037

本書には，登録されている Web Service 名や Digital Device 名あるいは具体的な製品名が記載されていますが登録商標の印は省略しました。

本書のコピー，スキャン，デジタル化等の無断複製は著作権法上での例外を除き禁じられています。本書を代行業者等の第三者に依頼してスキャンやデジタル化することはたとえ個人や家庭内の利用であっても著作権法上認められておりません。